数智化时代
会计专业融合创新系列教材

U0688874

智能化
成本核算与管理

微课版

主　编◎王玲玲　刘春苗　兰　月
副主编◎蹇瑾洁　赵　瑜　张　越　胡　冬
组　编◎厦门网中网软件有限公司

人民邮电出版社
北　京

图书在版编目（CIP）数据

智能化成本核算与管理：微课版 / 王玲玲，刘春苗，
□月主编. -- 北京：人民邮电出版社，2025. --（数智
□时代会计专业融合创新系列教材）. -- ISBN 978-7-
115-66476-1

Ⅰ. F231.2-39

中国国家版本馆 CIP 数据核字第 2025JR7882 号

内 容 提 要

　　本书顺应数智化管理时代的要求，改变传统成本会计纸上算账的教学模式，以 Excel、Power BI 为成本数据处理工具，以成本核算、成本管理、成本分析为主线，设置了 6 个教学项目，分别是智能化成本核算与管理认知、要素费用的核算、综合费用的核算、生产费用在完工产品与在产品之间分配的核算、产品成本计算方法、成本报表智能化分析与可视化等。

　　本书体系架构完整，内容丰富，可操作性强，既可以作为高等职业院校及应用型本科院校大数据与会计、大数据与财务管理等专业的教学用书，也可以作为企业财务工作者的参考用书。

◆ 主　编　王玲玲　刘春苗　兰　月
　　副主编　蹇瑾洁　赵　瑜　张　越　胡　冬
　　责任编辑　崔　伟
　　责任印制　王　郁　彭志环
◆ 人民邮电出版社出版发行　　北京市丰台区成寿寺路 11 号
　　邮编　100164　电子邮件　315@ptpress.com.cn
　　网址　https://www.ptpress.com.cn
　　三河市祥达印刷包装有限公司印刷
◆ 开本：787×1092　1/16
　　印张：12　　　　　　　　　　　2025 年 8 月第 1 版
　　字数：312 千字　　　　　　　　2025 年 8 月河北第 1 次印刷

定价：49.80 元

读者服务热线：(010)81055256　印装质量热线：(010)81055316
反盗版热线：(010)81055315

前　言

　　成本是企业发展的命脉，没有成本就没有效益。企业在经营发展过程中要贯彻新发展理念，适应新发展格局，在经营管理工作中系统研究成本核算与管理控制方法，不断降本增效，持续促进企业发展。党的二十大报告指出："加快发展数字经济，促进数字经济和实体经济深度融合，打造具有国际竞争力的数字产业集群。"在数字化与智能化深度融合的时代浪潮下，成本与核算领域正经历着前所未有的变革。人工智能、大数据、云计算等新兴技术广泛渗透，重塑了成本与核算的工作范式与业务流程，对相关专业人才的知识结构、技能水平和职业素养提出了更高要求。

　　本书根据高等职业教育技术技能人才培养目标和"大智移云物区"等信息技术发展对财务人员业财融合管理能力的要求，以及国家对管理会计人才培养的战略规划，以《企业会计准则》和《企业产品成本核算制度（试行）》为基础，紧密对接国家职业教育教学标准及行业最新规范，顺应数字化管理时代的要求，以成本核算、成本管理、成本分析为主线，以岗位工作任务为驱动设计教学内容，营造成本会计岗位职业氛围，基于大数据工具，培养学生数据整理、数据可视化、成本费用分配与账簿登记、成本报表编制与分析等操作技能，以及运用智能工具和技术高效地进行成本核算与管理的能力。

1.　项目化结构，灵活选用促进学习

　　本书对接数字化转型与智能制造时代的企业需求，按照"成本数据的获取→成本核算→成本分析与可视化"为知识体系设计项目。每个教学项目按"知识导图—案例导入—任务发布—知识讲解—任务实施—项目小结—巩固练习"的体例编写。全书用二维码嵌入了基于真实业务背景的一套制造业企业成本核算数据，学生在模拟场景中体验并掌握成本核算与管理的全流程精髓，感受数智技术精准驱动企业决策的过程。

2.　多元化内容，融合创新提升素养

　　本书以职业技能培养与职业素养提升为核心出发点，融入智能制造、精益生产、绿色发展等理念，增强学生的数据敏锐度，提升学生以新技术为驱动的成本管理新思维，全面培养学生的职业道德和社会责任。

　　同时，本书紧跟数字化转型与智能制造的时代步伐，融合了大数据技术与成本核算管理的精髓，介绍了智能化软件、数据分析工具、可视化工具及自动化技术在成本核算与管理领域的应用。在任务实施环节，特别展示了如何使用 Excel、Power BI 等工具进行成本数据处理，旨在培养学生运用智能化手段进行成本核算与管理的能力。

　　此外，编者还提炼了财务共享服务职业技能等级标准中的相关要求，以及世界职业院校技能

大赛高职财经商贸赛道会计实务、业财税融合大数据应用的具体要求，据此设置了与技能竞赛相衔接的练习和案例，实现了"岗课赛证"的融合与贯通。

3. 校企合作开发，紧贴岗位需求育人

本书在编写过程中由企业资深专家全程参与设计与审核，确保知识体系全面贴近企业实际需要。这种校企合作开发的模式，使得本书在内容上更加贴近岗位需求，有助于培养专业应用型人才。

本书依托厦门网中网软件有限公司开发的智能化成本核算与管理实训教学平台，构建了知识图谱，引入了 AI 助教，通过虚拟仿真技术，打破时间、空间限制，使学生在虚拟环境中体验企业真实的成本核算与决策过程，激发学生的学习兴趣。

4. 配套资源丰富，线上线下结合助学

本书配套了丰富的数字资源，可以实现线上线下相结合的教学模式。学生可以随时随地进行自主学习和巩固练习，从而在实践中不断深化对理论知识的理解。书中嵌入了大量二维码链接资源和配套的数字化资源，提供了便捷的互动与反馈机制。这些资源有助于学生及时解决学习中的难点问题，增强学习效果。

本书配套的数字化资源包括教学课件、课程标准、教案、实训资料等丰富的教学资源，使用本书的教师可登录人邮教育社区（www.ryjiaoyu.com）下载。

本书由武汉城市职业学院、云南财经职业学院、云南能源职业技术学院、重庆工业职业技术学院和厦门网中网软件有限公司共同完成编写，王玲玲、刘春苗、兰月担任主编，蹇瑾洁、赵瑜、张越、胡冬担任副主编，徐建宁、罗平实、魏晨、高尚玥、徐能参与编写。在编写过程中，编者借鉴和吸收了一些同类教材的优点和网上公开资源，厦门网中网软件有限公司为本书提供了丰富的练习资源和指导，国家数智财经行业产教融合共同体、武汉城市物流职教集团、九州通医药集团股份有限公司、百胜集团全国共享服务中心等校企合作单位提供了大力支持，在此表示感谢。

编者为完成本书做了很多努力，但由于水平有限，本书仍可能存在纰漏，敬请各位读者批评指正。

编者
2025 年 4 月

目 录

项目六　**成本报表智能化
分析与可视化**.......**157**

智能化成本核算与管理认知

 **知识目标**

1. 了解企业的生产流程；
2. 理解成本和成本会计的相关概念；
3. 掌握成本核算和管理的一般程序。

能力目标

1. 能辨析支出、费用和成本的关系；
2. 能正确选择成本核算的方法；
3. 能完成企业成本会计账户初始建账工作。

素质目标

1. 具备成本核算智能化全局思维；
2. 培养将成本管理工作与数字技术应用有效融合的能力。

知识导图

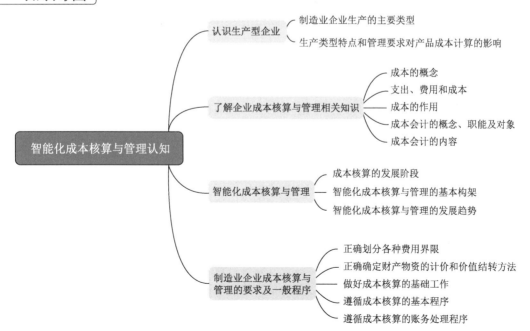

案例导入

　　鸿运机械厂是一个多步骤大量大批生产的生产型企业，拥有固定资产 500 余万元，职工 100 多人。该厂设有铸工、加工、组装三个基本生产车间，供汽和维修两个辅助生产车间。该厂主要产品有车床、铣床。其生产工艺流程如下：铸工车间铸造各种铁铸件和铝铸件，经检验合格后交自制半成品仓库；加工车间从自制半成品仓库领用各种铸件，经车、铣、刨、磨等加工后，直接交组装车间；组装车间将加工车间加工的各种部件及外购件装配成成品，经检验合格后交成品仓库。其成本核算规定如下。

　　（1）该厂实行厂部一级核算，成本项目为直接材料、直接人工、制造费用、废品损失。产品成本中汽、电费用占比较小，为简化核算手续，不设"燃料与动力"成本项目，结转的汽、电费用记入"直接材料"成本项目。

　　（2）铸工车间以铸件为成本计算对象，各种铸件的成本采用综合成本结转，不进行成本还原。完工的各种铸件半成品库。

　　（3）加工车间和组装车间以车床和铣床作为成本计算对象。加工车间生产的自制半成品的成本采用逐步分项结转分步法转入组装车间各成本项目。

　　（4）辅助生产车间采用交互分配法，为简化核算工作，辅助生产车间发生的间接费用直接记入"生产成本——辅助生产成本"账户。

　　（5）各项费用分配率均精确到小数点后 4 位，尾差由最后的费用项目负担。

任务发布

任务资料 1-1

建立账簿

　　根据鸿运机械厂的企业概况及成本核算要求，思考该企业应该如何选择适合自己的成本核算方法，并根据任务资料，完成鸿运机械厂成本费用类账户的建账工作。

任务一　认识生产型企业

　　生产型企业按照国民经济行业分类属于制造业企业，是指以制造、生产和加工产品为主要经营活动的企业。在学习产品成本计算方法之前，应该先了解制造业企业的生产类型和成本管理要求对产品成本计算的影响。只有根据不同企业的生产类型和成本管理要求选择不同的成本计算方法，才能正确计算产品成本。

一、制造业企业生产的主要类型

　　不同类型的企业生产不同类型的产品，企业生产组织方式不同、生产工艺过程不同，在管理上对成本计算的要求也不同。企业生产特点和成本管理的要求，决定企业必须从自身情况出发确定成本计算的方法。企业的生产类型可按生产工艺过程特点和生产组织类型来划分。

（一）按生产工艺过程特点分类

　　生产工艺过程即生产工艺流程，是指从投入原材料到产品完工的生产加工过程。制造业企业的生产，按照生产工艺过程的特点，可以分为单步骤生产和多步骤生产两种类型。

（1）单步骤生产也称简单生产，是指产品生产工艺过程不可间断或者在工作地点上不能分散进行的生产。这类生产的周期较短，一般只能由一个企业整体进行，如发电、采掘等企业的生产都属于这种类型。

（2）多步骤生产也称复杂生产，是指产品生产工艺过程可以间断为若干个步骤，可以分别在不同时间、不同地点进行的生产。这种生产可以由一个企业独立完成，也可以由几个企业协作进行。在一个企业内，这种生产可以由一个车间完成，也可以由多个车间协作完成，如纺织、冶金、机械制造等企业的生产。

多步骤生产按其产品加工方式的不同，又可以分为连续式多步骤生产和装配式多步骤生产两类。

① 连续式多步骤生产。连续式多步骤生产指原材料投入生产后，要经过若干个连续的加工工序，前一个加工工序所完成的半成品是下一个加工工序的加工对象，如此加工到最后一个生产工序才能制造成产品。这类生产的各个生产步骤（或车间），具有先后依存关系，如纺织、冶金、造纸等企业的生产。图 1-1 为这种生产方式的流程示意。

图 1-1　连续式多步骤生产流程示意

② 装配式多步骤生产。装配式多步骤生产亦称平行加工式生产，指各个生产步骤可以在不同地点和不同时间将各种原材料分别经过加工制成各种零件、部件、半成品，然后将零件、部件装配成产品。这类生产的各个生产步骤具有相对独立性，不存在先后依存关系，如造船、家用电器制造等企业的生产。图 1-2 为这种方式生产的流程示意。

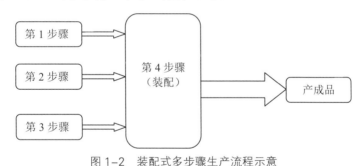

图 1-2　装配式多步骤生产流程示意

（二）按生产组织方式分类

所谓生产组织，是指为了确保生产的顺利开展所进行的各种人力、设备、材料等生产资源的配置。按照生产组织方式，企业生产类型可分为大量生产、成批生产和单件生产三种类型。

（1）大量生产是指不断重复生产品种相同的产品的生产。这种生产的特点是品种较少，产量较大，生产的重复性强，专业化程度高，如电力、采掘、自来水、酒、面粉等的生产。

（2）成批生产是指按预先规定的批别和数量进行的生产。这种生产的特点是品种较多，各种产品的生产往往成批轮番进行，生产具有一定的重复性，如家用电器、服装、鞋帽等的生产。根据批量的大小，成批生产又可分为大批生产和小批生产。大批生产的性质接近大量生产，小批生产的性质接近单件生产。在实际工作中，"大量"和"大批"的界限一般较难划分，通常合在一起，称为大量大批生产，与单件小批生产相对应。

（3）单件生产是指根据购货单位订单的要求制造个别的、性质特殊的产品的生产。这种生产的特点是产品种类较多、产量少、一般不重复生产等，如飞机、船舶、重型机械、专用设备等的生产。

二、生产类型特点和管理要求对产品成本计算的影响

生产类型特点和管理要求对成本计算方法的影响，主要表现为对成本计算对象、成本计算期，以及生产费用在完工产品和期末在产品之间分配三个方面的影响。

（一）对成本计算对象的影响

成本计算对象是为计算产品成本而确定的归集和分配生产费用的各个对象，即生产费用的承担者。计算产品成本必须先确定成本计算对象，它是设置产品成本明细账、分配生产费用和计算产品成本的前提，也是区别各种成本计算方法的主要标志。从生产工艺过程特点和产品生产组织特点来看，成本计算对象有以下几种。

（1）在单步骤大量生产企业，由于生产工艺过程不能间断，不能分散在不同地点进行生产，并且不断大量重复几种产品的生产，产品无法分批，所以既不能分步计算成本，也不能分批计算成本。因此，必须以最终产品品种为成本计算对象分别计算产品成本，其成本计算对象为产品品种。

（2）在连续式多步骤大量生产企业，生产工艺过程由若干个分散在不同地点、不同时间的连续式加工过程组成，产品品种相同、无法分批，生产工艺过程可以划分为若干个生产步骤。为明确责任，便于成本计算，需要以每个步骤为成本计算对象，即管理上要求分步计算成本。

可见，在这类企业中，产品成本核算既要求计算产成品成本，又要求计算各步骤的半成品成本。如果在某个生产步骤的自制半成品经常作为商品出售，或者在下一步骤加工时可用于生产不同产品，在管理上要求计算该步骤的半成品成本，则分别以半成品和产成品作为成本计算对象，采用分步法计算各步骤半成品成本和产成品成本。在小型企业，管理上不要求计算半成品成本，则以产成品作为成本计算对象，采用品种法计算成本。

（3）在装配式多步骤大量生产企业，由于产品品种少而且稳定，在较长时间内生产同种产品，其产品的零件、部件可以在不同地点同时进行加工，然后装配成为最终产品，而零件、部件半成品没有独立的经济意义，因此，不需要按步骤计算半成品成本，而以产品品种为成本计算对象。另外由于零件、部件生产的批别与订货产品生产的批别不一定一致，因而不能按产品批别计算成本。

（4）在装配式多步骤单件小批生产企业，由于生产的产品批量小，产品按照单件或批别组织，单件或一批产品一般在较短时间内完工，因此，以单件或每批产品作为成本计算对象，采用分批法计算成本，其成本计算对象为批别或订单。

综上所述，成本计算对象一般有三种。

① 以产品品种为成本计算对象。

② 以产品批别（或订单）为成本计算对象。

③ 以产品生产步骤和品种为成本计算对象。

（二）对成本计算期的影响

成本计算期，是指计算产品成本时规定的产品费用计入产品成本的起讫日期，也就是每次计算产品成本的期间。这主要取决于生产类型的特点。

单件小批生产，由于产品成本计算有可能在某件产品或某批产品完工以后进行，因而成本计算可以不定期，成本计算期与产品生产周期一致，与会计报告期不一致。

大量大批生产，由于生产活动连续不断地进行着，产品成本计算很难在某件产品或某批产品完工以后进行，因而产品成本的计算通常定期于月末进行，成本计算期与产品生产周期不一致，与会计报告期一致。

可见，生产类型特点对成本计算期具有以下两种影响。

（1）成本计算期与会计报告期一致，与产品生产周期不一致。

（2）成本计算期与产品生产周期一致，而与会计报告期不一致。

（三）对生产费用在完工产品和月末在产品之间分配的影响

生产费用在完工产品和月末在产品之间的分配主要取决于生产类型特点。

（1）单步骤生产，由于生产过程不能间断，生产周期短，一般没有月末在产品或在产品数量很少，因此在计算产品成本时，不计算月末在产品成本，也就不存在生产费用在完工产品和月末在产品之间分配的问题。

（2）多步骤单件小批生产，由于成本计算期通常与产品生产周期一致，不存在月末在产品，因此在计算产品成本时，不存在生产费用在完工产品和月末在产品之间分配的问题。

（3）多步骤大量大批生产，由于生产连续不断地进行，经常存在月末在产品，因此在计算产品成本时，需要将生产费用在完工产品及月末在产品之间进行分配。

综上，在企业中生产类型特点以及管理要求的不同，决定了成本计算方法也不尽相同。在影响产品成本计算的三个因素中，成本计算对象是最主要的，它决定了其他两个因素。因此，成本计算对象的确定，是正确计算产品成本的前提，也是区别各种成本计算方法的主要标志。

任务二 了解企业成本核算与管理相关知识

一、成本的概念

成本是商品价值的组成部分。马克思劳动价值理论认为，商品价值主要由三部分组成：①生产中已耗费的生产资料转移的价值（C）；②劳动者为自己劳动创造的价值（V）；③劳动者为社会劳动所创造的价值（M）；在构成商品价值的三个部分（$C+V+M$）中，成本是前两个部分的价值之和，即成本是商品价值中的 $C+V$ 部分，企业要维持简单再生产，必须补偿商品价值中的 $C+V$ 部分。

成本是商品经济的产物，在商品经济社会，企业作为自主经营、自负盈亏的经营实体，在向社会提供商品的同时，还应以产品销售收入抵偿企业自己在生产经营中所发生的各种劳动耗费，并实现盈利，成本与收入、利润存在着必然的联系。

企业为了进行经济核算，必然将经营所得与经营耗费加以比较，以计算出盈亏。一般来说，企业为了进行生产经营活动或达到一定的经济目的，都会付出一定的代价，即发生资金耗费，把这种耗费对象化后，便可以计算出实现某一经济目的的成本。例如，制造业企业为了生产，需要购买原材料、支付工资、缴纳各种税费等，因此，对成本概念的表述为：成本是企业为生产产品、提供劳务而发生的可以用货币计量的各种耗费。

由于各种耗费与一定期间相联系，而产品成本与一定种类和数量的产品相联系，因此对成本的概念可以进一步表述为：产品成本是指企业为生产一定种类、数量的产品所发生的各项耗费的总和。本书所指的产品成本是制造业企业的产品成本，也称制造成本。

在实际中，产品成本并不完全是企业为生产产品、提供劳务而发生的各种耗费，而是由国家规定的成本开支范围来界定的。为了经济核算和成本管理的需要，国家以成本概念为依据，规定了成本的开支范围，规定了哪些耗费应计入产品成本，哪些耗费不应计入产品成本，成本开支范围无论是与理论成本概念之间，还是与实际成本概念之间都有一定的偏差，如某些不形成商品产品价值的损失性支出（如废品损失、停工损失等）和劳动者为社会所创造的部分价值（如财产保险等）也计入产品成本中。

【知识拓展】

全部成本和制造成本

全部成本指为取得一定的产出物所发生的全部成本的总和，包括研究与开发成本、设计成本、生产成本（制造成本）、营销成本、配送成本、客户服务成本、行政管理成本等。随着生产的发展和科学技术的进步，制造成本在全部成本中所占比重越来越小。统计资料显示，目前制造成本平均占比已低于全部成本的55%，有些高科技产品的制造成本已低于全部成本的10%。

要深刻理解成本的概念，对支出、费用和成本的关系应有个明确的认识。

二、支出、费用和成本

（一）支出的含义与分类

支出是指企业在生产经营过程中发生的一切开支与耗费，即企业在生产经营过程中为获取另一项资产、清偿债务所发生的资产的流出。例如，企业为购买材料、办公用品等支付或预付的款项，为偿还银行借款、应付账款及支付股利所发生的资产的流出，为购置固定资产、支付长期工程费用所发生的支出等。一般而言，企业的支出可分为资本性支出、收益性支出、所得税支出、营业外支出、利润分配支出和投资支出六大类，就某一会计期间而言，支出可以是现金支出，也可以是非现金支出，就企业的长期业务活动而言，所有的支出最终由现金支出来实现。

（二）费用与支出、成本的关系

1. 费用的含义与分类

费用是指企业为销售商品和提供劳务等日常活动所发生的经济利益的流出，即企业在获取收入的过程中，对企业拥有或控制的资产的耗费。企业在生产经营活动中为获取收入需提供商品和劳务，在提供商品和劳务的过程中会发生各种耗费，如原材料、动力、工资、机器设备等耗费，这些耗费或为制造产品而发生，或为实现产品销售而发生，或为以后确定的期间取得收入而发生。

费用按其与产品生产的关系可划分为生产费用和期间费用两类。生产费用是指产品生产过程中发生的物化劳动和活劳动的货币表现，如直接材料、直接人工和制造费用等耗费，它与产品生产有直接关系。期间费用是指与企业的经营管理活动有密切关系的耗费，它与产品的生产没有直接关系，但与发生的期间配比，应作为当期收益扣减项目。企业的期间费用包括销售费用、管理费用和财务费用。

2. 费用和支出的关系

费用是支出的构成部分，在企业支出中，凡是与企业的生产经营有关的部分，即可表现或转化为费用，如收益性支出等。而那些在企业生产经营活动中与取得的收入没有直接关系的各种支出则不能视作费用，如资本性支出、营业外支出、利润分配性支出、投资支出等。支出最终可能会转化为费用，但并不是所有的支出在发生时就直接成为费用，如购建固定资产的支出在发生时不能确认为费用，而是构成一项资产，但它会在生产经营过程中以折旧的形式逐渐转化为费用。

3. 生产费用和产品成本的关系

生产费用是企业生产过程中发生的耗费，它与一定的会计期间相联系，而与生产哪一种产品无关，生产费用按一定的产品加以归集和汇总。产品成本与一定种类和数量的产品相联系，而不论发生在哪一个会计期间，根据权责发生制原则，企业生产费用发生的期间与归属产品成本的期间并不一致，即归属于当期产品成本的生产费用有一部分是当期发生的，有一部分则可能是以前会计期间发生的，发生于当期的生产费用也不一定全部归属于当期产品成本，有一部分可能会由以后期间的产品来负担。所以，企业某一会计期间实际发生的生产费用总额，不一定等于该会计期间完工产品的成本总额，但是产品成本和生产费用在经济内容上是完全一致的，都是以货币形式表现的折旧费、材料费、人工费等物化劳动和活劳动的耗费，生产费用按一定种类和数量的产品进行归集和汇总，就形成了产品成本。可见，生产费用是产品成本形成的前提和基础，产品成本是对象化的生产费用。

制造业企业的支出、费用和成本之间的关系如图 1-3 所示。

图 1-3　支出、费用与产品成本的关系

三、成本的作用

成本的经济内容决定了成本在经济管理工作中具有十分重要的作用，主要体现在以下几个方面。

（一）成本是生产经营耗费的补偿尺度

从事生产经营发生的资金耗费，只有从取得的收入中得到补偿，才能保证生产经营在原有规模上继续进行。将产品成本与产品收入相比较，可以判断资金耗费能否得到补偿，能在多大程度上得到补偿。如果企业的产品收入小于其相关的成本，表明企业的资金耗费未能全部得到补偿，原有生产经营规模将难以维持。相反，如果企业的产品收入大于其相关的成本，则表明企业的资金耗费不仅能全部收回，而且能得到一个资金增量，可用于扩大生产经营规模。

（二）成本是综合反映企业各项工作质量的重要指标

成本是一项综合性的经济指标，企业经营管理中各方面工作的业绩，都可以直接或间接地在成本上部分地反映出来。例如新产品设计的好坏、原材料消耗的节约和浪费、劳动生产率的高低、固定资产的利用情况等，都会在成本中直接或间接地表现出来。因此，成本作为衡量企业各项工作质量的综合指标，始终是企业核算和管理的重要内容。任何企业只有加强成本的监督和控制，才能不断提高经济效益和管理水平。

（三）成本是制定价格的重要依据

在商品经济中，产品价格是产品价值的货币表现，企业在制定产品价格时，固然要考虑市场需求、消费水平等因素，以推出有市场竞争力的价格，但也必须考虑企业目前产品成本水平和可实现的成本目标，不可忽视企业实际的承受能力。成本是制定价格的最低经济界限，产品的销售价格不小于成本，是企业生存的起码条件。当然，企业也可以将低价作为一种营销策略或权宜之计。但从长期来看，只有当销售价格高于成本时，企业才能实现盈利，这是企业发展的基本前提。

（四）成本是企业进行经营决策的重要依据

企业能否提高经济效益，能否在激烈的市场竞争中立于不败之地，在很大程度上取决于企业的决策者能否做出正确的生产经营决策。进行生产经营决策，需要考虑的因素很多，其中成本是一项重要的因素。这是因为，在其他条件相同的前提下，成本的高低直接影响着企业盈利的多少，影响着企业的竞争能力。

四、成本会计的概念、职能及对象

（一）成本会计的概念

成本会计是财务会计的一个分支，是以成本为对象的一种专业会计，它是以提高经济效益为目的，运用财务会计的专门方法，对企业生产经营活动中的成本、费用进行核算和监督的一种管理活动。

成本会计的概念有狭义和广义两种。

狭义的成本会计通常指成本核算，是指按照一定的程序、标准和方法，对企业发生的各项费用进行归集和分配，从而计算出产品总成本和单位成本。

广义的成本会计不仅包括成本核算，还包括成本预测、成本决策、成本计划、成本控制和成本考核等方面的内容。

（二）成本会计的职能

成本会计的职能是指成本会计在经济管理中的功能。成本会计作为会计的一个重要分支，其基本职能与会计一样，具有核算和监督两大基本职能，但随着社会经济发展和管理水平的提高，核算与监督的具体内容也在不断扩大。成本会计的两大基本职能具体如下。

1. 核算职能

成本会计的核算职能是采用专门的会计方法，核算生产经营过程中各种费用的支出，以及生产经营成本和期间费用等的形成情况，为经营管理提供各种成本信息。就其最基本的方面来说，成本会计的核算职能是以已经发生的各种费用为依据，为经营管理提供真实的、可以验证的成本信息，从而使成本分析、考核等工作建立在客观依据的基础上。随着社会生产的不断发展、经营规模的不断扩大、经济活动的日趋复杂，企业在成本管理上要加强计划性和预见性。因此，成本会计除了要提供反映成本现状的资料外，还要提供有关预测未来经济活动的成本信息资料，以便企业正确地做出决策和采取措施，达到预期的目的。由此可见，成本会计的核算职能，已从事后反映发展到分析预测未来。

2. 监督职能

成本会计的监督职能是指按照一定的目的和要求，通过控制、调节、指导和考核等，监督各项生产经营耗费的合理性、合法性和有效性，以达到预期的成本管理目标的功能。

成本会计的监督，包括事前、事中和事后监督。

（1）成本会计应从经营管理对降低成本、提高经济效益的要求出发，对企业未来经济活动的计划或方案进行审查，并提出合理化建议，从而发挥对经济活动的指导作用。成本会计在反映各种生产耗费的同时，进行事前的监督，即以国家的有关政策、制度和企业计划、预算等为依据，对有关经济活动的合理性、合法性和有效性进行监督，限制或制止违反国家政策、制度和企业计划、预算等的经济活动，支持和促进增收节支的经济活动。

（2）成本会计要通过成本信息的反馈，进行事中和事后的监督，也就是通过对所提供的成本信息资料进行检查、分析、控制和考核，从中及时总结经验，发现问题，提出建议，促使有关方面采取相应的措施，调整经济活动，使企业按照规定的要求和预期的目标经营。

成本会计的核算和监督两大职能是辩证统一、相辅相成的。没有正确、及时的核算，监督就失去了存在的基础；而只有进行有效的监督，才能使成本会计为管理提供真实可靠的信息。所以，只有把核算和监督两大职能有机结合起来，才能更有效地发挥成本会计在管理中的作用。

（三）成本会计的对象

成本会计的对象是指成本会计核算和监督的具体内容。企业的生产经营过程既是产品的生产过程，又是费用的发生过程，成本、费用是紧密联系的，成本是对象化的费用，成本、费用都是成本会计的对象。因此成本会计的对象是企业日常生产经营活动中发生的各种费用和生产产品、提供劳务等的成本。从这一意义上来说，成本会计实际上是成本、费用会计。

五、成本会计的内容

传统的成本会计的内容仅限于成本核算，其功能仅限于进行事后的记录和核算，已不能满足现代成本管理的要求。现代成本会计不但要提供对企业经营管理有用的成本信息，还要对企业未来的预测、决策提供信息资料，现代成本会计的内容更广泛，包括成本预测、成本决策、成本计划、成本控制、成本核算、成本分析、成本考核等。

（一）成本预测

成本预测是根据有关的成本数据，运用一定的方法对未来的成本水平及其发展趋势进行科学的估计，为企业的成本决策提供依据。在进行成本预测时，既要参考本企业的历史成本资料，又要参考同行业、同类型企业的有关成本资料。在分析、比较这些资料时，既要考虑成本水平，又要考虑成本的构成内容，在此基础上，做出尽可能正确的成本预测。在进行成本预测时，一般可提供若干个方案以供成本决策时选择。

（二）成本决策

成本决策是根据成本预测及其他有关资料，按照既定或要求的目标，运用一定的方法，对有关方案进行正确的计算和判断后，选择成本预测方案中的最佳方案的过程。成本决策是确定目标成本，制订成本计划的基础。

（三）成本计划

成本计划是成本决策所确定成本目标的落实。它是根据成本目标，具体规划在一定时期内为完成产品生产任务所需的生产费用，规划各种产品的成本水平，并提出保证成本计划的实现应采取的措施。成本计划建立在成本责任制的基础上。编制成本计划使企业全体员工明确降低成本的目标，挖掘降低成本的潜力，是提高企业经济效益的关键因素之一。

（四）成本控制

成本控制是指按成本计划所确定的成本目标，在成本发生的过程中对实际成本进行控制。在实施成本控制时，应严格审查各项成本的发生是否与成本目标相符，并计算成本目标与实际成本之间的差异，分析产生差异的原因，揭示浪费并采取措施消除浪费，实现成本目标。

（五）成本核算

成本核算是指将产品生产过程中发生的各项生产费用，按一定的成本核算对象和标准归集和分配，计算确定各成本核算对象的总成本和单位成本。成本核算要求准确及时，所采用的成本核算方法要符合企业的生产类型和成本管理的要求。成本核算不仅可以考核和分析成本计划的执行情况，揭露生产经营过程中存在的问题，还可以为制定价格提供依据。

（六）成本分析

成本分析是指将成本核算和其他有关资料，与成本目标、责任成本、上年实际成本、同行业同类产品的成本进行全面的比较，分析成本变动情况及存在的差距，寻求降低成本的途径，为新的成本决策提供依据。在进行成本分析时，既要注重产品的技术经济分析，又要对企业管理水平的好坏及内部控制制度的建立和实施情况进行分析，及时揭示经营管理中存在的问题，总结成功经验，以促使企业经济效益的提高。

（七）成本考核

成本考核是指在成本分析的基础上，对成本预算的执行情况进行考察评价。成本考核应将责、权、利紧密结合，明确经济责任，落实权限，把考核的结果与经济利益挂钩。成本考核能调动职工控制成本的积极性。

任务三　智能化成本核算与管理

一、成本核算的发展阶段

成本核算经历了电算化阶段到信息化阶段再到智能化阶段的发展。电算化阶段，用小型数据库和简单的计算机软件取代了部分人工成本核算工作。电算化阶段的财务软件和财务人员的工作基本上是分离的，本质上信息技术并没有改变财务处理的流程和基本的组织结构，只是用软件实现了部分处理环节的自动化。

信息化阶段，企业资源计划（Enterprise Resource Planning，ERP）系统和计算机网络运用于财务核算领域，企业开始利用强大的数据处理能力和网络传输能力，实现业务管理和财务管理的初步整合，开始财务信息的跨时空处理和利用，成本核算也向成本管理过渡。后来随着财务共享服务模式的逐步普及，成本核算也有了很大突破。此阶段仅借助标准化和流程化为成本管理提供数据基础，并未实现业务活动流程、财务会计流程和管理会计流程的全面智能化。

近年来，人工智能技术快速发展，以人工智能为代表的新一代信息技术给成本核算与管理的发展带来机遇，使成本核算从信息化向智能化方向转变。一系列新型数据处理工具为成本预测、成本控制、成本核算、成本分析提供了技术支撑，提高了成本管理的质量和效率。数据处理技术可以汇集更全面的数据，商务智能和专家系统能够综合不同专家的意见，移动计算可以帮助财务人员随时随地完成管理工作，财务机器人可以实现财务管理活动的自动化操作，现代系统集成技术可以消除业务、财务和税务等之间长期形成的信息和管理壁垒。成本核算已向智能化迈进。成本核算发展阶段如图1-4所示。

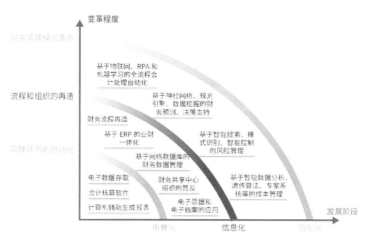

图 1-4　成本核算发展阶段

二、智能化成本核算与管理的基本构架

（一）数据采集和处理

智能化成本核算与管理，首先是数据采集的智能化，数据采集和处理效率的显著提升，以智能感知、光学字符识别（Optical Character Recognition，OCR）技术、电子发票、移动支付、机器人流程自动化（Robotic Process Automation，RPA）等技术为基础，实现数据的智能化采集与处理，为核算和管理提供准确的支持。

（二）自动化的成本核算和费用分摊

在数字化转型中，企业可以利用成本核算软件或信息系统，对成本进行自动分配、核算和结算。通过设置成本核算模型、建立成本核算规则，系统可以自动识别和计算各项成本，从而提高成本核算的准确性和效率。传统的费用分摊往往采用简单的比例分配，无法准确反映业务活动对各项成本的实际影响；而在数字化转型中，企业可以通过成本分析软件或大数据技术，实现对各项费用的智能化分析和精细化分摊，系统可以根据实际业务活动和相关数据，自动识别和计算各项费用的分摊比例，使得费用分摊更加准确和公平，为企业的成本控制和决策提供更加可靠的依据。

（三）智能成本管理决策支持

智能核算型财务管理平台是相对早期的智能财务系统，主要依赖智能感知、RPA、专家系统等技术智能地完成财务核算工作。智能管理型财务管理平台在智能核算型财务管理平台的基础上，逐步演变成基于大数据处理、商务智能、神经网络、机器学习等技术的智能管理会计综合平台，智能成本管理的核心功能发展到智能决策领域；智能管理型财务管理平台是人机高度融合的智能处理平台，即财务管理中出现的智能活动，如分析、推理、判断、构思和决策等，将由以计算机为主的人机融合系统共同来完成。

【知识拓展】

成本核算与管理用到了哪些工具

传统的成本核算中，中小企业运用较多的工具为 Excel，Excel 具有简单易学、使用成本低、应用场景广泛等诸多优点，而且，目前较为流行的大数据处理工具和流程自动化处理软件都能与

Excel进行数据连接和交互，所以Excel在成本核算中具有很强的运用价值。而大型企业则会运用量身定制的大型信息化系统进行成本核算，具有很强的专业性和很明显的行业特征。

随着人工智能（Artificial Intelligence，AI）、云计算、大数据等新技术的成熟及在实践中的广泛应用，成本核算向智能化转型，新技术与成本核算和管理不断结合。

商务智能（Business Intelligence，BI），指用现代数据仓库技术、线上分析处理技术、数据挖掘和数据展现技术进行数据分析，实现商业价值。微软的Power BI就是一款商务智能软件，可以帮助财务人员呈现不同维度和层次的数据视图，以从不同角度和方面深入理解多维成本核算数据集包含的信息，为成本管理决策提供基础依据。

RPA是以软件机器人及人工智能为基础的业务过程自动化科技，可以在一些常规重复操作上释放出人力，实现工作效率提升。比如在成本数据的采集中，使用RPA就可大幅提高效率，节省人力，同时在数据采集上实现内外部系统的连接，让数据获取更加简单快捷。

三、智能化成本核算与管理的发展趋势

数字化时代下，企业会计与成本管理的创新不仅仅是技术的更新和工具的应用，更是企业管理理念的转变和运营方式的革新。在这个变革的背景下，企业需要积极拥抱数字化技术，从传统的手工作业向数字化、智能化迈进，充分发挥数据分析、人工智能、区块链等前沿技术的作用，以提高管理效率、降低成本开支，并更好地适应竞争激烈的市场环境；企业也需要重新思考企业会计与成本管理的角色和意义，将其作为业务决策、战略规划的重要支持，从传统的成本中心向价值创造中心转变。

在数字化时代，企业会计和成本管理面临着从数据采集、处理到决策支持等方面的全面升级，这为企业提供了更有效的财务管理方式，提高了企业的运营效率和决策水平，带来了更多的商业机遇和竞争优势。企业可以将各个业务环节产生的数据进行实时、动态的整合，形成更加准确、全面的会计数据和成本信息，这种数据整合和分享方式使得企业能够更加准确地了解各项成本的构成和变动情况，为企业的财务决策提供更为精准的支持。通过应用财务软件、智能财务系统等工具，企业能够实现财务数据的自动化采集、处理和报告，大大减少了财务人员的重复性工作，同时保证了数据的准确性和安全性，人工智能技术的应用也使得成本管理的预测和优化更加智能化和精细化，提高了企业成本管理的水平和效果。

任务四　制造业企业成本核算与管理的要求及一般程序

一、正确划分各种费用界限

（一）正确划分生产经营管理费用和非生产经营管理费用的界限

企业经济活动的广泛性，决定了各种耗费的用途是多方面的，有的是用于生产经营活动，有的则是用于生产经营活动以外的其他方面。因而，在核算成本时，不能把企业所有的费用支出都计入生产经营管理费用中，而必须按其用途进行合理的划分，以保证成本费用的真实性、客观性。划分的原则是：用于产品生产和销售，用于组织和管理生产经营活动，以及用于筹集生产经营资金的各种费用，即收益性支出，应计入生产经营管理费用；而对于资本性支出或不是由于企业日常生产经营活动而发生的费用支出，如企业购建固定资产、无形资产和其他资产的支出，对外投资的支出，固定资产盘盈盘亏和清理损失，非正常原因的停工损失和自然灾害损失，被没收的财

物损失，支付的滞纳金、违约金、罚款，以及企业的捐赠、赞助支出，等等，都不应计入生产经营管理费用。企业既不应乱计生产经营管理费用，将不属于生产经营管理的费用列入生产经营管理费用；也不得少计生产经营管理费用，将属于生产经营管理的费用不计入生产经营管理费用。乱计成本、费用，会减少企业利润，进而减少国家财政收入；少计成本、费用，则会虚增企业利润，造成超额分配，使企业的生产经营管理耗费得不到补偿，进而影响企业生产顺利进行。

（二）正确划分生产费用与期间费用的界限

生产费用都要计入产品的生产成本。但当月产品的生产成本，并不一定都能成为当月产品的销售成本而从利润中扣除。因为当月投入生产的产品不一定当月就能完工成为成品，并实现销售；当月完工并销售出去的成品也不一定都是当月投入生产的。制造业企业发生的期间费用，不计入产品成本，而直接计入当期损益，从当期利润中扣除。所以，计入产品成本的费用与计入期间费用的费用对一定时期内的利润的影响是不一样的。

为正确计算企业的生产费用和期间费用，还要将计入产品成本的生产费用和计入当期损益的期间费用进行正确的划分。划分的原则是：用于产品生产的原材料费用、生产工人的薪酬费用和制造费用等应该计入生产费用，并据以计算产品成本；用于产品销售、组织和管理生产经营活动的费用，以及为筹集生产经营资金而发生的筹资费用，归集为期间费用，直接计入当期损益。

正确划分生产费用和期间费用的界限，是正确计算产品成本和核算各期损益的基础。因此，在成本核算过程中，要防止混淆生产费用与期间费用，将应计入产品成本的费用列入期间费用，或将期间费用列入产品成本，借以调节各会计期间成本、费用的错误做法。

（三）正确划分各月份费用的界限

成本核算是建立在权责发生制基础上的。因此，为了正确计算产品成本，在正确划分上述费用界限的基础上，还应划清应由本月产品成本、期间费用负担和应由其他月份产品成本、期间费用负担的费用的界限。划分的基本要求是：应由本月负担的成本、费用都应在本月入账，计入本月的产品成本和期间费用；不应由本月负担的成本、费用，一律不得列入本月的产品成本和期间费用。根据这项要求，在成本核算过程中，凡本月发生的费用，都要在本月入账，既不允许将其延至下月入账，也不得提前入账。另外，对应由本月和以后月份产品成本、期间费用负担的待摊费用或预提费用，要根据其受益期限，分别摊提到本月和以后月份，以便正确地反映各月份的成本、费用水平。正确划分各月份费用的界限是准确计算各月产品成本和期间费用的基础。

（四）正确划分各种产品费用的界限

对于生产两种及两种以上产品的生产企业，还要对计入当月产品成本的生产费用在各有关产品之间进行划分，以便分析和考核各种产品成本计划或成本定额的执行情况。这种划分的基本要求是：属于某种产品单独发生、能够单独计入该种产品成本的生产费用，应该直接计入该种产品的成本；属于几种产品共同发生、不能直接计入某种产品成本的生产费用，则要采取适当的分配方法，分配计入这几种产品的成本。

（五）正确划分完工产品与在产品费用的界限

产品生产周期和会计报告期的不一致性，往往导致企业月末有在产品，因此，计算产品成本时，必须将本期生产费用在产成品与月末在产品之间采用适当的方法予以分配，分别计算完工产品成本和月末在产品成本。当然，月末计算产品成本时：如果某种产品都已完工，那么这种产品的各项生产费用之和，就是这种产品的完工产品成本；如果某种产品都未完工，这种产品的各项生产费用之和，就是这种产品的月末在产品成本。要防止任意提高或降低月末在产品成本，人为调节完工产品成本的做法。

以上五个方面费用界限的划分，都应贯彻受益原则，即何者受益何者负担费用、何时受益何时负担费用、负担费用多少应与受益程度高低成正比。这五个方面费用界限的划分过程，也是产品成本的计算过程。

二、正确确定财产物资的计价和价值结转方法

制造业企业的生产经营过程也是各种劳动的耗费过程。在各种劳动耗费中，财产物资的耗费占有相当大的比重。因此，这些财产物资计价和价值结转方法，会对成本计算的正确性产生重要的影响。如其中的固定资产价值的计算方法、折旧方法及折旧率的确定，材料成本的组成内容，发出材料的计价方法，周转材料的摊销方法，等等。

为了计算产品成本和期间费用，要合理确定企业财产物资的计价和价值结转方法。其基本要求是：国家有统一规定的，应采用国家统一规定的方法；国家没有统一规定的，企业要根据财产物资的特点，结合管理要求合理选用。各种方法一经确定，应保持相对稳定，不能随意改变，以保证成本信息的可比性。要防止通过任意改变财产物资计价和价值结转方法来调节成本、费用的错误做法。

三、做好成本核算的基础工作

为了加强成本审核、控制，正确、及时地计算成本，企业应做好以下各项基础工作。

（一）定额的制定和修订工作

定额是企业在正常的生产条件下，对人力、物力、财力的配备及利用和消耗等所应遵守的标准或应达到的水平，它是成本计划、成本控制、成本分析和成本考核的主要依据。定额管理是成本管理的基础，也是企业全面管理的基础。

定额按其反映的内容不同，主要分为工时定额、产量定额、材料消耗定额、费用定额等；按其制定的标准不同，主要分为计划定额和现行定额等。定额的制定既要先进又要切实可行。另外，随着企业内外条件的改变，定额也要随之修订，这样才能有效发挥作用。

（二）材料物资的计量、收发、领退和盘点制度的建立和健全

成本核算是以价值形式来核算企业生产经营管理中的各项费用的。但价值形式的核算是以实物计量为基础的。因此，为了进行成本管理，正确地计算成本，必须建立和健全材料物资的计量、收发、领退和盘点制度。凡是材料物资的收发、领退，在产品、半成品的内部转移，以及产成品的入库等，均应填制相应的凭证，办理审批手续，并严格进行计量和验收。库存的各种材料物资、车间的在产品、产成品均应按规定进行盘点。只有这样，才能保证账实相符，保证成本计算的正确性。

（三）做好成本核算的原始记录

原始记录是反映生产经营活动的原始资料，是进行成本预测、编制成本计划、进行成本核算、分析消耗定额和执行成本计划的依据。成本会计工作的原始记录是成本、费用业务发生的证明，是成本核算和管理的原始依据。因此，制造业企业对生产过程中材料的领用、动力与工时的耗费、费用的开支、废品的产生、在产品及半成品的内部转移、产品质量检验及产成品入库等，都要有真实的原始记录。

原始记录一般包括生产记录、考勤记录、设备利用记录和材料物资收发记录。但不同企业的原始记录并不完全一样，其范围、内容、凭据的格式取决于各企业的生产特点和成本管理要求。

设置原始记录总的原则是：既要满足成本核算和管理的需要，又要简便易行。

（四）厂内计划价格的制定和修订工作

在计划管理基础较好的企业中，为了分清企业内部各单位的经济责任，便于分析和考核企业内部各单位成本计划的完成情况和管理业绩，加速和简化核算工作，应对原材料、半成品、厂内各车间相互提供的劳务（如修理、运输等）制定厂内计划价格，作为企业内部结算和考核的依据。厂内计划价格要尽可能符合实际，保持相对稳定，一般在一个年度内不变。在制定了厂内计划价格的企业中，各项原材料的耗用、半成品的转移，以及各车间与部门之间相互提供劳务等，都要先按计划价格计算（这种按实际生产耗用量和计划价格计算的成本，称为计划价格成本）。月末计算产品实际成本时，再在计划价格成本的基础上，采用适当的方法计算各产品应负担的价格差异（如材料成本差异），将产品的计划价格成本调整为实际成本。这样，既可以加速和简化核算工作，又可以分清内部各单位的经济责任。

（五）选择适当的成本计算方法

产品成本是在生产过程中形成的，产品的生产工艺过程和生产组织不同，所采用的产品成本计算方法也应该有所不同。计算产品成本是为了加强成本管理，因而还应根据管理要求的不同，采用不同的产品成本计算方法。因此，企业只有按照产品生产特点和管理要求，选用适当的成本计算方法，才能正确、及时地计算产品成本，为成本管理提供有用的成本信息。

四、遵循成本核算的基本程序

成本核算的基本程序是指根据成本核算的基本要求，对生产费用进行归集、分配及计入产品成本的程序。

（一）确定成本项目

成本项目是指生产费用要素按照经济用途划分成的若干项目。成本项目可以反映成本的经济构成以及产品生产过程中不同资金的耗费情况。因此，企业为了满足成本管理的需要，可在直接材料、直接人工、制造费用三个成本项目的基础上进行必要的调整，如单设其他直接支出、废品损失、停工损失等成本项目。

（二）确定成本计算对象

成本计算对象是生产费用的承担者，即归集和分配生产费用的对象。确定成本计算对象是计算产品成本的前提。由于企业的生产特点、管理要求、规模大小、管理水平的不同，企业成本计算对象也不相同。对制造业企业而言，产品成本计算对象包括产品品种、产品批别和产品的生产步骤三种。企业应根据自身的生产特点和管理要求，选择合适的产品成本计算对象。

（三）确定成本计算期

成本计算期是指成本计算的间隔期，即多长时间计算一次成本。产品成本计算期的确定，主要取决于企业生产组织的特点。通常，在大量、大批生产情况下，产品成本的计算期间与会计期间相一致；在单件、小批生产的情况下，产品成本的计算期间则与产品的生产周期相一致。

（四）审核生产费用

对企业的各项支出进行严格的审核和控制，主要是确定各项费用是否应该支付，并按照国家的有关规定确定其是否应计入产品成本、期间费用，以及应计入产品成本、期间费用的具体数值。也就是说，要在对各项支出的合理性、合法性进行严格审核、控制的基础上，做好前述费用界限划分的第一和第二两个方面的工作。

（五）归集和分配要素费用

生产费用归集和分配就是将应计入本月产品成本的各种要素费用在各有关产品之间，按照成本项目进行归集和分配。归集和分配的原则为：产品生产直接发生的生产费用作为产品成本的构成内容，直接计入该产品成本；为产品生产服务发生的间接费用，可先按发生地点和用途进行归集汇总，然后分配计入各受益产品成本。产品成本计算的过程也就是生产费用分配和汇总的过程。

（六）计算完工产品成本和月末在产品成本

对既有完工产品又有月末在产品的产品，应将计入该产品的生产费用，在其完工产品和月末在产品之间采用适当的方法进行划分，求得完工产品和月末在产品的成本。这是生产费用在同种产品的完工产品与月末在产品之间纵向的分配和归集，是前述费用界限划分的第五个方面的工作。

五、遵循成本核算的账务处理程序

（一）成本核算账户的设置

为了按成本核算程序归集生产费用，核算产品成本，应设置一定的总账账户及必要的明细账户。总账账户一般设置"生产成本"账户，用以核算企业进行产品生产（包括生产产成品、自制半成品和提供劳务等）、自制材料、自制工具、自制设备等所发生的各项生产费用。为了分别核算基本生产成本和辅助生产成本，还应在该总账账户下设立"基本生产成本"和"辅助生产成本"两个二级账户，在二级账户下再按一定要求设置明细账户。也可以根据企业需要将两个二级账户提升为一级账户，不再设置"生产成本"总账账户。同时在成本核算过程中还要设置"制造费用""销售费用""管理费用""财务费用""长期待摊费用"等账户。如果需要单独核算废品损失、停工损失等，还应设置"废品损失""停工损失"等账户，下面分别加以介绍。

1. "生产成本——基本生产成本"账户

"生产成本——基本生产成本"账户核算企业生产各种产成品、自制半成品、自制材料、自制工具、自制设备等所发生的各项费用。该账户借方登记企业为进行基本生产而发生的各种费用；贷方登记转出的完工入库产品的成本；余额在借方，表示尚未加工完成的各项在产品的成本。

"生产成本——基本生产成本"账户应按产品品种或产品批别、生产步骤等成本计算对象分设明细账（也称"产品成本"明细账或产品成本计算单）。明细账中应按成本项目分设专栏或专行，登记该产品的各成本项目的月初在产品成本、本月发生的生产费用、本月完工产品成本和月末在产品成本。

2. "生产成本——辅助生产成本"账户

"生产成本——辅助生产成本"账户核算辅助生产车间为基本生产车间或其他部门提供产品、劳务所发生的材料、工资等各项费用。该账户的借方登记为进行辅助生产而发生的各种费用；贷方登记完工入库产品的成本或分配转出的辅助生产成本；余额在借方，表示辅助生产在产品的成本，即辅助生产在产品占用的资金。

"生产成本——辅助生产成本"账户应按辅助生产车间分设明细账，账中按辅助生产的成本项目或费用项目分设专栏或专行进行明细登记。

3. "制造费用"账户

"制造费用"账户核算企业为生产产品和提供劳务而发生的各项间接费用。该账户的借方登记实际发生的制造费用；贷方登记分配转出的制造费用；除季节性生产企业外，该账户月末一般无余额。"制造费用"账户应按车间、部门设置明细账，账内按费用项目设立专栏进行明细登记。

4．"自制半成品"账户

"自制半成品"账户核算库存自制半成品的实际成本。该账户借方登记完工入库的自制半成品的成本，贷方登记发出自制半成品的实际成本；余额在借方，表示期末自制半成品的实际成本。"自制半成品"账户应根据需要来设置，如企业不单独计算自制半成品或没有自制半成品，或有自制半成品但不设置自制半成品仓库，各生产步骤完工的自制半成品直接交下一生产步骤，则可不设置"自制半成品"账户。

5．"废品损失"和"停工损失"账户

需要单独核算废品损失的企业，应设置"废品损失"总账账户。在停工比较频繁的企业，为了考核和控制企业停工期间发生的各项费用，应当增设"停工损失"账户用来核算企业发生的停工损失。

（二）成本核算的账务处理程序

1．设置成本核算账户

根据企业生产类型和管理要求，确定成本计算对象，设置各种生产成本、费用账户。

2．对各要素费用进行归集和分配

企业当期发生的各项要素费用，应根据费用的原始凭证和有关资料，按费用发生的地点和经济用途编制各种费用分配表，如材料费用分配表、工资费用分配表、辅助生产费用分配表、制造费用分配表等。属于生产经营管理的费用，应分别记入"生产成本——基本生产成本""生产成本——辅助生产成本""制造费用""管理费用"等账户；不属于生产经营管理费用的，也应记入相关账户。

3．分配辅助生产成本

月末，将归集的"生产成本——辅助生产成本"账户上的费用，按其受益对象和提供的产品及劳务量，编制辅助生产成本分配表，分配记入"生产成本——基本生产成本""制造费用""管理费用"等账户。

4．分配制造费用

月末，将归集的"制造费用"账户上的费用，按其受益产品和分配标准，编制制造费用分配表，分配记入"生产成本——基本生产成本"账户。

5．计算和结转完工产品成本

登记"生产成本——基本生产成本"账户，按产品成本计算期，编制完工产品成本计算单，并将完工产品成本从"生产成本——基本生产成本"账户转入"库存商品"账户。

6．结转各项期间费用

月末，将"销售费用""管理费用""财务费用"账户上归集的费用，转入"本年利润"账户。成本核算的账务处理程序如图1-5所示。

成本核算账务处理程序主要有以下几个步骤。

（1）根据材料费用分配表分配材料费用，分别记入"生产成本——基本生产成本""生产成本——辅助生产成本""制造费用"等账户。

（2）根据人工费用分配表分配人工费用，分别记入"生产成本——基本生产成本""生产成本——辅助生产成本""制造费用"等账户。

（3）根据折旧费用分配表分配折旧费用，分别记入"制造费用""管理费用"等账户。

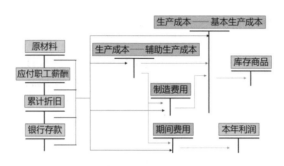

图 1-5　成本核算的账务处理程序

（4）编制辅助生产费用分配表，分配辅助生产费用，分别记入"制造费用""管理费用"等账户。

（5）编制制造费用分配表，分配制造费用，分别记入各成本计算对象的"生产成本——基本生产成本"账户。

（6）计算出完工产品成本，将其转入"库存商品"账户中。

【任务实施】

任务实施 1-1

建立账簿

参考答案 1-1

建立账簿

素养提升

初入职场的小王如何破局

【情境】应届毕业生小王应聘到某企业财务部工作，工作岗位为成本会计。在入职培训过程中，小王了解了企业的发展历程、各项管理规定和核心业务，之后就进入财务部开始工作。由于小王没有工作经验，且对企业的产品和生产工艺生疏，进入工作状态较慢，小王为此很着急。

【问题】请给小王一些开展工作的建议。

【提示】小王作为成本会计岗位的新人，可以先去车间了解一下企业的生产情况，如果条件不允许，也应该通过资料，了解企业生产相关的背景，从以下几方面开展学习：首先，了解企业的产品及产品的生产工艺，勾画出产品的工艺路线；其次，了解企业的生产模式，明确是大量生产还是成批生产或单件生产；最后，通过企业财务核算制度和前期账目，了解成本核算账户的设置，核算方法的选择等。

【项目小结】

成本是一个价值范畴，是商品价值的组成部分，是企业为生产产品、提供劳务而发生的可以用货币计量的各种耗费。支出、费用和成本之间既有联系，又有区别。支出是指企业生产经营过程中发生的一切开支与耗费，费用是支出的构成部分，凡是与企业的生产经营有关的支出，即可表现或转化为费用。企业在生产过程中发生的费用，构成产品成本。

成本会计是财务会计的一个分支，是以成本为对象的一种专业会计。成本会计的基本职能是核算职能和监督职能。成本会计的基本内容包括成本预测、成本决策、成本计划、成本控制、成本核算、成本分析、成本考核。

成本核算经历了电算化阶段到信息化阶段，再到智能化阶段的发展。数字化时代下，企业会计与成本管理的创新不仅仅是技术的更新和工具的应用，更是企业管理理念的转变和运营方式的革新，在这个变革的背景下，企业需要积极拥抱数字化技术，从传统的手工作业向数字化、智能化迈进，充分发挥数据分析、人工智能、区块链等前沿技术的作用，以提高管理效率、降低成本开支，并更好地适应竞争激烈的市场环境。

企业成本核算要求和成本核算一般程序是企业进行成本核算的重要内容，包括：正确划分各种费用的界限；正确确定财产物资的计价和价值的转移方法；做好成本核算的基础工作；成本核算的基本程序；成本核算的账务处理程序。

【巩固练习】

一、单项选择题

1. 产品成本是指为制造一定数量、一定种类的产品，而发生的以货币表现的（　　　）。
   A. 物化劳动消耗　　　B. 各种消耗　　　C. 原材料消耗　　　D. 活劳动消耗
2. 成本这种资金消耗，是相对于（　　　）而言的。
   A. 一定对象　　　　　B. 一定时期　　　C. 一个单位　　　　D. 一个企业
3. 成本的经济实质是（　　　）。
   A. 生产经营过程中所耗费生产资料转移价值的货币表现
   B. 劳动者为自己劳动所创造价值的货币表现
   C. 劳动者为社会劳动所创造价值的货币表现
   D. 企业在生产经营过程中所耗费的资金的总和
4. 对生产经营过程中发生的费用进行归集和分配，计算出有关成本计算对象的实际总成本和单位成本的活动是（　　　）。
   A. 成本会计　　　　　B. 成本核算　　　C. 成本预测　　　　D. 成本分析
5. 成本会计的对象是（　　　）。
   A. 会计要素的增减变动　　　　　　B. 对发生的费用进行归集和分配的过程
   C. 产品生产成本的形成过程　　　　D. 与企业经营业务有关的经营管理费用
6. 期间费用月末转入（　　　）科目的借方。
   A. 本年利润　　　　　B. 利润　　　　　C. 利润分配　　　　D. 主营业务收入
7. 下列各项中应计入管理费用的是（　　　）。
   A. 银行借款的利息支出　　　　　　B. 银行存款的利息收入
   C. 企业的技术开发费　　　　　　　D. 车间管理人员的工资

二、多项选择题

1. 理论成本是指产品在生产过程中消耗的（　　　）的货币表现。
   A. 物化劳动　　　B. 部分物化劳动　　　C. 活劳动　　　D. 部分活劳动

2. 下列各项支出中，明确应计入产品成本的支出有（　　　）。

    A. 折旧费用　　　　　　　　　　　　B. 生产单位的折旧费用

    C. 生产工人的工资　　　　　　　　　D. 生产工人的福利费

3. 期间费用是指（　　　）。

    A. 销售费用　　　　　B. 人工费用　　　　C. 管理费用　　　　D. 财务费用

4. 一般来说，企业应根据本单位（　　　）等具体情况与条件来组织成本会计工作。

    A. 生产规模的大小　　　　　　　　　B. 生产经营业务的特点

    C. 成本计算方法　　　　　　　　　　D. 成本管理的要求

5. 成本会计的内容包括（　　　）。

    A. 成本预测、决策　　　　　　　　　B. 成本核算、分析

    C. 成本计划　　　　　　　　　　　　D. 成本考核

6. 下列各项中，应计入产品成本的费用有（　　　）。

    A. 车间办公费　　　　　　　　　　　B. 季节性停工损失

    C. 车间设计制图费　　　　　　　　　D. 企业行政管理人员工资

7. 下列各项中，属于产品生产成本项目的有（　　　）。

    A. 外购动力费用　　　B. 制造费用　　　　C. 工资费用　　　　D. 折旧费用

8. 成本会计经历了以下哪几个阶段？（　　　）

    A. 电算化阶段　　　　B. 信息化阶段　　　C. 智能化阶段　　　D. 大融合阶段

9. 以下哪些大数据工具可以应用于成本会计核算与管理？（　　　）

    A. Excel　　　　　　B. RPA　　　　　　C. Power BI　　　　D. Python

三、判断题

1. 制定和修订定额，只是为了进行成本审核，与成本计算没有关系。　　　　　　（　　　）

2. 成本预测是成本决策的结果，正确的成本决策是进行成本预测的前提。　　　　（　　　）

3. 在实际工作中，确定成本的开支范围应以成本的经济实质为理论依据。　　　　（　　　）

4. 实际工作中的成本开支范围与理论成本包括的内容有一定的差别。　　　　　　（　　　）

5. 企业可以通过成本分析软件或大数据技术，实现对各项费用的精细化分摊。　　（　　　）

6. 成本是制定产品价格的重要因素。　　　　　　　　　　　　　　　　　　　　（　　　）

学习测评表

项目二
要素费用的核算

知识目标

1. 理解各项要素费用的内容；
2. 掌握要素费用的分配原则。

能力目标

1. 能够对材料费用、外购动力费用、职工薪酬及其他要素费用进行归集与分配；
2. 能够编制材料费用、外购动力费用、职工薪酬及其他要素费用的分配表并进行账务处理。

素质目标

1. 培养降本增效意识；
2. 具备严谨细致、一丝不苟的职业素养。

知识导图

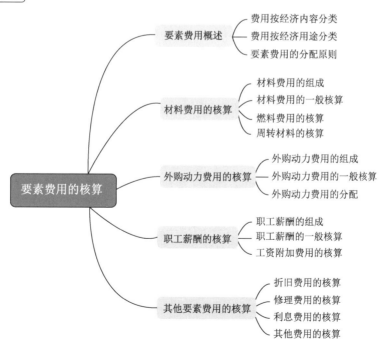

案例导入

鸿运机械厂的材料按实际成本计价。各用料单位填制一式三联的领料单，据以从材料仓库领用材料。月末，财务部门材料核算员进行金额汇总，编制发出材料及自制半成品汇总表。2023年6月的材料领料单见任务资料2-1。

鸿运机械厂生产工人实行计件工资制。各车间生产工人的计件工资额由工厂人事科根据完成的生产任务等有关资料计算后，通知财务部门工资核算员，再由工资核算员按班别、车间分别编制工资结算单，作为工资核算的原始依据。2023年6月计算工资的有关资料见任务资料2-2。

月末，鸿运机械厂缴纳养老保险、失业保险、医疗保险、工伤保险、生育保险、住房公积金，计提固定资产折旧，缴纳水电费，以及分配办公用品费的原始资料见任务资料2-3。

任务资料 2-1

归集和分配材料费用

任务资料 2-2

归集和分配职工薪酬

任务资料 2-3

归集和分配其他费用

任务发布

完成鸿运机械厂相应材料费用、职工薪酬费用及其他费用的分配，分配结果填入相应费用分配汇总表中，汇总后编制记账凭证，并登记开设的各有关明细账。

【知识拓展】

材料费用、外购动力费用、职工薪酬和折旧费用等要素费用是产品成本的重要组成部分，同时也影响期间费用。成本核算主要包含归集与分配两个重要环节，在核算过程中应采用"谁受益，谁负担"的原则，先对要素费用进行归集，然后再采用一定的方法将归集的费用分配到受益的产品或部门中。

任务一　要素费用概述

制造业企业生产经营过程中的耗费是多种多样的，为了科学地进行成本管理，正确计算产品成本和期间费用，需要对种类繁多的费用进行合理分类。费用可以按不同的标准分类，其中最基本的是按费用的经济内容和经济用途分类。

一、费用按经济内容分类

制造业企业发生的各种费用按其经济内容（或性质）划分，主要有劳动对象方面费用、劳动手段方面费用和活劳动方面费用三大类。前两方面为物化劳动耗费，即物质消耗；后一方面为活劳动耗费，是非物质消耗。为了具体地反映制造业企业各种费用的构成和水平，还应在此基础上，将制造业企业的费用进一步划分为以下七个费用要素。

1. 外购材料

外购材料是指企业为进行生产经营而耗用的一切从外单位购进的原料及主要材料、半成品、辅助材料、包装物、修理用备件和低值易耗品等。

2. 外购燃料

外购燃料是指企业为进行生产经营而耗用的一切从外单位购进的各种固体、液体和气体燃料。从理论上说，它应该包括在外购材料中，但由于燃料是重要能源，可单独考核，因而可以单独列入一个要素进行计划和核算。

3. 外购动力

外购动力是指企业为进行生产经营而耗用的，从外单位购进的各种动力（如电力、热力等）。

4. 职工薪酬

企业为进行生产经营而支出的各种职工报酬或补偿，包括职工工资、奖金、津贴和补贴、职工福利费、医疗保险费、工伤保险费和生育保险费等社会保险费，住房公积金，工会经费和职工教育经费等。

5. 折旧费

折旧费是指企业按照规定的固定资产折旧方法，对于固定资产所计算提取的费用。出租固定资产的折旧费不包括在内。

6. 利息费用

企业应计入财务费用的借入款项的利息费用减去利息收入后的净额。

7. 其他费用

不属于以上各要素，但应计入产品成本或期间费用的费用支出，如差旅费、租赁费、外部加工费、保险费等。

二、费用按经济用途分类

制造业企业在生产经营过程中发生的费用，可以分为计入产品成本的生产费用和计入当期损益的期间费用两类。

（一）生产费用

为具体反映计入产品成本的生产费用的各种用途，提供产品成本构成情况的资料，制造业企业通常会将生产成本按经济用途进行分类，称为产品的成本项目。制造业企业一般应设置以下成本项目。

1. 直接材料

直接材料成本项目是指直接用于产品生产，构成产品实体的原料、主要材料以及有助于产品形成的辅助材料费用。

2. 燃料和动力

燃料和动力成本项目是指直接用于产品生产的各种直接燃料和动力费用。直接燃料和动力费用一般也可以列入直接材料中核算，当该项目金额较高时，也可以根据企业的需求单独核算。

3. 直接人工

直接人工成本项目是指直接参加产品生产的工人的薪酬费用，包括职工工资、奖金、津贴和补贴，按规定比例提取的职工福利费、医疗保险费、工伤保险费和生育保险费等各项社会保险费，以及住房公积金、工会经费、职工教育经费等。

4. 制造费用

制造费用成本项目是指间接用于产品生产的各项费用，以及直接用于产品生产，但不便于直接计入产品生产，因而没有专设成本项目的费用（如机器设备的折旧费用）。制造费用包括企业内部生产单位（车间）管理人员的职工薪酬、固定资产折旧费、租赁费（不包括融资租赁费）、水电费、办公费、运输费、劳动保护费等。

以上各成本项目的费用之和，构成产品的生产成本。为使产品成本项目更好地适应企业的生产特点和管理要求，企业可根据生产特点和管理要求对上述成本项目做适当调整。对于管理上需要单独反映、控制和考核的费用，以及产品成本中占比较大的费用，应专设成本项目；否则，为了简化核算，不必专设成本项目。例如，如果废品损失在产品成本中所占比重较大，在管理上需要对其进行重点控制和考核，则应单设"废品损失"成本项目。又如，如果工艺上耗用的燃料和动力不多，为了简化核算，可将其中的工艺用燃料费用并入"原材料"成本项目，将其中的工艺用动力费用并入"制造费用"成本项目。

（二）期间费用

制造业企业的期间费用按照经济用途可以分为销售费用、管理费用、财务费用。

1. 销售费用

销售费用是指企业在产品销售过程中发生的费用，以及为销售本企业产品而专设的销售机构的各项费用，包括运输费、装卸费、包装费、保险费、展览费、广告费、销售服务费，以及为销售本企业产品而专设的销售机构（含销售网点、售后服务网点等）的职工薪酬、类似工资性质的费用和业务费等经营费用。

2. 管理费用

管理费用是指企业行政管理部门为组织和管理生产经营活动而发生的各种费用，包括企业董事会和行政管理部门在企业经营管理中发生的或者应当由企业统一负担的公司经费、工会经费、社会保险费、劳动保险费、董事会费、聘请中介机构费、咨询费、诉讼费、业务招待费、办公费、差旅费、邮电费、绿化费、管理人员工资及福利费等。

3. 财务费用

财务费用是指企业为筹集生产经营所需资金而发生的各项费用，包括利息支出（减利息收入）、汇兑损失（减汇兑收益）以及相关手续费等。

【例2-1】森浩公司为单步骤生产企业，有一个基本生产车间，生产甲和乙两种产品。本月生产甲产品发生直接材料费用100万元、直接人工费用30万元，生产乙产品发生直接材料费用80万元、直接人工费用20万元，车间管理人员的工资为5万元，行政管理人员的工资为3万元，销售部门人员的工资为2万元。本月发生基本生产车间水电费3万元，固定资产折旧费用10万元；管理部门水电费1万元，固定资产折旧费用2万元，办公费用0.5万元，业务招待费用0.8万元；销售部门水电费0.5万元，固定资产折旧费用1万元，广告费5万元。

问题：请计算森浩公司的产品成本（直接材料、直接人工、制造费用）、管理费用和销售费用。

解析：本月产品成本共248万元，其中直接材料180（即100+80）万元，直接人工50（即30+20）万元，制造费用18（即5+3+10）万元。管理费用为7.3（即3+1+2+0.5+0.8）万元，销售费用为8.5（即2+0.5+1+5）万元。

三、要素费用的分配原则

（一）"谁受益，谁负担"原则

各种要素费用要按照受益对象和受益程度归集和分配，即何种产品受益，何种产品负担费用，负担费用的多少与受益程度有关。

1. 计入产品成本、期间费用的要素费用

（1）计入产品成本的费用。

① 企业基本生产车间为生产产品而直接发生的费用，一般记入"生产成本——基本生产成本"账户。

② 基本生产车间发生的间接生产费用和机器设备折旧等费用，一般记入"制造费用"账户。

③ 对辅助生产车间应计入产品成本的费用，视其规模和管理要求，可以采用两种方法进行归集：第一种方法是将所有费用记入"生产成本——辅助生产成本"账户，第二种方法是将辅助生产车间发生的直接费用和间接费用分别记入"生产成本——辅助生产成本"和"制造费用"账户。

（2）计入期间费用的费用。在生产经营过程中发生的期间费用，不计入产品成本，而应分别记入"销售费用""管理费用""财务费用"账户，然后转入"本年利润"账户，冲减当月损益。

2. 不计入产品成本、期间费用的要素费用

（1）企业为购建固定资产而发生的费用，应记入"在建工程""固定资产"账户。

（2）企业自行研发无形资产而发生的费用，应记入"研发支出"账户。

（3）企业发生的与日常活动无直接关系的各项损失，应记入"营业外支出"账户。

要素费用的一般分配去向见表2-1。

表2-1　　　　　　　　　　　　　要素费用分配去向

发生部门和用途	记入账户
基本生产车间直接生产费用	生产成本——基本生产成本——××产品
基本生产车间间接生产费用	制造费用——××车间
辅助生产车间直接生产费用	生产成本——辅助生产成本——××车间
辅助生产车间间接生产费用	生产成本——辅助生产成本——××车间 制造费用——××车间
行政管理部门、销售部门产生的费用或因筹资而发生的费用	管理费用、销售费用、财务费用
购建固定资产、无形资产发生的费用	在建工程、固定资产、研发支出
与生产经营没有直接关系的费用	营业外支出

（二）直接费用直接计入产品成本，间接费用分配计入产品成本

费用发生时，能分清是何种产品所耗用，并可直接计入该种产品（或成本计算对象）成本的费用，为直接费用。直接费用无须分配，直接计入该种产品（或成本计算对象）成本。费用发生时，不能分清是为生产何种产品（或成本计算对象）所发生的费用，为间接费用。间接费用需要通过一定的方法分配后计入各种产品（或成本计算对象）成本。一般来说，在只生产一种产品的企业（或车间），无论是直接生产费用还是间接生产费用，都可把它们看作直接费用，直接计入所生产产品的成本，即记入"生产成本——基本生产成本——××产品"账户；在生产多种产品的企业（或车间），只要不能直接分清是为生产哪种产品而发生的，就应分配后计入各种产品成本。

间接费用的分配，应该选择适当的分配方法。所谓分配方法适当，是指分配依据的标准与分配对象有比较密切的联系，分配结果比较合理，而且分配标准的资料比较容易取得，计算比较简便。分配间接费用的标准主要有以下几种。

（1）成果类，如产品的重量、体积、产量、产值等。

（2）消耗类，如生产工时、工人工资、机器工时、原材料消耗量或原材料费用等。

（3）定额类，如定额消耗量、定额费用等。

分配费用的计算公式为：

$$费用分配率 = \frac{待分配费用总额}{分配费用标准总量（总额）}$$

某分配对象应分配的费用 = 该对象的分配标准总量 × 费用分配率

任务二　材料费用的核算

一、材料费用的组成

材料是产品生产中必不可少的要素，它包括企业在生产过程中实际消耗的各种原料及主要材料、辅助材料、燃料、外购半成品、周转材料、其他材料。

（一）原材料及主要材料

原材料及主要材料是指经过加工后构成产品实体的各种原料和材料，如冶金企业炼铁耗用的矿石、纺织企业纺纱耗用的原棉等。半成品对购入企业来说，与原材料一样都是劳动对象，在继续加工中构成产品的主要实体，因此也属于原材料及主要材料，如机械制造企业使用的钢材、纺织企业织布耗用的棉纱等。

（二）辅助材料

辅助材料是指直接用于生产过程，有助于产品形成或便于生产进行，但不构成产品实体的各种材料。辅助材料在生产中发挥的作用不同：有的为劳动工具所耗费，如维护机器设备用的机油和防锈剂等；有的与主要材料相结合有助于产品形成，如漂白粉、催化剂、油漆、染料等；有的为正常劳动创造条件，如各种清洁用具和照明用具等。

（三）燃料

燃料是指在生产过程中用来燃烧发热的各种材料，包括固体燃料、气体燃料和液体燃料，如煤、天然气和汽油等。燃料从其在生产中所起的作用来看，也属于辅助材料，但由于它在企业生产过程中的消耗量大，故单列一类，以便于管理和核算。

（四）周转材料

周转材料包括低值易耗品和包装物。低值易耗品是指单位价值或使用年限在规定限额以下的劳动工具或资料；包装物是指为了包装本企业产品，随产品一同出售或在销售过程中租借给购货单位使用的各种包装物品，如箱、桶、瓶、袋等，但不包括包装用的一般零星材料（如纸张、绳子、铁丝等）。

（五）其他材料

其他材料是指企业在生产过程中消耗的不属于上述各类的其他材料。

二、材料费用的一般核算

（一）材料发出的原始凭证

为了有效地控制生产成本，必须严格办理有关材料的领取和退库手续，做好相关的原始记录。一般来说，材料费用的原始凭证包括领料单、限额领料单、领料登记表、退料单等。

1. 领料单

领料单是一种一次性使用的领发料凭证，它适用于未制定定额或不经常使用的材料的领发。领料单一般为一式三联：一联领料单位留存；一联留存于发料仓库，用于登记仓库明细账；一联交会计部门据以记账。领料单的格式见表2-2。

表2-2　　　　　　　　　　　　　　　　领料单

领用单位：　　　　　　　　　　　　　　年　　月　　日

用途：　　　　　　　　　　　　　　　　　　　　　　　　　　　　　发料仓库：

种类	名称	规格	编号	计量单位	数量		金额	用途
					请领	实领		

领料负责人：　　　　　领料人：　　　　　　　供应负责人：　　　　　保管员：

2. 限额领料单

限额领料单是一种在规定时期和规定限额内可多次使用的领发料累计凭证。限额领料单所规定的限额是用料部门当期可领用材料的最高限额，领料部门在规定的限额内，可以一次或分次领用。限额领料单适用于经常使用并已制定消耗定额的材料领发。限额领料单可以一单一料，也可以一单多料，一般为一式三联：一联由领料单位留存；一联留存于发料仓库，用于登记仓库明细账；一联交会计部门据以记账。限额领料单的格式见表2-3。

表2-3　　　　　　　　　　　　　　　　限额领料单

领料单位：　　　　　　　　　　　　　　　　　　　　　　　　　　发料仓库：

用途：　　　　　　　　　　　　年　　月　　日　　　　　　　　　　金额单位：

材料编号	材料名称	计量单位	全月领用限额	全月实发			备注
				数量	单价	金额	
日期	请领数量	实发数量	限额结余	领料人签章		发料人签章	

供应部门负责人：（签章）　　　　　　　　　　　　　　　领料单位负责人：（签章）

3. 领料登记表

领料登记表也是一种多次使用有效的凭证。对于生产车间、班组常用的消耗材料，不便于使用领料单或限额领料单领料的，可使用领料登记表办理领料手续。领料登记表一般采用一单一料制，在一个月内连续使用，月末汇总记账。领料登记表的一般格式见表2-4。

表2-4　　　　　　　　　　　　　　　　领料登记表

材料类别	材料型号	材料名称	规格	计量单位	日期	领用数量	累计领用数量	领料人	发料人

4. 退料单

退料单是一种记录生产车间退回结存材料的凭证。车间或班组在领用材料较多时或由于月末成本计算的需要，可将材料退回仓库，填写退料单。下月不再使用的材料，应填制退料单，连同材料退回仓库，下月继续使用的材料办理"假退料"手续。退料单一般一式三联，分别由发料部门、发料仓库、会计部门留存。退料单的一般格式见表2-5。

表2-5　　　　　　　　　　　　　　　退料单

退料部门：　　　　　　　　　　　　　　　　　　　　　　　　　　日期：　　年　　月　　日

退料名称	材料型号	退料量	实收量	退料原因					
				溢领	省料	不适用	品质差	订单取消	其他

登账：　　　　　　　　点收：　　　　　　　　　　主管：　　　　　　　　退料人：

【知识拓展】

什么是假退料

假退料也称为假退库，是一种会计处理程序，主要用于领料部门月末将已领用但并未实际使用的原材料等物资退回仓库，然后在下月初填制相同内容的蓝字领料单等额领回，而实物不需进行移动。具体来说，当领料部门领取了某些材料，但这些材料并未被使用，且预计未来仍需使用时，会办理假退料。即填制本月的退料单或红字领料单，冲减本月领料数量，在下月初填制领料单，转作下月领料数量，但实物并不退回仓库。这种方式可以避免材料实物的不必要移动，同时又能正确计算材料的结余额和产品成本。

（二）材料发出的计价

为了反映和监督材料物资的增减变动情况，正确地核算产品成本中的材料费用，原则上最终必须按实际成本对材料进行计价。但就每一种材料来说，在日常核算中，可以采用实际成本计价，也可以采用计划成本计价。

1. 按实际成本计价材料的核算

按实际成本进行材料的日常核算时，不管在材料总账中还是在明细账中，材料都要按实际成本计价。发出材料的金额可以按照先进先出法、个别计价法、月末一次加权平均法和移动加权平均法等进行登记，并按计算出的实际平均单位成本对发料凭证中的材料进行计价。为了简化总账的登记工作，一般在月末根据全部发料凭证编制发料凭证汇总表，然后根据发料凭证汇总表编制记账凭证，并据以登记总账。

2. 按计划成本计价材料的核算

在按计划成本进行材料日常核算的情况下，材料的收发都按材料的计划单位成本计价。材料明细账中收入材料、发出材料的金额都应根据发料凭证按计划成本登记。

为了核算材料的实际成本、计划成本和成本差异，月末应调整发出材料的成本差异，计算发出和结存材料的实际成本，除设置"原材料"账户外，还应设置"材料采购"和"材料成本差异"账户，并按材料类别设置明细账户。月末，为了调整发出材料的成本差异，计算发出材料的实际成本，还必须根据"原材料"和"材料成本差异"账户计算材料成本差异率。

$$材料成本差异率 = \frac{月初结存材料成本差异+本月收入材料成本差异}{月初结存材料计划成本+本月收入材料计划成本} \times 100\%$$

发出材料应分摊的成本差异=发出材料的计划成本×材料成本差异率

发出材料的实际成本=发出材料的计划成本+发出材料应分摊的成本差异

上列各计算公式中的材料成本差异,如为超支差异按正数计算,如为节约差异按负数计算,然后将超支差异或节约差异结转,增加或减少当期的成本或费用,以便将当期的成本或费用调整为实际数。

(三)材料费用的归集

对材料费用的归集应遵循以下原则:凡属于生产产品耗用的直接材料费用,应直接记入"生产成本——基本生产成本"账户;凡属于辅助生产车间为生产产品或提供劳务而耗用的直接材料费用,直接记入"生产成本——辅助生产成本"账户;凡属于多种产品共同耗用的直接材料费用,应按照一定标准在各种产品之间进行分配,分别记入"生产成本——基本生产成本"或"生产成本——辅助生产成本"等账户;车间、管理部门以及其他部门为组织和管理生产领用的材料的费用,不能作为直接材料费用,而应按照费用的发生地点和用途进行归集,分别记入"制造费用""管理费用"等账户。会计分录如下。

借:生产成本——基本生产成本——××产品

生产成本——辅助生产成本

制造费用

管理费用

贷:原材料——××材料

(四)材料费用的分配

在进行材料费用分配时,凡生产产品直接耗用的材料费用应尽可能直接计入有关产品的成本,以充分反映产品制造成本的真实水平。企业生产产品领用原材料一般可以根据领料单上所注明的用途直接计入所生产产品的成本。但如果企业生产不同产品领用同一种原材料,领料单上未注明用途,或虽注明用途但无法确定各种产品实际耗用的数量时,就必须采用一定的分配方法,将所耗用的原材料在各种产品之间进行分配,并分别计入各种产品的直接材料费用中。

对于不同产品共同耗用直接材料费用的分配,应选择合理的分配标准,在生产的多种产品之间进行分配。分配标准的选择要尽可能与材料费用的发生有密切关系,做到多耗用多分配,少耗用少分配。可供选择的分配标准很多,一般有材料定额消耗量、材料定额费用、产品产量、产品重量等。企业应根据耗用材料的具体情况选择一定的标准进行分配。

1. 定额消耗量比例分配法

定额消耗量比例分配法是以各种产品的材料消耗总定额为标准,来分配材料费用的方法。按材料定额消耗量比例分配材料费用时,首先根据各种产品的产量和单位消耗定额,计算出各种产品的定额消耗量,然后按实际消耗量的比例,求出各种产品的材料实际消耗量,最后根据材料的单位成本,求得各种产品应分配的材料费用。

某种产品材料定额消耗量=该种产品实际产量×单位产品材料消耗定额

$$材料消耗量分配率 = \frac{各种产品共同耗用材料总量}{各种产品材料定额消耗总量}$$

某种产品应分配的材料数量=该种产品的材料定额消耗量×材料消耗量分配率

某种产品应分配的材料费用=该种产品应分配的材料数量×材料单价

【例2-2】森浩公司一车间，2023年10月生产甲、乙两种产品，共同耗用某种材料1 500千克，单价为5元/千克。甲产品的实际产量为100件，单件产品材料消耗定额为6千克；乙产品的实际产量为80件，单件产品材料消耗定额为5千克。按定额消耗量比例分配法计算甲、乙产品各自应分配的材料费用。

解：甲产品材料定额消耗量=100×6=600（千克）

乙产品材料定额消耗量=80×5=400（千克）

甲、乙产品材料定额消耗总量=600+400=1 000（千克）

材料消耗量分配率=1 500÷1 000=1.5

甲产品应分配的材料数量=600×1.5=900（千克）

乙产品应分配的材料数量=400×1.5=600（千克）

甲产品应分配的材料费用=900×5=4 500（元）

乙产品应分配的材料费用=600×5=3 000（元）

上述计算分配，可以考核原材料消耗定额的执行情况，有利于加强原材料消耗的实物管理。

在实际工作中，原材料费用的归集和分配是根据当月审核、归类后的领料和退料及有关资料，按照材料费用发生的地点和用途，汇总编制材料费用分配汇总表后，再据以编制会计分录。材料费用分配汇总表见表2-6。

表2-6　　　　　　　　　　　材料费用分配汇总表

材料名称：××材料　　　　　　　　2023年10月

领料单位或用途	产量/件	共同耗用材料费用						直接材料费用/元	合计/元
		材料消耗额/（千克/件）	定额消耗量/千克	分配率	分配量/千克	材料单价/（元/千克）	材料费用/元		
甲产品	100	6	600		900	5	4 500	5 600	10 100
乙产品	80	5	400		600	5	3 000	7 400	10 400
小计	180		1 000	1.5	1 500		7 500	13 000	20 500
一车间								4 800	4 800
二车间								3 600	3 600
机修车间								18 000	18 000
供电车间								16 000	16 000
管理部门								7 000	7 000
合计							7 500	62 400	69 900

根据表2-6编制会计分录如下。

借：生产成本——基本生产成本——甲产品　　　　　　10 100

　　　　　——基本生产成本——乙产品　　　　　　10 400

　　生产成本——辅助生产成本——机修车间　　　　18 000

　　　　　——辅助生产成本——供电车间　　　　　16 000

　　制造费用——一车间　　　　　　　　　　　　　4 800

　　制造费用——二车间　　　　　　　　　　　　　3 600

　　管理费用　　　　　　　　　　　　　　　　　　7 000

　　贷：原材料——××材料　　　　　　　　　　　　　69 900

2. 定额费用比例分配法

按定额费用比例分配法分配材料费用时，除分配标准为材料定额费用之外，分配的步骤与定额消耗量比例分配法相同。

某种产品某种材料定额费用=该种产品实际产量×单位产品材料费用定额

=该种产品实际产量×单位产品材料消耗定额×材料单位实际成本（或计划成本）

$$材料费用分配率 = \frac{各种产品共同耗用材料费用总额}{各种产品材料定额费用总额}$$

某种产品应分配的材料费用=该种产品材料定额费用×材料费用分配率

【例 2-3】森浩公司二车间按定额费用比例分配法分配共同材料费用，2023 年 10 月生产甲、乙两种产品，共同领用 A、B 两种主要材料，共计 48 100 元。二车间本月投产甲产品 120 件，乙产品 140 件。甲产品单位材料消耗定额：A 材料 8 千克，B 材料 7 千克。乙产品单位材料消耗定额：A 材料 6 千克，B 材料 5 千克。A 材料单位成本为 12 元，B 材料单位成本为 10 元。分配甲、乙产品各自应负担的材料费用。

解：（1）甲、乙产品材料定额费用。

甲产品：　　A 材料定额费用=120×8×12=11 520（元）

　　　　　　B 材料定额费用=120×7×10=8 400（元）

　　　　　　甲产品材料定额费用=11 520+8 400=19 920（元）

乙产品：　　A 材料定额费用=140×6×12=10 080（元）

　　　　　　B 材料定额费用=140×5×10=7 000（元）

　　　　　　乙产品材料定额费用=10 080+7 000=17 080（元）

（2）材料费用分配率。

材料费用分配率=48 100÷（19 920+17 080）=1.3

（3）甲、乙产品应分配的实际材料费用。

甲产品：19 920×1.3=25 896（元）

乙产品：17 080×1.3=22 204（元）

以上两种分配方法适用于定额资料比较健全的企业或车间，采用这两种方法有利于分析和考核生产部门执行材料消耗定额的情况。

3. 产量（重量、体积）比例分配法

产量（重量、体积）比例分配法是以各种产品的产量（重量、体积）为标准来分配材料费用的方法。

$$材料费用分配率 = \frac{各种产品共同耗用材料费用总额}{各种产品的产量（重量、体积）之和}$$

某种产品应分配的材料费用=该产品产量（重量、体积）×材料费用分配率

【例 2-4】森浩公司三车间按产量比例分配法分配共同材料费用，2023 年 10 月生产甲、乙、丙三种产品，共同领用 A 材料 50 000 元。本月投产甲产品 200 件，乙产品 300 件，丙产品 500 件。分配甲、乙、丙产品应分担的材料费用。

解：材料费用分配率=50 000÷（200+300+500）=50（元/件）

甲产品应分担的材料费用=200×50=10 000（元）

乙产品应分担的材料费用=300×50=15 000（元）

丙产品应分担的材料费用=500×50=25 000（元）

根据有关材料费用分配，编制会计分录如下。

借：生产成本——基本生产成本——甲产品   10 000

        ——基本生产成本——乙产品   15 000

        ——基本生产成本——丙产品   25 000

    贷：原材料——A材料   50 000

采用产量（重量、体积）比例分配法分配材料费用，适用于耗用的材料数量与产品数量（重量、体积）有一定比例关系的产品。

三、燃料费用的核算

燃料实际上也是材料，燃料费用的分配程序及方法可参照材料费用的分配程序及方法。

（1）在燃料费用占产品成本比重较大的情况下："生产成本"明细账中应单独设置"燃料及动力"成本项目；存货核算应增设"燃料"一级账户；燃料费用分配表应单独编制。

（2）在燃料费用占产品成本比重较小的情况下："生产成本"明细账中无须单独设"燃料及动力"成本项目，应将燃料费用直接记入"直接材料"成本项目；存货核算中"燃料"可作为"原材料"账户的二级账户进行核算；燃料费用分配可在材料费用分配表中加以反映。

直接用于产品生产、专设成本项目的燃料费用，应记入"生产成本"账户的借方及其所属明细账的"燃料和动力"成本项目；直接用于辅助生产、专设成本项目的燃料费用，用于基本生产和辅助生产但没有专设成本项目的燃料费用，应记入"辅助生产成本""制造费用"总账账户借方及其所属明细账有关项目；用于产品销售以及组织和管理生产经营活动的燃料费用，应记入"销售费用"或"管理费用"总账账户借方及所属明细账有关项目。已领燃料总额，应记入"燃料"账户的贷方。不设"燃料"账户的，则记入"原材料"账户的贷方。燃料费用分配的程序和方法与材料费用分配基本相同。

燃料费用核算的详细会计分录如下。

借：生产成本——基本生产成本——××产品

    生产成本——辅助生产成本

    制造费用

    管理费用

    贷：原材料——××燃料（或贷：燃料一级科目）

四、周转材料的核算

周转材料是指企业能够多次使用，逐渐转移其价值但仍保持原有形态，不确认为固定资产的材料，包括包装物、低值易耗品以及建筑企业的钢模板、木模板、脚手架等。

包装物和低值易耗品都属于材料，但它们的用途和性质与原材料并不相同，因此设"周转材料"账户核算。如果企业包装物、低值易耗品数量较多，也可以设"包装物""低值易耗品"账户核算；如果企业包装物数量不多，也不经常出租、出借，为简化手续，也可将包装物并入辅助材料一类，作为"原材料"账户的二级账户。

各种包装材料，如纸、绳、铁丝、铁皮等，应在"原材料"账户中核算。

周转材料在领用后，其价值应摊入成本、费用中：生产中领用包装物作为产品组成部分，直接记入"生产成本"账户；由于周转材料在成本中所占比重较小，没有专设成本项目，车间领用的用于生产和管理的周转材料都记入"制造费用"账户；厂部管理部门领用的周转材料记入"管理费用"账户；辅助生产领用的周转材料摊销额记入"生产成本——辅助生产成本"账户。

周转材料摊销，按其数量的多少和金额的大小，可采用一次摊销法和五五摊销法。

（一）一次摊销法

一次摊销法是指在领用周转材料时，将其价值一次全部计入有关的成本、费用的摊销方法。采用一次摊销法时，领用周转材料，按其账面价值，借记"制造费用""管理费用"等账户，贷记"周转材料"账户；报废时，将周转材料的残料价值作为当月周转材料摊销价值的减少，冲减有关的成本、费用。冲减有关成本、费用，即借记"原材料"等账户，贷记"制造费用""管理费用"等账户。

【例2-5】森浩公司一生产车间领用包装物采用一次摊销法核算。本月领用包装物一批，其实际成本为2 000元。以前月份领用的另一批包装物在本月报废，其实际成本为1 800元，报废时收回残料，计价200元。会计分录如下。

解：（1）领用包装物时。

借：制造费用——车间　　　　　　　　　　　　　　　2 000
　　贷：周转材料——包装物　　　　　　　　　　　　　　2 000
（2）报废包装物残料入库时。
借：原材料　　　　　　　　　　　　　　　　　　　　200
　　贷：制造费用　　　　　　　　　　　　　　　　　　　200

一次摊销法的核算方法简便，适用于单位价值较低、使用期限较短的周转材料。

（二）五五摊销法

五五摊销法又称五成摊销法，是指周转材料在领用时摊销其一半价值，在报废时摊销其另一半价值的方法。采用五五摊销法时，应在"周转材料"一级账户下，按周转材料的种类，分别设"在库""在用""摊销"二级明细账户。

领用周转材料时，按其全部价值，借记"周转材料——在用"账户，贷记"周转材料——在库"账户；同时，摊销其一半价值，借记"制造费用""管理费用"等账户，贷记"周转材料——摊销"账户。如果周转材料采用计划成本计价，应将领用周转材料的材料成本差异转出，超支额增加成本或费用，节约额减少成本或费用。

【例2-6】森浩公司行政管理部门领用低值易耗品采用五五摊销法核算。本月领用管理用具一批，其计划成本5 000元；本月报废以前领用的另一批管理用具，其计划成本2 000元，收回残料计价120元。本月周转材料的成本差异率为-1%。编制会计分录如下。

（1）领用管理用具时。
借：周转材料——在用　　　　　　　　　　　　　　　5 000
　　贷：周转材料——在库　　　　　　　　　　　　　　　5 000
摊销其价值的50%时。
借：管理费用　　　　　　　　　　　　　　　　　　　2 500
　　贷：周转材料——摊销　　　　　　　　　　　　　　　2 500
月末，调整本月所领管理用具的成本节约差异。

借：管理费用　　　　　　　　　　　　　　　　　　50

　　贷：材料成本差异　　　　　　　　　　　　　　　　50

（2）报废以前领用管理用具，摊销其计划成本的50%。

借：原材料　　　　　　　　　　　　　　　　　　120

　　管理费用　　　　　　　　　　　　　　　　　880

　　贷：周转材料——摊销　　　　　　　　　　　　1 000

注销报废管理用具时。

借：周转材料——摊销　　　　　　　　　　　　2 000

　　贷：周转材料——在用　　　　　　　　　　　　2 000

采用五五摊销法能够对在用的周转材料实行价值监督，各月成本、费用负担比较合理，但核算工作量比较大，该种方法适用于各月领用和报废比较均衡、各月摊销额相差不多的周转材料。

任务三　外购动力费用的核算

动力是企业进行生产不可缺少的因素之一，企业耗用的动力主要有电力、热力、煤气、风力和蒸汽等，其来源有两个：①由企业辅助生产车间自行生产的；②从外单位购入的。本任务主要介绍外购动力费用的核算。

一、外购动力费用的组成

外购动力费用是指从外部购买各种动力，如电力、煤气、蒸汽等所支付的费用。外购动力有的直接用于产品生产，如生产工艺用电力；有的间接用于产品生产，如生产单位（车间或分厂）照明用电力；有的则用于经营管理，如企业行政管理部门照明和取暖用电力等。在有计量仪器记录的情况下，动力费用直接根据仪器所示的耗用数量和单价计算；在没有计量仪器的情况下，动力费用要按照一定的标准在各种产品之间进行分配，如按生产工时比例、机器功率时数比例或定额消耗量比例分配。各车间、各部门的动力用电和照明用电一般都分别装有电表，外购电力费用在各车间、各部门可按用电数量分配；车间中的动力用电，一般不按产品分别安装电表，因而车间动力用电费用在各种产品之间一般按产品的生产工时比例、机器工时比例、定额耗电量比例或其他比例分配。

（1）有计量仪器记录的情况下，动力（以电力为例）费用分配的计算公式如下。

$$电力费用分配率 = \frac{各种产品共同耗用电力费用总额}{各种产品耗用电力数量之和}$$

车间、部门耗用电力费用=该车间、部门耗电数量×电力费用分配率

（2）在没有计量仪器的情况下，动力（以电力为例）费用分配的计算公式如下。

$$某车间耗用电力费用分配率 = \frac{各种产品共同耗用电力费用总额}{各种产品生产工时之和}$$

某产品分配耗用电力费用=该产品生产工时×该车间耗用电力费用分配率

二、外购动力费用的一般核算

企业外购动力应按照权责发生制原则计量和确认，也就是说，计入成本、费用的外购动力费用，应当是按照当月有关电力、煤气和蒸汽等的计量装置确认的实际耗用量乘以相应单价的金额，

而不管这些款项是否已经支付。

在实际中，抄录电表或煤气表的日期、支付款项的日期和成本计算的日期不一定相同，但这三项工作的各自间隔周期是基本一致的。如抄表时间可能是每月 10 日，而付款时间可能在当月月末或下月月初，成本计算的时间一般在月末。也就是说，计量装置所确定的耗用量是从上月 10 日到本月 10 日的实际消耗量，而成本计算应计入的是从本月 1 日到本月月末的实际耗用量，两者往往不一致。不过这一差异对各月动力费用核算的正确性影响不大，若每月支付外购动力费的日期基本固定，且每月付款日至月末应付动力费相差不多，为简化工作，可将上月 10 日到本月 10 日的实际消耗量作为本月的动力费用。

外购动力费用的分配通过编制外购动力费用分配表进行。

直接用于产品生产的动力费用，应借记"生产成本—基本生产成本"账户。当产品生产所消耗的动力费用占产品成本比重较大时，设有"燃料和动力"成本项目的动力费用，应单独记入"基本生产成本"总账账户和所属有关的产品成本明细账"燃料和动力"成本项目中；当产品生产所消耗的动力费用占产品成本比重较小时，不专设成本项目，发生的动力费用合并记入"制造费用"账户。直接用于辅助生产又单独设置"燃料及动力"成本项目的动力费用，借记"辅助生产成本"总账账户及所属明细账的"燃料及动力"成本项目。用于基本生产车间、辅助生产车间（如照明用电）、行政管理部门、销售部门的动力费用，应分别借记"制造费用""辅助生产成本""管理费用""销售费用"等总账账户及其所属明细账有关项目，贷记"应付账款"或"银行存款"账户。

由于外购动力付款期与成本、费用核算期其实并不一致，如在发生动力费用时记入了"应付账款"科目，下月支付动力费用时，可直接借记"应付账款"账户，贷记"银行存款"账户。

三、外购动力费用的分配

【例 2-7】森浩公司 2023 年 10 月共发生电费 32 500 元，该公司各部门均安装有电表，电表显示各部门的用电情况如表 2-7 所示。

表 2-7　　　　　　　　　　各部门电量耗用情况

2023 年 10 月　　　　　　　　　　　　　　　　　　单位：千瓦·时

基本生产车间		辅助生产车间（机修车间）	管理部门	销售部门	合计
产品生产用电	照明用电				
24 000	4 400	1 500	1 600	1 000	32 500

基本生产车间生产甲和乙两种产品，本月甲产品的生产工时为 8 000 小时，乙产品的生产工时为 4 000 小时，该公司采用生产工时比例分配法分配动力费用。根据上述资料分配电费。

1. 计算各部门应分配的电费

（1）计算电费分配率。

电费分配率=待分配的电费÷用电总量=32 500÷32 500=1 [元/（千瓦·时）]

（2）计算各受益对象应分配电费。

某受益对象应分配电费=该受益对象用电量×电费分配率

基本生产车间产品生产应分配电费=24 000×1=24 000（元）

基本生产车间照明应分配电费=4 400×1=4 400（元）

辅助生产车间应分配电费=1 500×1=1 500（元）

管理部门应分配电费=1 600×1=1 600（元）

销售部门应分配电费=1 000×1=1 000（元）

2. 计算各种产品应分配的电费

基本生产车间甲和乙两种产品共同耗用电费金额为 24 000 元，还应分别计算甲和乙两种产品各自应分配的电费金额。

（1）计算分配率。

分配率=24 000÷（8 000+4 000）=2（元/时）

甲产品应负担的电费=8 000×2=16 000（元）

乙产品应负担的电费=4 000×2=8 000（元）

外购动力费用分配汇总表见表 2-8。

表 2-8 外购动力费用分配汇总表

2023 年 10 月

应借账户		成本项目	耗用量/（千瓦·时）	分配标准/时	分配率	分配金额/元
生产成本——基本生产成本	甲产品	燃料及动力	—	8 000	2 元/时	16 000
	乙产品	燃料及动力	—	4 000	2 元/时	8 000
制造费用	基本生产车间	电费	4 400	—	1 元/（千瓦·时）	4 400
生产成本——辅助生产成本	机修车间	电费	1 500	—	1 元/（千瓦·时）	1 500
管理费用		电费	1 600	—	1 元/（千瓦·时）	1 600
销售费用		电费	1 000	—	1 元/（千瓦·时）	1 000
合计			32 500	—	1 元/（千瓦·时）	32 500

（2）根据表 2-8 编制会计分录。

借：生产成本——基本生产成本——甲产品 16 000

          ——基本生产成本——乙产品 8 000

   生产成本——辅助生产成本——机修车间 1 500

   制造费用——基本生产车间 4 400

   管理费用 1 600

   销售费用 1 000

   贷：应付账款 32 500

任务四　职工薪酬的核算

一、职工薪酬的组成

职工薪酬是指企业为获得职工提供的服务而给予职工各种形式的报酬及其他相关支出。它包括企业为职工在职期间和离职后提供的全部货币性薪酬和非货币性福利，也包括企业提供给职工配偶、子女或其他被赡养人的福利。

（一）职工工资、奖金、津贴和补贴

职工工资、奖金、津贴和补贴是指按照国家统计局《关于工资总额组成的规定》，构成职工工资总额的部分，其中职工工资又包括计时工资、计件工资、加班加点工资和特殊情况下支付的工资。

1. 计时工资

计时工资是指按照职工的工作时间来计算工资的一种工资形式。其具体形式主要有月工资、日工资和小时工资，有些企业的高层管理人员也可采用年薪制。

2. 计件工资

计件工资是按照工人生产合格品的数量（或作业量）和预先规定的计件单价，来计算报酬的一种工资形式。计件工资可分个人计件工资和集体计件工资。

3. 加班加点工资

加班加点工资指按国家规定支付给职工在法定工作时间以外从事劳动的报酬。

【知识拓展】

《中华人民共和国劳动法》（以下简称《劳动法》）第四十四条规定，有下列情形之一的，用人单位应当按照下列标准支付高于劳动者正常工作时间工资的工资报酬：（一）安排劳动者延长工作时间的，支付不低于工资的百分之一百五十的工资报酬；（二）休息日安排劳动者工作又不能安排补休的，支付不低于工资的百分之二百的工资报酬；（三）法定休假日安排劳动者工作的，支付不低于工资的百分之三百的工资报酬。

4. 特殊情况下支付的工资

特殊情况下支付的工资指企业在某些特殊情况下支付给职工的工资，包括按照《劳动法》规定和企业的有关规定，对职工因病、工伤、产假、婚丧假、事假、探亲假、年休假、外出学习、参加社会活动等非工作时间支付的工资。这些情况下，用人单位应当视为职工提供正常劳动并支付全额工资或按照工资标准的一定比例支付工资。

5. 奖金

奖金是为奖励职工在生产、工作中取得优异成绩，在标准工资之外支付给职工超额劳动报酬和增收节支的劳动报酬，包括生产奖、节约奖、劳动竞赛奖及其他经常性奖金。

6. 津贴和补贴

津贴和补贴是指为补偿职工特殊或额外的劳动消耗和因其他特殊原因支付给职工的津贴、补贴。津贴主要包括补偿职工特殊或额外劳动消耗的津贴（如高空津贴、井下津贴、夜班津贴、野外津贴、高温津贴）、保健性津贴、技术性津贴（如工人技师津贴）。

补贴主要指有些地区或单位发放给职工的伙食补贴、物价补贴、住房补贴、通信补贴等。

工资总额不应该包括以下内容：根据国家有关规定颁发的创造发明奖、科学技术进步奖、自然科学奖、技术改进奖等；有关离退休人员待遇的各项支出、劳保支出；职工出差伙食补助；随同工资支付的其他款项，如市内交通费、伙食补助费等；支付给承租人的风险补偿收入；购买本企业股票和债券所得到的股息收入和利息收入；等等。

（二）职工福利费

职工福利费是指企业为职工提供的除职工工资、奖金、津贴、纳入工资总额管理的补贴、工会经费和职工教育经费、社会保险费、住房公积金以外的福利待遇支出，包括发放给职工或为职工支付的各项现金补贴和非货币性集体福利，如职工困难补助、单位内部福利部门人员工资或设备开支、职工医疗费开支、交通补贴、丧葬费补助等。

职工福利费可在企业发生福利费支出时，据实计入当期相关成本或费用中，但在年终计算所得税时，应在不超过当年工资总额的14%的范围内据实扣除，超过部分不予扣除。

（三）社会保险费

社会保险费是指企业按照我国有关法律法规的规定，向社会保险经办机构缴纳的医疗保险、养老保险、失业保险、工伤保险和生育保险等"五险"的费用。"五险"费用一般按工资总额（或工资基数）的一定比例计提，计提比例按当地劳动部门规定的比例计算。"五险"费用中，企业为职工承担的部分，便形成企业职工薪酬的一部分，职工个人应承担的部分一般在发放工资时从工资中扣除。

企业为劳动者缴纳的补充养老保险和商业保险也属企业提供的职工薪酬。

（四）住房公积金

住房公积金是指企业按照国家规定的基准和比例计算，向住房公积金管理中心缴存的费用。住房公积金由单位和职工个人共同承担，其缴纳方式与"五险"基本相同。

【知识拓展】

"五险一金"

"五险"包括医疗保险、养老保险、失业保险、工伤保险和生育保险。《劳动法》第七十二条规定，用人单位和劳动者必须依法参加社会保险，缴纳社会保险费。"一金"是指住房公积金，按照《住房公积金管理条例》的规定，单位录用职工的，应当自录用之日起 30 日内向住房公积金管理中心办理缴存登记，并办理职工住房公积金账户的设立或者转移手续。

职工个人缴存的住房公积金和职工所在单位为职工缴存的住房公积金，属于职工个人所有。如果是无雇工的个体工商户，未在用人单位参加基本养老保险、职工基本医疗保险的非全日制从业人员以及其他灵活就业人员，可以按规定自行缴纳基本养老保险费及基本医疗保险费，并享受相应的养老及医疗保障。

（五）工会经费和职工教育经费

工会经费和职工教育经费是指企业为了改善职工文化生活，提高职工业务素质，开展工会活动和职工教育及职业技能培训，根据国家规定的基准和比例，计提的成本或费用。工会经费和职工教育经费分别按职工工资总额的 2%和不超过 8%的比例提取，计入相关的成本或费用中。

（六）非货币性福利

非货币性福利包括企业以自产产品或外购商品发放给职工作为福利，将自己拥有的资产无偿提供给职工使用，为职工无偿提供医疗保健服务，等等。

（七）辞退福利

辞退福利是企业由于分流安置富余人员、实施重组或改组计划、职工不能胜任等原因，在职工劳动合同到期前解除与职工的劳动关系，或者为鼓励职工自愿接受裁减而给予职工的经济补偿。辞退福利包括：①职工劳动合同到期前，不论职工本人是否愿意，企业决定解除与职工的劳动关系而给予的补偿；②职工劳动合同到期前，为鼓励职工自愿接受裁减而给予的补偿，职工有权选择继续在职或接受补偿离职。

（八）股份支付

股份支付是指企业为获取职工或其他方提供的服务而授予权益工具或承担以权益工具为基础确定的负债的交易。股份支付分为以权益结算的股份支付和以现金结算的股份支付。

二、职工薪酬的一般核算

（一）职工薪酬的原始记录

企业要进行职工薪酬的核算，必须要有正确、完整的原始记录作为依据，不同的薪酬制度所依据的原始记录不同。计算计时职工薪酬，应以考勤记录中的工作时间为依据；计算计件职工薪酬，应以产量记录中产品数量和质量记录为依据。因此，考勤记录和产量记录是计算职工薪酬的主要原始记录，也是归集和分配职工薪酬的基础。

1. 考勤记录

考勤记录是登记职工出勤和缺勤情况的记录。它是分析考核职工工作时间利用情况的原始记录，也是计算计时工资的重要依据。考勤簿是常见的考勤记录形式。

考勤簿一般按车间、生产班组和部门分别设置，由考勤人员根据职工出勤情况逐日登记。月末，根据考勤记录统计出每个职工的出勤时间和各种原因的缺勤时间，经车间或财务部门审核后，据以计算出每个职工的计时工资，以及病、伤、产假工资等。考勤簿见表 2-9。

表 2-9　　　　　　　　　　　　　　考勤簿
年　　月

编号	姓名	职务	工资等级	出勤情况统计					出勤分类						备注
				1	2	…	31	合计	加班	迟到	早退	公假	工伤	病假	

2. 产量记录

产量记录又称产量凭证，是登记工人或生产小组在出勤期间内完成多少工作量的原始记录。它是计算计件工资的依据，也是在各种产品之间分配与工时有关的费用的合理分配标准，还是反映在产品在生产过程中转移情况、加强在产品实物管理的依据。产量记录的内容和形式是多种多样的，如工作通知单、工序进程单、工作班产量记录等。

（1）工作通知单。工作通知单也叫派工单或工票，是以每个工人或生产班组所从事的各项工作为对象开设的，用以通知工人按单内指定的任务进行生产。当生产任务完成后，工人或生产班组将送检的产品数量和实用工时填入单内，连同产品一起交检验员验收。检验员将检验结果填入单内，送交有关部门据以计算产品产量和工人应得的计件工资。

（2）工序进程单。工序进程单也称加工路线单，它是以加工产品为对象而开设的记录加工进程的一种产量记录。由于加工对象往往要经过若干道工序连续加工，因此，当产品转入下一道工序时，要将工序进程单随实物一起移交，并要顺次登记各工序的实际产量、加工工时，以及各工序间加工物的交接数量。

工序进程单具有较强的监督和控制作用，但是由于工序进程单是按照加工对象开设的，而计算工资和统计产量是按照班组和个人进行的，因此，它不能全面反映班组的产量，还应结合使用工作班产量记录。

（3）工作班产量记录。工作班产量记录也叫工作班报，它是按生产班组开设的反映一个生产班组在一个工作班内产量和工时的记录。工作班产量记录根据工人送检的产品数量，经工段长和检验员签名后，用以统计产量、工时和计算产品成本。工作班产量记录是计算计件工资的主要依据。工作班产量记录格式见表 2-10。

表 2-10   工作班产量记录

职工						工作任务					检验结果							工资			
工号	姓名	等级	加工进程单编号	产品型号	零件编号	工序	发给加工数量	工时定额	交验数量	合格数量	退修数量	工废数量	料废数量	短缺数量	未加工数量	定额工时	实际工时	检验员	计件单价	合格品工资	废品工资	工资合计

职工薪酬核算的原始记录，除以上介绍的几种外，如果发生各种代扣款项，也应取得各种原始凭证，如代扣房租通知单、水电费代扣通知单等。这些原始记录都应在月末结算之前交给财务部门，以便在结算工资时作为工资费用或代扣款项的依据。

（二）职工薪酬的计算

职工薪酬的计算是企业职工薪酬归集的基础，也是企业与职工之间进行薪酬结算的依据。企业可以根据具体情况采用不同的薪酬制度，其中最常见的是计时工资制和计件工资制。

1. 计时工资的计算

计时工资的计算是根据工资卡片上确定的工资标准，按照考勤记录中登记的出勤或缺勤情况来计算每个职工的应得工资额。工资标准按计算时间的不同，可分为按月计算的月薪（称月薪制），按日计算的日薪或按小时计算的小时工资（称日薪或小时工资制）。

在月薪制下，不论各月日历天数有多少，不论各月双休日和法定假日有多少，每月的标准工资相同。企业固定职工的计时工资一般采用月薪制计算。

在日薪制下，按出勤天数计算工资，每日工作小时数为 8 小时，如果每日工作不满 8 小时，还应根据日标准工资计算小时工资率。企业临时职工的计时工资大多按日薪计算，也有按小时工资计算的。企业的高管也可以实行年薪制。

在月薪制下计时工资计算有两种方法。

（1）按月标准工资扣除缺勤天数应扣工资额计算（扣缺勤法）。

某职工本月应得工资＝某职工月标准工资－事假、旷工天数×日标准工资－病假天数×日标准工资
　　　　　　　　×病假扣款率

（2）按出勤天数直接计算（出勤法）。

某职工本月应得工资＝某职工月出勤天数×日标准工资＋病假天数×日标准工资×（1－病假扣款率）

上述公式中，日标准工资的计算有两种方法。

① 每月按 30 天算日工资率。

$$日标准工资＝月标准工资÷30$$

② 每月按 20.83 天算日工资率。

$$日标准工资＝月标准工资÷20.83$$

其中，20.83＝（365－104－11）÷12

在按 30 天计算日标准工资的企业中，由于双休日和法定节假日（简称节假日）也要计算工资，因而出勤期间的节假日，也按出勤日计算工资。事假、病假等缺勤期间的节假日，也按缺勤

日扣工资。在按 20.83 天计算日标准工资的企业中，由于日标准工资的计算已扣除了节假日，所以节假日不算工资，因而缺勤期间内的节假日也不扣工资。

病假扣款率应按国家劳动保险条例规定计算：病假在 6 个月以内的应按工龄长短分别计算，病假工资支付标准见表 2-11。

表 2-11　　　　　　　　　病假工资支付标准

工龄	小于 2 年	2~4 年（不含 4 年）	4~6 年（不含 6 年）	6~8 年（不含 8 年）	8 年及以上
病假工资占本人标准工资的百分比	60%	70%	80%	90%	100%

职工因公受伤，在医疗期间内，其基本工资按 100%发放。

【知识拓展】

根据《全国年节及纪念日放假办法》的规定，自 2025 年 1 月 1 日起，全体公民的节日假期为 13 天。按照《劳动法》的规定，用人单位应当依法支付劳动者在法定节假日期间的工资，即折算日工资、小时工资时不别除国家规定的 13 天法定节假日。据此，月计薪天数为 21.75 天[即（365-52×2）÷12]。

2. 计件工资的计算

计件工资是根据规定的计件单价和完成的合格品数量计算的工资。计件工资的计算有个人计件工资的计算和集体计件工资的计算两种。

（1）个人计件工资的计算。个人计件工资根据产量记录中登记的每一工人的产品产量，乘以规定的计件单价计算。个人计件工资的计算公式如下。

应付计件工资=$\sum$（某工人本月生产每种产品产量×该种产品计件单价）

产品产量=合格品数量+料废品数量

其中，料废品是指非工人本人过失造成的不合格产品，应计算并支付工资。

工废品是指工人本人过失造成的不合格产品，不计算、支付工资，有的还应由工人赔偿损失。

某种产品计件单价=生产单位产品所需的工时定额×生产该种产品的工人小时工资率

应付计件工资=某工人本月生产各种产品定额工时之和×该工人小时工资率

在计算计件工资时，合格产品可完全按计件单价计算，但料废品并不一定都是完工以后发现的，即料废品并不一定都完成整个加工过程，当然也就不能按计件单价全额计算工资，此时可按生产工人完成的定额工时计算计件工资。

【例 2-8】森浩公司一车间工人小明 10 月加工甲产品 800 个，计件单价 0.5 元；加工乙产品 600 个，计件单价 3 元。经检验，甲产品料废品 10 个，工废品 7 个；乙产品料废品 6 个，工废品 5 个；其余均为合格品。若料废品零件按 30%计工资，计算 10 月小明应得的工资。

应得工资=（800-7-10×70%）×0.5+（600-5-6×70%）×3=2 165.4（元）

（2）集体计件工资的计算。集体计件工资是根据某一集体完成工作量和计件单价计算并与集体进行结算的工资。

集体计件工资的计算方法与个人计件工资的计算方法基本相同。集体计件工资还需在集体内部各工人之间按照贡献大小进行分配，由于工人级别或工资标准一般体现工人劳动的质量和技术水平，工作日数（或工时数）一般体现劳动的数量，因而集体内部大多按每人的工资标准和工作日数（或工时数）的乘积为标准进行分配。

【例2-9】森浩公司某生产小组集体完成若干生产任务，按一般计件工资的计算方法算出并取得集体工资57 200元。该小组由3名不同等级的工人组成，每人的姓名、等级、日工资率和出勤天数资料见表2-12。

表2-12 工资费用

工人姓名	等级	日工资率/元	出勤天数	分配标准	分配率	分配额/元
林一	7	30	23	—	—	—
王敏	6	20	22	—	—	—
方其	5	15	20	—	—	—
合计	—	—	65			57 200

要求：根据表2-12的资料计算填制集体工资费用分配表（见表2-13）。

（提示：以日工资率和出勤天数的乘积为分配标准计算每个工人应得的工资。）

表2-13 集体工资费用分配表

工人姓名	等级	日工资率/元 ①	出勤天数 ②	分配标准 ③=①×②	分配率 ④	分配额/元 ⑤=④×③
林一	7	30	23	690	—	27 600
王敏	6	20	22	440	—	17 600
方其	5	15	20	300	—	12 000
合计	—	—	65	1 430	40（=57 200÷1 430）	57 200

奖金、津贴和补贴、加班加点工资、特殊情况下支付的工资等计入工资总额，各企业按有关规定计算。

（三）职工薪酬的结算

职工薪酬包括三个部分：应付工资、实发工资和代扣款项。应付工资是企业应付给职工的劳动报酬，是扣除职工因病因事缺勤工资后企业应付给的全部工资。实发工资是根据应付工资减去代扣款项，实际发放到职工手中的工资额。代扣款项是在工资发放时从应付工资中扣除的由企业替职工垫付给有关单位的款项，如由职工个人负担的"五险一金"，职工应缴纳的个人所得税、房租、水电费，因此，应付工资减去代扣款项，便是实发工资。此外，在发工资时，有些福利费用也随工资一起发放，如职工困难补助等，因此有的单位实发工资中还包括福利费用。

应付工资=计时工资（或计件工资）+奖金+津贴和补贴+加班加点工资+特殊情况下支付的工资-缺勤应扣工资

实发工资=应付工资+福利费用-代扣款项

企业与职工进行工资结算，是通过编制工资结算表进行的。工资结算表通常按车间或部门分别编制，一式三份：一份交劳动部门存档；一份裁成工资条连同工资额一并发给职工；一份在发工资时由职工个人签名后，交财务部门作为工资核算的原始凭证。

为了总括反映企业的工资结算和支付情况，财务部门应根据各车间、部门的工资结算表编制工资结算汇总表，它是企业进行职工薪酬分配的依据。工资结算汇总表格式见表2-14。

表 2-14　　　　　　　　　　　　　　　工资结算汇总表

单位：森浩公司　　　　　　　　　　　　　　2023 年 10 月　　　　　　　　　　　　金额单位：元

| 部门 | 工资项目 | | | | 缺勤应扣 | | | 应发工资 | 代扣款项 | | | | 实发工资 |
	计件工资	计时工资	奖金	津贴	病假	事假	小计		房租	个人所得税	"五险一金"	小计	
一车间工人	—	68 500	3 500	1 200	1 500	500	2 000	71 200	5 000	1 200	14 952	21 152	50 048
一车间管理人员	—	7 000	1 600	600	120	30	150	9 050	789	40	1 900.5	2 729.5	6 320.5
二车间工人	13 500	—	2 300	800	900	0	900	15 700	350		3 297	3 647	12 053
二车间管理人员	—	2 800	500	200	50	20	70	3 430	292		720.3	1 012.3	2 417.7
辅助生产车间	—	3 700	860	500	80	25	105	4 955	120		1 040.55	1 160.55	3 794.45
企业管理部门	—	25 000	3 500	4 000	0	0	0	32 500	1 800	850	6 825	9 475	23 025
销售部门	—	2 000	3 000	3 000	0	0	0	8 000	304	35	1 680	2 019	5 981
合计	13 500	109 000	15 260	10 300	2 650	575	3 225	144 835	8 655	2 125	3 041 5.35	41 195.35	103 639.65

表 2-14 工资结算汇总表中代扣个人"五险一金"30 415.35 元，其中社会保险费 15 931.85 元，住房公积金 14 483.50 元。

（四）职工薪酬的核算

职工薪酬的核算包括职工薪酬的分配、职工薪酬的发放。

为了核算职工薪酬，应设置"应付职工薪酬"账户，核算职工薪酬的提取、发放情况。该账户为负债类账户，贷方登记已分配计入有关成本或费用项目的职工薪酬的数额，借方登记实际发放职工薪酬的数额，期末贷方余额表示企业应付未付的职工薪酬。该账户下设"工资""职工福利""社会保险费""住房公积金""工会经费""职工教育经费""非货币性福利"等明细账户进行明细核算。

1. 职工薪酬的分配

职工薪酬的分配是将工资结算汇总表中的应付工资按用途计入相关的成本或费用。直接生产产品的工人薪酬借记"生产成本"账户，车间管理人员的薪酬借记"制造费用"账户，进行基本建设工程的人员薪酬借记"在建工程"账户，研发无形资产人员的薪酬借记"研发支出"账户，行政管理人员的薪酬借记"管理费用"账户，销售人员的薪酬借记"销售费用"账户。

如果生产车间同时生产多种产品，则应采用一定的方法，将该车间生产工人薪酬分配到各产品成本中。采用计件工资形式支付的生产工资，一般可以直接计入产品的成本，不需要在各产品（或成本计算对象）之间进行分配。采用计时工资形式支付的工资，如果生产工人生产多种产品，应将工人工资按照一定的标准在各种产品之间进行分配，然后分别记入各种产品的"直接人工"成本项目中。分配方法可采用实际工时（或定额工时）比例法。

$$生产工人薪酬分配率 = \frac{生产工人薪酬总额}{\sum 各产品实际（定额）工时}$$

$$各种产品应分配的薪酬 = 各产品实际（定额）工时 \times 生产工人薪酬分配率$$

实际工作中，工资的分配一般是通过编制工资分配汇总表来进行的，工资分配汇总表可根据工资结算表、工资结算汇总表编制。

【例 2-10】森浩公司一车间生产甲、乙两种产品，二车间生产丙产品，2023 年 10 月发放工资情况见表 2-15。二车间的生产工人工资直接计入生产成本。本月甲、乙产品实际工时分别为 7 800

小时、10 000 小时，按工时比例分配一车间生产工人的工资。

一车间生产工人工资分配率=71 200÷（7 800+10 000）=4（元/时）

甲产品分配工资费用=7 800×4=31 200（元）

乙产品分配工资费用=10 000×4=40 000（元）

表 2-15　　　　　　　　　　　工资分配汇总表

单位：森浩公司　　　　　　　　　　　2023 年 10 月　　　　　　　　　　　金额单位：元

应借科目		成本或费用项目	直接计入	分配计入			工资合计
				生产工时/时	分配率/（元/时）	分配金额	
生产成本	甲产品	直接人工		7 800		31 200	31 200
	乙产品	直接人工		10 000		40 000	40 000
	小计			17 800	4	71 200	71 200
	丙产品	直接人工	15 700				15 700
生产成本——辅助生产成本	机修车间		4 955				4 955
制造费用	一车间		9 050				9 050
	二车间		3 430				3 430
	小计		12 480				12 480
管理费用	管理部门		32 500				32 500
销售费用	销售机构		8 000				8 000
合计			73 635			71 200	144 835

根据表 2-15 编制会计分录。

借：生产成本——甲产品　　　　　　　　　　　　　　31 200

　　　　　——乙产品　　　　　　　　　　　　　　40 000

　　　　　——丙产品　　　　　　　　　　　　　　15 700

　　生产成本——辅助生产成本——机修车间　　　　 4 955

　　制造费用——一车间　　　　　　　　　　　　　 9 050

　　　　　——二车间　　　　　　　　　　　　　　 3 430

　　管理费用　　　　　　　　　　　　　　　　　　32 500

　　销售费用　　　　　　　　　　　　　　　　　　 8 000

　　贷：应付职工薪酬——工资　　　　　　　　　　　　　144 835

2. 职工薪酬的发放

企业应按规定发放职工薪酬，按工资结算单或工资结算汇总表上实发工资发给职工现金，或将款项转入专属职工个人的银行卡（或储蓄存折）中，同时结算各种代扣款项。会计分录如下。

借：应付职工薪酬——工资

　　贷：库存现金（或银行存款）

　　　　其他应付款——社会保险费——代扣个人交纳部分

　　　　其他应付款——住房公积金——代扣个人交纳部分

其他应收款（或其他应付款或应交税费）——代扣款项

【例 2-11】根据表 2-14 可知，森浩公司 2023 年 10 月实发工资总额为 103 639.65 元，2023 年 11 月 10 日，开出转账支票支付 10 月工资。根据表 2-14 及有关凭证，编制会计分录。

借：应付职工薪酬——工资　　　　　　　144 835
　　贷：银行存款　　　　　　　　　　　103 639.65
　　　　其他应付款——房租　　　　　　　8 655
　　　　其他应付款——社会保险费　　　15 931.85
　　　　其他应付款——住房公积金　　　14 483.50
　　　　应交税费——应交个人所得税　　　2 125

三、工资附加费用的核算

工资附加费用是以工资总额作为计提基础，按照国家和地方有关法律法规规定的计提比例计算的职工薪酬，包括职工福利费、社会保险费、住房公积金、工会经费、职工教育经费等。

（一）职工福利费

根据企业所得税法的规定，职工福利费在工资总额的 14% 内据实列支。在发生货币性福利费开支时，借记"应付职工薪酬——职工福利费"账户，贷记"库存现金"等账户。同时，按照福利费开支的对象计入相应的成本或费用中，按所属的部门或用途，借记"生产成本""管理费用""销售费用"等账户，贷记"应付职工薪酬——职工福利费"账户。

【例 2-12】森浩公司本月以现金报销职工医药费 2 500 元，其中管理部门人员 1 500 元，一车间管理人员 1 000 元。

报销医药费时编制会计分录如下。

借：应付职工薪酬——职工福利费　　　　2 500
　　贷：库存现金　　　　　　　　　　　2 500

按用途计入成本或费用时编制会计分录如下。

借：管理费用　　　　　　　　　　　　　1 500
　　制造费用——一车间　　　　　　　　1 000
　　贷：应付职工薪酬——职工福利费　　　2 500

（二）社会保险费

社会保险费包括养老保险费、医疗保险费、失业保险费、工伤保险费、生育保险费等。对社会保险费，一般采用企业与职工共同分担的原则，由企业承担的部分，采用按工资总额或国家、地区规定的计提基础和比例计提，分别按用途或受益部门计入企业当月的成本或费用项目。

（三）住房公积金、工会经费和职工教育经费

住房公积金一般采用由企业和职工共同分担的原则，由企业承担的部分，采用按工资总额或国家、地区规定的计提基础和比例计提；工会经费按工资总额的 2% 计提；职工教育经费按不超过工资总额的 8% 由企业计提。上述支出分别按用途或受益部门计入企业当月的成本或费用项目。

【例 2-13】森浩公司 2023 年 10 月工资总额为 144 435 元，工资结算汇总表见表 2-14。根据公司所在地方政府的规定，公司分别按当月工资总额的 8%、20%、2%、1%、0.5% 计提医疗保险、养老保险、失业保险、工伤保险、生育保险，另外个人应承担医疗保险、养老保险、失业保险的比例分别为 2%、8%、1%。该公司住房公积金、工会经费、职工教育经费分别按工资总额的 10%、

2%、1.5%计提，另外个人应承担的住房公积金比例为工资总额的10%。计提公司当月应承担的住房公积金、工会经费和职工教育经费，如表2-16所示。

表2-16　　　　　　　　　　　　工资附加费用提取表

2023 年 10 月　　　　　　　　　　　　　　　　　　金额单位：元

人员类别	工资总额	医疗保险（8%）	养老保险（20%）	失业保险（2%）	工伤保险（1%）	生育保险（0.5%）	住房公积金（10%）	工会经费（2%）	职工教育经费（1.5%）	合计
一车间生产工人	71 200	5 696	14 240	1 424	712	356	7 120	1 424	1 068	32 040
一车间管理人员	9 050	724	1 810	181	90.5	45.25	905	181	135.75	4 072.5
二车间生产工人	15 700	1 256	3 140	314	157	78.5	1 570	314	235.5	7 065
二车间管理人员	3 430	274.4	686	68.6	34.3	17.15	343	68.6	51.45	1 543.5
辅助生产车间工人	4 955	396.4	991	99.1	49.55	24.78	495.5	99.1	74.33	2 229.76
企业管理人员	32 500	2 600	6 500	650	325	162.5	3 250	650	487.5	14 625
销售机构人员	8 000	640	1 600	160	80	40	800	160	120	3 600
合计	144 835	11 586.8	28 967	2 896.7	1 448.35	724.18	14 483.5	2 896.7	2 172.53	65 175.76

【例2-14】本月一车间生产工人生产甲、乙产品，实际工时分别为 7 800 小时、10 000 小时，各工资附加费用分配率见表2-17。编制工资附加费用分配汇总表，如表2-18所示。

表2-17　　　　　　　　　　　一车间工资附加费用分配表

产品名称	生产工时/时	社会保险费		住房公积金		工会经费		职工教育经费	
		分配率/（元/时）	分配金额/元	分配率/（元/时）	分配金额/元	分配率/（元/时）	分配金额/元	分配率/（元/时）	分配金额/元
甲产品	7 800	1.26	9 828	0.4	3 120	0.08	624	0.06	468
乙产品	10 000		12 600		4 000		800		600

表2-18　　　　　　　　　　　工资附加费用分配汇总表

2023 年 10 月　　　　　　　　　　　　　　　　　　金额单位：元

应借科目		社会保险费	住房公积金	工会经费	职工教育经费	合计
生产成本	甲产品	9 828	3 120	624	468	14 040
	乙产品	12 600	4 000	800	600	18 000
	丙产品	4 945.5	1 570	314	235.5	7 065
辅助生产成本	机修车间	1 560.83	495.5	99.1	74.33	2 229.76
制造费用	一车间	2 850.75	905	181	135.75	4 072.5
	二车间	1 080.45	343	68.6	51.45	1 543.5
管理费用	管理部门	1 0237.5	3 250	650	487.50	14 625
销售费用	销售机构	2 520	800	160	120.00	3 600
合计		45 623.03	14 483.5	2 896.7	2 172.53	65 175.76

根据表2-18编制会计分录如下。

借：生产成本——基本生产成本——甲产品　　　　　　　14 040

——基本生产成本——乙产品		18 000
——基本生产成本——丙产品		7 065
——辅助生产成本——机修车间		2 229.76
制造费用——一车间		4 072.5
——二车间		1 543.5
管理费用		14 625
销售费用		3 600
贷：应付职工薪酬——社会保险费		45 623.03
——住房公积金		14 483.5
——工会经费		2 896.7
——职工教育经费		2 172.53

上缴社会保险和住房公积金时，应由企业将单位和职工个人应缴的部分一并上缴。

【例2-15】2023年11月8日，将社会保险费61 554.88元（包括个人承担的15 931.85元）和住房公积金28 967元（包括个人承担的14 483.50元）分别划入市社保局和公积金中心指定的账户。

根据有关单据编制会计分录如下。

借：应付职工薪酬——社会保险费	45 623.03
——住房公积金	14 483.50
其他应付款——社会保险费	15 931.85
——住房公积金	14 483.50
贷：银行存款	90 521.88

任务五　其他要素费用的核算

要素费用中还有折旧费、修理费、利息、差旅费、广告费、业务招待费等。这些费用有的是产品成本的组成部分，有的作为期间费用计入当期损益。其中属于产品成本部分的各种费用，没有专门设立成本项目，因此，发生这些费用时，应该按照发生的车间、部门和用途进行归类，分别记入"制造费用""生产成本——辅助生产成本""管理费用""销售费用"等账户。

一、折旧费用的核算

企业在生产中使用的固定资产提取的折旧费用，是产品成本的重要组成部分，并且是在生产中直接作用于产品生产的费用。但由于一种机器设备可能生产多种产品，一种产品的生产往往又需要使用多种机器设备，所以费用分配的工作往往比较复杂。为了简化成本的计算工作，企业一般将用于产品生产的固定资产折旧费用计入制造费用。实际工作中，固定资产折旧费用是按照固定资产的使用部门归集后，再与各车间、部门发生的其他间接费用一起进行分配，计入产品成本或期间费用的。

固定资产折旧费用一般是通过按月编制的固定资产折旧费用分配表来进行计算的。

【例2-16】森浩公司2023年10月计提固定资产折旧情况见表2-19，采用年限平均法计提折旧。根据月折旧率计算出该公司每月应计提的折旧额，并根据固定资产折旧情况分配表编制会计分录。

表 2-19 固定资产折旧费用分配表

2023 年 10 月

车间、部门	固定资产类别	月初应提折旧固定资产原值/元	月折旧率/%	月应提折旧额/元
一车间	房屋及建筑物	220 000	0.4	880
	机器设备	80 000	0.8	640
	小计	300 000		1520
二车间	房屋及建筑物	450 000	0.4	1 800
	机器设备	150 000	0.8	1 200
	小计	600 000		3 000
机修车间	房屋及建筑物	150 000	0.4	600
	机器设备	200 000	0.8	1 600
	小计	350 000		2 200
管理部门	房屋及建筑物	280 000	0.4	1 120
	运输工具	100 000	0.9	900
	电子设备	20 000	0.9	180
	小计	400 000		2 200
销售部门	运输工具	80 000	0.9	720
合计		1 730 000		9 640

根据表 2-19 编制会计分录。

借：制造费用——一车间   1 520

           ——二车间   3 000

     生产成本——辅助生产成本——机修车间   2 200

     管理费用   2 200

     销售费用   720

     贷：累计折旧   9 640

二、修理费用的核算

固定资产修理费用是为了使固定资产经常处于良好状态，对其进行维护和修理而发生的各项支出。固定资产修理费用发生时，不满足固定资产确认条件的固定资产修理费等，应当在发生时计入当期损益。企业发生的与专设销售机构相关的固定资产修理费用等后续支出，在"销售费用"科目核算；企业生产车间（部门）和行政管理部门等发生的固定资产修理费用等后续支出，在"管理费用"科目核算。

【例 2-17】森浩公司 2023 年 10 月发生固定资产修理费 10 000 元，其中一车间 3 000 元，二车间 2 000 元，机修车间 2 000 元，行政管理部门 1 000 元，销售部门 2 000 元，均以银行存款支付。

根据有关数据编制会计分录。

借：管理费用——修理费   8 000

     销售费用   2 000

     贷：银行存款   10 000

三、利息费用的核算

利息费用不是产品成本的组成部分，而是属于期间费用中的财务费用。短期借款利息一般按月预提，按季支付；或发生时支付，直接计入当期财务费用。

预提短期借款利息时的会计分录如下。

借：财务费用

　　贷：应付利息

支付利息时的会计分录如下。

借：应付利息（直接支付时借记"财务费用"）

　　贷：银行存款

四、其他费用的核算

制造业企业要素费用中的其他费用是指除了上述各项要素费用以外的费用，包括水电费、电话费、报刊费、办公用品费、差旅费、租赁费、保险费、广告费、业务招待费等。这些费用金额往往不大，都没有专门设立成本项目，一般属于间接生产费用或期间费用，应在费用发生时，按照发生的车间、部门和用途，分别记入"制造费用""生产成本——辅助生产成本""管理费用""销售费用"等账户。其他费用的分配通常要编制其他费用分配汇总表。

【例 2-18】森浩公司 2023 年 10 月其他费用分配汇总表见表 2-20，各项费用均以银行存款支付。

表 2-20　　　　　　　　　　　　　其他费用分配汇总表

2023 年 10 月　　　　　　　　　　　　　　　　　　　　金额单位：元

应借科目		成本或费用项目					
一级科目及明细科目	明细科目	办公费	水电费	差旅费	业务招待费	广告费	合计
制造费用	一车间	5 000	3 000				8 000
	二车间	2 000	1 000				3 000
	小计	7 000	4 000				11 000
生产成本——辅助生产成本	机修车间	600	1 200				1 800
	小计	600	1 200				1 800
管理费用		3 500	1 500	6 000	5 000		16 000
销售费用		600	400			8 000	9 000
合计		11 700	7 100	6 000	5 000	8 000	37 800

根据表 2-20 编制会计分录。

借：制造费用——一车间　　　　　　　　　　　　8 000

　　　　　　　——二车间　　　　　　　　　　　3 000

　　生产成本——辅助生产成本——机修车间　　　1 800

　　管理费用　　　　　　　　　　　　　　　　16 000

　　销售费用　　　　　　　　　　　　　　　　 9 000

　　贷：银行存款　　　　　　　　　　　　　　　　　37 800

素养提升

张军的业务技能与职业态度

【情境】张军是某工厂的成本核算会计。2023 年 11 月该工厂车间主管找到张军，认为张军对某车间 10 月的成本核算有误。车间对 10 月未使用的部分原材料已经办理了退料手续，填制了退料单，但成本核算时未扣除该部分材料费用。张军回复：办理了退料手续的材料费用是可以扣除的，但是 10 月的账已经核算完毕，只能等 11 月进行处理。

【问题】张军的回复和处理办法是否正确？是否符合职业道德规范？

【提示】张军的回复和处理办法不正确，不符合职业道德规范。10 月办理了退料手续的材料费用应在材料费用核算时予以扣除，即应在 10 月处理完毕，这样才能保证成本核算的正确性；不能因为 10 月的账务已经处理完毕和结账，就不处理，留到 11 月再进行核算。可见，张军的业务能力不足，未能不断进行业务学习，不符合会计人员职业道德规范中"坚持学习"和"坚持准则"这两个方面。

【任务实施】

| 任务实施 2-1 | 参考答案 2-1 | 任务实施 2-2 | 参考答案 2-2 | 任务实施 2-3 | 参考答案 2-3 |
| 归集和分配材料费用 | 归集和分配材料费用 | 归集和分配职工薪酬 | 归集和分配职工薪酬 | 归集和分配其他费用 | 归集和分配其他费用 |

【项目小结】

本项目主要介绍了材料费用、职工薪酬、燃料费用、外购动力费用、其他费用的核算，以及对多种产品共同发生费用的分配方法。

材料费用、燃料动力费用、职工薪酬和折旧费用等要素费用是产品的重要组成部分，这些费用的准确核算和合理分配对于企业的成本控制和经济效益提升至关重要。在进行各要素费用分配时，我们应采用"谁受益，谁负担"的原则对费用进行归集，然后采用一定的方法分配到受益的产品或部门中去。

在分配费用的过程中，应该选择适当的分配方法与分配标准。分配标准主要包括成果类、消耗类和定额类。费用发生时，能分清何种产品所耗用，并可直接计入该种产品成本的费用无须分配，直接计入该种产品成本中；不能分清是为生产何种产品所发生的费用，则需要通过一定的方法分配后计入各种产品成本中。

【巩固练习】

一、单项选择题

1. 对于直接用于产品生产，专门设有成本项目的费用，应单独记入（　　　）账户。

　　A."生产成本"　　　　　　　　　　B."制造费用"

C. "管理费用"　　　　　　　　　　D. "销售费用"

2. 下列项目中不属于产品成本材料费用要素的是（　　　）。

　　A. 产品消耗的原材料　　　　　　　B. 材料保管过程中消耗的材料

　　C. 维修机器设备消耗的备件　　　　D. 直接装配在产品上的外购半成品

3. 基本生产车间耗用的消耗材料，应记入（　　　）账户。

　　A. "制造费用"　　　　　　　　　　B. "生产成本"

　　C. "管理费用"　　　　　　　　　　D. "财务费用"

4. 生产所剩余料，应编制（　　　），据以退回仓库。

　　A. 领料单　　　　　　　　　　　　B. 出库单

　　C. 退料单　　　　　　　　　　　　D. 累计发料单

5. "材料成本差异"账户的期末借方余额表示（　　　）。

　　A. 实际成本大于计划成本的超支差异额

　　B. 实际成本小于计划成本的节约差异额

　　C. 实际买价大于计划成本的超支差异额

　　D. 实际买价小于计划成本的节约差异额

6. 支付外购动力费用时应借记（　　　）账户。

　　A. "制造费用"　　B. "应付账款"　　C. "基本生产成本"　D. "银行存款"

7. 不包括在直接人工项目中的职工薪酬是（　　　）。

　　A. 职工福利费　　B. 非货币性福利　　C. 辞退福利　　D. 住房公积金

8. 生产产品领用低值易耗品时，应记入（　　　）账户。

　　A. "制造费用"　　B. "生产成本"　　C. "管理费用"　　D. "辅助生产成本"

9. 企业分配职工薪酬时，基本生产车间管理人员的薪酬，应借记（　　　）账户。

　　A. "生产成本"　　B. "制造费用"　　C. "辅助生产成本"　D. "管理费用"

二、多项选择题

1. 下列各项中，包括在直接材料成本项目中的有（　　　）。

　　A. 产品生产过程中直接消耗的原材料

　　B. 产品生产过程中直接消耗的外购半成品

　　C. 产品生产过程中直接消耗的自制半成品

　　D. 产品销售过程中领用的包装物

2. "材料成本差异"账户用于核算（　　　）的实际成本与计划成本的差异。

　　A. 外购材料　　　B. 自制材料　　　C. 产成品　　　D. 外购燃料

3. 工资总额主要包括（　　　）。

　　A. 计时工资　　　B. 计件工资　　　C. 五险一金　　　D. 各种补贴和津贴

4. 工资结算的主要内容是（　　　）的计算。

　　A. 应付职工工资　　B. 各种代扣款　　C. 实发工资　　　D. 工资标准

5. 下列要素费用中，应计入期间费用的有（　　　）。

　　A. 燃料费用　　　B. 利息费用　　　C. 折旧费用　　　D. 管理费用

6. 企业低值易耗品摊销计入产品成本的方法主要有（　　　）。

　　A. 分期摊销法　　B. 一次摊销法　　C. 五五摊销法　　　D. 定期摊销法

7. 下列各项中，应计入当期生产成本的有（　　）。

A. 生产产品耗用的材料成本
B. 生产人员的薪酬
C. 行政管理部门固定资产折旧
D. 生产设备的折旧

三、判断题

1. 属于多种产品共同耗用的辅助材料的费用，可以直接计入各种产品成本。（　　）

2. 生产人员、车间管理人员和技术人员的薪酬，是产品成本的重要组成部分，应该直接计入各种产品成本。（　　）

3. 实行计件工资制的企业，由于材料缺陷产生的废品，不计算计件工资。（　　）

4. 生产车间耗用的材料，全部计入"直接材料"成本项目。（　　）

5. 车间领用的材料在产品完工时，如有余料，应填制退料凭证及时退回仓库。对于下月需要继续耗用的材料，为了简化领料、退料手续，可以办理"假退料"手续。（　　）

拓展项目：业财税融合成本管控职业技能等级证书技能点练习

1. 2024 年 11 月 1 日，ABC 公司生产车间领用原材料（领料单见表 2-21），按照两种产品合计投产量进行分配，请计算并填写领用材料分配表（见表 2-22），并编制领用原材料的记账凭证。注：分配率四舍五入保留 2 位小数，金额四舍五入保留 2 位小数。

表 2-21　　　　　　　　　　领料单

领用部门：生产车间　　　　　　　　　　　　　　　日期：2024 年 11 月 01 日

品名	规格	单位	数量	单价/元	金额/元	用途
头带		台	9 000	500.00	4 500 000.00	
发声元件		台	9 000	600.00	5 400 000.00	
耳罩		套	9 000	480.00	4 320 000.00	
引线		个	4 500	450.00	2 025 000.00	
精品包装盒		套	9 000	50.00	450 000.00	
总计	¥16 695 000.00					

表 2-22　　　　　　　　　　领用材料分配表

日期：2024 年 11 月 01 日

受益对象	投产量/件	分配率	金额/元
运动蓝牙耳机	5 000		
商务蓝牙耳机	4 000		
合计	9 000		16 695 000.00

2. 根据甲公司工资汇总表（见表 2-23），补充完成人工费用（工资）分配表（见表 2-24）。注意：金额四舍五入保留 2 位小数，小数尾差计入套装组合写字学习桌，并编制计提本月工资的记账凭证。

表 2-23　　　　　　　　　　　　　　　甲公司工资汇总表

日期：2024 年 11 月 01 日　　　　　　　　　　　　　　　　　　　　　　　　金额单位：元

部门、车间、人员	基本工资	绩效工资	应发工资
总经理办公室	10 000.00		10 000.00
行政部	12 000.00		12 000.00
财务部	26 000.00		26 000.00
采购部	11 000.00		11 000.00
仓管部	11 000.00		11 000.00
销售部	30 000.00	10 000.00	40 000.00
基本生产车间（主管）	8 000.00		8 000.00
基本生产车间（工人）	29 000.00		29 000.00
供水车间	13 000.00		13 000.00
供电车间	10 000.00		10 000.00
合计	160 000.00	10 000.00	170 000.00

表 2-24　　　　　　　　　　　　　　　人工费用分配表

日期：2024 年 11 月 01 日　　　　　　　　　　　　　　　　　　　　　　　　金额单位：元

应借账户	二级明细账户		生产工时/时	分配率	人工费用
生产成本	基本生产成本	简约台式写字学习桌	1 500		
		套装组合写字学习桌	2 500		
		小计	4 000	7.25	29 000
	辅助生产成本	供水车间	13 000		
		供电车间	10 000		
制造费用					8 000
销售费用					40 000
管理费用					70 000
合计					170 000

学习测评表

综合费用的核算

知识目标

1. 了解辅助生产费用、制造费用、废品损失和停工损失核算的内容;
2. 理解辅助生产费用、制造费用、废品损失和停工损失的归集与分配方法。

能力目标

1. 能够编制辅助生产费用分配表;
2. 能够根据企业实际情况选择适当方法对辅助生产费用进行分配;
3. 能够熟练编制制造费用分配表,并采用适当方法分配制造费用;
4. 能够对废品损失和停工损失进行归集和分配。

素质目标

1. 培养使用正确核算方法解决企业综合费用核算问题的创新能力;
2. 认识到综合费用的准确核算对企业成本控制、价值创造、提升核心竞争力等方面的重要作用;
3. 养成良好的会计职业道德和严谨的科学态度,学以致用,提高学习和工作效率。

知识导图

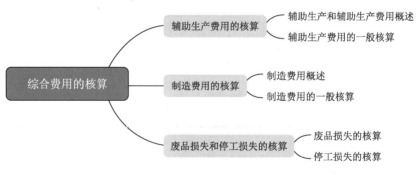

案例导入

月末,鸿运机械厂发生的各类成本或费用都已归集到相应的账户上,按企业成本核算要求,辅助生产费用采用交互分配法进行分配。铸工车间的制造费用采用直接人工比例分配法进行分配,加工车间、组装车间的制造费用采用生产工时比例法进行分配。同时,鸿运机械厂废品损失按实际成本法单独进行核算，其中铁铸件的废品不可修复，铣床的废品为可修复废品。

任务发布

根据任务资料 3-1，确定各辅助生产车间生产费用数额，并编制辅助生产费用分配表；根据任务资料 3-2，计算铸工车间、加工车间、组装车间制造费用，确定制造费用的待分配数额，编制制造费用分配表；根据任务资料 3-3，核算可修复废品损失和不可修复废品损失；根据辅助生产费用分配表、制造费用分配表及废品核算资料，填制相应记账凭证，登记各有关明细账。

任务资料 3-1	任务资料 3-2	任务资料 3-3
归集和分配辅助生产费用	归集和分配制造费用	归集和分配损失性费用

任务一 辅助生产费用的核算

一、辅助生产和辅助生产费用概述

（一）辅助生产和辅助生产费用的含义

辅助生产是企业内部为基本生产服务而进行的产品生产或劳务供应。有的辅助生产车间提供辅助产品，如为基本生产车间生产所需要的各种工具、模具、刀具、夹具、包装物等，以及供水、供电、供气等；有的为企业生产产品或为有关部门提供劳务，如运输、机修等。企业一般设置专门的辅助生产车间（如供水、供电、修理、工具、模具车间等），辅助生产车间可以只生产一种产品或提供一种劳务，也可以生产多种产品或提供多种劳务。

辅助生产费用是指辅助生产车间在生产产品或提供劳务的过程中发生的各种耗费，包括直接材料、直接人工和制造费用，这些费用构成辅助生产产品或劳务的成本。企业的辅助生产车间主要为基本生产车间服务，也为企业管理部门、基本建设工程、福利部门和其他辅助生产车间服务。辅助生产车间生产的产品和提供的劳务有时也对外销售，但这不是辅助生产车间的主要任务，辅助生产车间的生产属于非商品性生产，因此，辅助生产车间发生的生产费用，将转给各受益部门负担。所以，企业在进行产品成本核算时，应首先核算辅助生产费用，并分配到各受益部门，才能计算出基本生产的产品成本。

（二）辅助生产费用核算的意义

辅助生产产品和劳务的成本，影响着基本生产产品的成本和经营管理费用。只有辅助生产产品和劳务的成本确定以后，才能计算和确定基本生产产品的成本。正确及时地归集辅助生产费用，计算辅助生产成本，分配辅助生产费用，对正确及时地计算基本生产成本和归集经营管理费用，以及节约费用、降低成本具有重要的意义。

（三）辅助生产费用核算的特点

辅助生产费用的核算包括辅助生产费用的归集和辅助生产费用的分配两个方面。

辅助生产费用的归集，就是将辅助生产车间发生的费用按辅助生产车间和劳务类别进行汇总。辅助生产费用的分配，是按一定的标准和方法，将辅助生产费用分配到各受益对象上的过程。辅助生产费用归集和分配的正确性，影响着基本生产成本、经营管理费用以及经营成果核算的及时性和准确性。

辅助生产费用的归集和分配，是通过"生产成本——辅助生产成本"账户进行的，一般应按车间、产品和劳务设立明细账（多栏式），账中按照成本项目设立专栏进行明细核算。辅助生产费用发生时，应根据有关的付款凭证、转账凭证和各种费用分配表等，记入"生产成本——辅助生产成本"账户的借方，并登记入辅助生产成本明细账中相应的成本项目。

二、辅助生产费用的一般核算

（一）辅助生产费用的归集

为了归集所发生的辅助生产费用，应设置"生产成本——辅助生产成本"账户，按辅助生产车间及其生产的产品、提供劳务的种类进行明细核算。辅助生产成本明细账的设置与生产成本——基本生产成本明细账相似，一般分车间、按产品或劳务设置，明细账内再按规定的成本核算项目设置专栏。日常发生的各种辅助生产费用，在"生产成本——辅助生产成本"账户的借方进行归集，月末再分配到各受益产品或部门中去。在辅助生产费用分配后，该账户一般无余额。此外，对辅助生产车间发生的制造费用是否通过"制造费用"账户核算，没有统一要求，企业可以按照辅助生产车间规模的大小，制造费用的多少，以及辅助生产车间提供的产品或劳务是否单一等情况自行确定。通常情况下，对规模较大、制造费用发生较多、提供多种产品或劳务的辅助生产车间，其制造费用应当通过"制造费用"账户核算，先在该账户中归集，在月末分配后再计入辅助生产成本；反之，则不通过"制造费用"账户核算，而是将发生的制造费用直接计入辅助生产成本明细账的"制造费用"项目。

辅助生产成本明细账的格式见表3-1。

表3-1 　　　　　　　　　　　　辅助生产成本明细账

车间名称：供电车间　　　　　　　　　　　　　　　　　　　　　　　　　　　单位：元

2023年		摘要	工资及福利费	办公费	折旧费	修理费	租赁费	物料消耗	其他	合计
月	日									
5	31	材料费用分配表						25 000		25 000
	31	职工薪酬分配表	22 000							22 000
	31	固定资产折旧计算表			13 555					13 555
	31	待摊费用分配表				4 317				4 317
	31	其他费用分配表		1 000					4 128	5 128
	31	合计	22 000	1 000	13 555	4 317	0	25 000	4 128	70 000
	31	结转本月辅助生产费用	22 000	1 000	13 555	4 317	0	25 000	4 128	70 000

（二）辅助生产费用的分配

辅助生产费用的分配较为复杂，分配方法很多，主要有直接分配法、交互分配法、计划成本分配法、代数分配法和顺序分配法。在分配辅助生产费用时，各企业应根据其辅助生产车间生产产品和提供劳务的特点及向各受益对象提供产品和劳务的情况，结合企业管理的条件和要求来选用适当的分配方法，并编制辅助生产费用分配表。

1. 直接分配法

直接分配法是指不考虑各辅助生产车间之间相互提供劳务或产品的情况，而将各种辅助生产费用直接分配给辅助生产车间以外的各受益单位的方法。这种方法的特点是辅助生产车间之间不分配辅助生产费用。直接分配法是最为简便的方法，一般适用于辅助生产车间之间不相互提供产品或劳务，或相互提供产品或劳务较少的情况。不进行交互分配对辅助生产成本和企业产品成本影响不大的企业，通常使用直接分配法。

它的分配计算公式如下：

$$某辅助生产车间费用分配率（单位成本）=\frac{该辅助生产车间待分配费用}{该辅助生产车间对外提供的产品或劳务的数量}$$

$$某受益对象应分配的某辅助生产费用=该受益对象耗用该辅助生产车间产品或劳务的数量×该辅助生产车间费用分配率（单位成本）$$

【例3-1】广州远洋纺织品有限公司设有供电和供水两个辅助生产车间，供电车间辅助生产成本明细账见表3-1，供水车间辅助生产成本明细账见表3-2。2023年5月，供电、供水车间分别发生辅助生产费用70 000元、26 000元，两个辅助生产车间提供的产品或劳务数量见表3-3。

表3-2　　　　　　　　　　　　　　辅助生产成本明细账

车间名称：供水车间　　　　　　　　　　　　　　　　　　　　　　　　　　　　　　　　　单位：元

2023年		摘要	工资及福利费	办公费	折旧费	修理费	租赁费	物料消耗	其他	合计
月	日									
5	31	材料费用分配表						10 000		10 000
	31	职工薪酬分配表	5 000							5 000
	31	固定资产折旧计算表			5 000					5 000
	31	待摊费用分配表				3 000				3 000
	31	其他费用分配表		500					2 500	3 000
	31	合计	5 000	500	5 000	3 000		10 000	2 500	26 000
	31	结转本月辅助生产费用	5 000	500	5 000	3 000	0	10 000	2 500	26 000

表3-3　　　　　　　　　　　　辅助生产车间提供产品或劳务汇总表

2023年5月

受益对象		供电量/（千瓦·时）	供水量/吨
辅助生产车间	供电车间	—	5 000
	供水车间	5 000	—
基本生产车间	甲产品	10 000	10 000
	乙产品	5 000	8 000
	一般耗用	2 000	1 000
销售部门		2 000	400
行政管理部门		1 000	600
合计		25 000	25 000

将本月各辅助生产车间的辅助生产费用进行分配。

根据上述资料，用直接分配法计算各辅助生产车间的费用分配率如下。

$$供电车间费用分配率=\frac{70\,000}{25\,000-5\,000}=3.5\,[元/（千瓦·时）]$$

$$供水车间费用分配率=\frac{26\,000}{25\,000-5\,000}=1.3\,（元/吨）$$

在实际工作中，辅助生产费用分配是通过编制辅助生产费用分配表进行的，根据各辅助生产车间的费用分配率和各受益对象的耗用数量，可以计算出各受益对象应分配的辅助生产费用，见表3-4。

表3-4 辅助生产费用分配表（直接分配法）

2023年5月

项目		供电车间		供水车间		金额合计/元
		供电量/（千瓦·时）	金额/元	供水量/吨	金额/元	
待分配费用		—	70 000	—	26 000	96 000
对外提供的劳务数量		20 000	—	20 000	—	—
费用分配率（单位成本）		3.5 元/（千瓦·时）		1.3 元/吨		—
基本生产成本	甲产品	10 000	35 000	10 000	13 000	48 000
	乙产品	5 000	17 500	8 000	10 400	27 900
制造费用		2 000	7 000	1 000	1 300	8 300
销售费用		2 000	7 000	400	520	7 520
管理费用		1 000	3 500	600	780	4 280
合计		20 000	70 000	20 000	26 000	96 000

根据表3-4，编制会计分录如下。

借：生产成本——基本生产成本——甲产品　　　　48 000
　　　　　　　——基本生产成本——乙产品　　　　27 900
　　制造费用　　　　　　　　　　　　　　　　8 300
　　销售费用　　　　　　　　　　　　　　　　7 520
　　管理费用　　　　　　　　　　　　　　　　4 280
　　贷：生产成本——辅助生产成本——供电车间　　70 000
　　　　　　　——辅助生产成本——供水车间　　26 000

直接分配法将各辅助生产车间待分配费用只对辅助生产车间外的受益对象分配一次，因而计算过程简便。但由于各辅助生产车间之间不相互分配辅助生产费用，如上例中的供电车间费用中不包括其耗用的水力费用，供水车间费用中不包括其耗用的电力费用，因此造成分配的结果不够客观正确。

2. 交互分配法

交互分配法又称一次交互分配法，是将归集的辅助生产费用先在辅助生产车间之间进行交互分配，然后计算出交互分配后的辅助生产费用，再在辅助生产车间外的受益对象之间进行分配的方法。

交互分配法分两次分配辅助生产费用：第一次分配称为交互分配或对内分配，根据各辅助生产车间发生的原始辅助生产费用和其提供的产品或劳务的总量计算出费用分配率，在辅助生产车间之间进行一次交互分配，从而计算出各辅助生产车间的实际费用（即交互分配前的费用，加上分配转入的费用，减去分配转出的费用）；第二次分配称为对外分配，根据各辅助生产车间的实际费用和其向辅助生产车间以外的受益对象提供的产品或劳务的数量计算出的费用分配率,在辅助生产车间以外的各受益对象之间进行分配。

交互分配法的计算公式如下。

交互分配:

$$某辅助生产车间交互分配费用分配率=\frac{该辅助生产车间交互分配前辅助生产费用总额}{该辅助生产车间提供的产品或劳务的总量}$$

某辅助生产车间应分配的其他辅助生产车间的费用=该辅助生产车间耗用其他辅助生产车间产品或劳务的量×其他辅助生产车间交互分配费用分配率

某辅助生产车间实际费用=该辅助生产车间直接费用+该辅助生产车间应分配的其他辅助生产车间费用-其他辅助生产车间应分配的该辅助生产车间费用

对外分配:

$$某辅助生产车间对外分配费用分配率=\frac{该辅助生产车间交付分配后的实际费用}{该辅助生产车间对外提供的产品或劳务的总量}$$

某受益对象应分配的某辅助车间生产费用=该受益对象耗用该辅助生产车间产品或劳务的量×某辅助生产车间对外分配费用分配率

【例3-2】仍使用【例3-1】的资料,按交互分配法分配辅助生产费用。

(1)交互分配。

$$供电车间交互分配费用分配率=\frac{70\,000}{25\,000}=2.8\,[元/(千瓦·时)]$$

$$供水车间应分配电费=5\,000×2.8=14\,000(元)$$

$$供水车间交互分配费用分配率=\frac{26\,000}{25\,000}=1.04(元/吨)$$

$$供电车间应分配水费=5\,000×1.04=5\,200(元)$$

$$供电车间实际费用=70\,000+5\,200-14\,000=61\,200(元)$$

$$供水车间实际费用=26\,000+14\,000-5\,200=34\,800(元)$$

(2)对外分配。

$$供电车间对外分配费用分配率=\frac{61\,200}{25\,000-5\,000}=3.06\,[元/(千瓦·时)]$$

$$供水车间对外分配费用分配率\frac{34\,800}{25\,000-5\,000}=1.74(元/吨)$$

用交互分配法分配辅助生产费用,编制辅助生产费用分配表,见表3-5。

表3-5 　　　　　　　　　辅助生产费用分配表(交互分配法)

2023年5月

项目		供电车间		供水车间		金额合计/元
		供电量/(千瓦·时)	金额/元	供水量/吨	金额/元	
交互分配	待分配费用	—	70 000	—	26 000	96 000
	提供产品或劳务数量	25 000	—	25 000	—	
	费用分配率	2.8元/(千瓦·时)		1.04元/吨		
	辅助生产成本 供电车间	—	—	5 000	5 200	5 200
	供水车间	5 000	14 000	—	—	14 000

续表

项目		供电车间		供水车间		金额合计/元
		供电量/(千瓦·时)	金额/元	供水量/吨	金额/元	
对外分配	待分配实际费用	—	61 200	—	34 800	96 000
	对外提供的劳务数量	20 000	—	20 000	—	
	费用分配率（单位成本）	3.06 元/（千瓦·时）		1.74 元/吨		—
	基本生产成本 甲产品	10 000	30 600	10 000	17 400	48 000
	基本生产成本 乙产品	5 000	15 300	8 000	13 920	29 220
	制造费用	2 000	6 120	1 000	1 740	7 860
	销售费用	2 000	6 120	400	696	6 816
	管理费用	1 000	3 060	600	1 044	4 104
	合计	20 000	61 200	20 000	34 800	96 000

根据表 3-5，编制会计分录如下。

交互分配的会计分录如下。

借：生产成本——辅助生产成本——供电车间 　　5 200
　　　　　　——辅助生产成本——供水车间 　14 000
　　贷：生产成本——辅助生产成本——供电车间 　14 000
　　　　　　　——辅助生产成本——供水车间 　　5 200

对外分配的会计分录如下。

借：生产成本——基本生产成本——甲产品 　　48 000
　　　　　　——基本生产成本——乙产品 　　29 220
　　制造费用 　　7 860
　　销售费用 　　6 816
　　管理费用 　　4 104
　　贷：生产成本——辅助生产成本——供电车间 　61 200
　　　　　　　——辅助生产成本——供水车间 　34 800

采用交互分配法，由于对辅助生产车间之间提供的产品或劳务的费用进行了交互分配，提高了分配结果的客观性和准确性；同时，这种方法也易于理解和计算。但是由于在交互分配中计算的分配率是根据各辅助生产车间的直接费用进行计算的，不是各辅助生产车间的实际单位成本，所以分配结果也不是很精确。这种方法适用于各辅助生产车间之间相互提供产品或劳务较多的企业。

3. 计划成本分配法

计划成本分配法是根据辅助生产车间的产品或劳务的单位计划成本和各受益对象所耗用的产品或劳务数量进行辅助生产费用分配，然后再将计划成本分配额与实际费用之间的差额（即辅助生产成本差异）进行调整分配。一般来讲，如果单位计划成本制定得准确，辅助生产成本差异不会很大，为简化计算，差异可全部调整计入管理费用。计划成本分配法的基本方法如下。

（1）按计划成本分配辅助生产费用。

某受益对象应分配某辅助车间的生产费用=该受益对象耗用该辅助生产车间产品或劳务的量
×该辅助生产车间计划单位成本

（2）计算成本差异，将成本差异计入管理费用。

某辅助生产车间成本差异=该辅助生产车间直接发生的费用+其他辅助生产车间转入该辅助生产车间的计划成本-该辅助生产车间已分配的计划总成本

【例3-3】仍使用【例3-1】的资料，假设供电车间的计划单位成本为 3 元/（千瓦·时），供水车间的计划单位成本为 1 元/吨，按计划成本分配法分配辅助生产费用，编制辅助生产费用分配表（见表3-6）。

表3-6 辅助生产费用分配表（计划成本分配法）

2023 年 5 月

项目		供电车间		供水车间		金额合计/元
		供电量/（千瓦·时）	金额/元	供水量/吨	金额/元	
计划单位成本		3 元/（千瓦·时）		1 元/吨		—
辅助生产成本	供电车间	—	—	5 000	5 000	5 000
	供水车间	5 000	15 000	—	—	15 000
基本生产成本	甲产品	10 000	30 000	10 000	10 000	40 000
	乙产品	5 000	15 000	8 000	8 000	23 000
制造费用		2 000	6 000	1 000	1 000	7 000
销售费用		2 000	6 000	400	400	6 400
管理费用		1 000	3 000	600	600	3 600
合计		25 000	75 000	25 000	25 000	100 000
辅助生产费用借方金额		—	75 000①	—	41 000②	116 000
成本差异调整		—	0	—	16 000	16 000

注：① =70 000+5 000=75 000；② =26 000+15 000=41 000。

根据表3-6，编制会计分录如下。

借：生产成本——辅助生产成本——供电车间 　　　　5 000
　　　　　　——辅助生产成本——供水车间 　　　　15 000
　　　　　　——基本生产成本——甲产品 　　　　40 000
　　　　　　　　　　　　　——乙产品 　　　　23 000
　　制造费用 　　　　7 000
　　销售费用 　　　　6 400
　　管理费用 　　　　3 600
　　贷：生产成本——辅助生产成本——供电车间 　　　　75 000
　　　　　　　　——辅助生产成本——供水车间 　　　　25 000

调整成本差异，将差额计入管理费用。

借：管理费用 　　　　16 000
　　贷：生产成本——辅助生产成本——供水车间 　　　　16 000

采用计划成本分配法，由于是按照事先确定的计划单位成本进行分配，不必单独计算费用分配率，而且各辅助生产费用只分配一次，从而简化和加速了成本计算工作。采用这种分配方法，不仅能反映和考核辅助生产车间的成本计划执行情况，而且还便于分析和考核各受益对象的成本，便于分清企业内部各部门的经济责任。但是，采用这种方法，计划单位成本的制定要求较高，不能与实际误差太大，否则会影响分配结果的准确性。所以，这种方法一般适用于定额管理较好，有比较准确的计划成本资料的企业。

4．代数分配法

代数分配法是根据代数中解多元一次联立方程的原理，先计算出各辅助生产车间产品或劳务的单位成本（即分配率），然后根据该单位成本和各受益对象耗用辅助生产车间产品或劳务的数量进行辅助生产费用分配的方法。

其计算步骤如下。

① 为每个辅助生产车间的产品或劳务的单位成本设立一个未知数，并联立方程；

② 解方程组，算出各辅助生产车间的产品或劳务的单位成本；

③ 根据单位成本和各受益对象耗用辅助生产车间产品或劳务的数量计算出各受益对象应分配的辅助生产费用；

④ 将本月各辅助生产车间的辅助生产费用进行分配。

【例 3-4】仍使用【例 3-1】的资料，按代数分配法分配辅助生产费用。

设：供电车间的单位成本为 x 元/度，供水车间的单位成本为 y 元/吨。

联立多元一次方程组：
$$\begin{cases} 70\ 000+5\ 000y=25\ 000x \\ 26\ 000+5\ 000x=25\ 000y \end{cases}$$

解方程得： $x=3.133\ 3$ $y=1.666\ 7$

用代数分配法分配辅助生产费用，编制辅助生产费用分配表（见表 3-7）。

表 3-7　　　　　　　　辅助生产费用分配表（代数分配法）

2023 年 5 月

项目		供电车间		供水车间		金额合计/元
		供电量/（千瓦·时）	金额/元	供水量/吨	金额/元	
计划单位成本		3.1 333 元/（千瓦·时）		1.6 667 元/吨		—
辅助生产成本	供电车间	—	—	5 000	8 333.5	8 333.5
	供水车间	5 000	15 666.5	—	—	15 666.5
基本生产成本	甲产品	10 000	31 333	10 000	16 667	48 000
	乙产品	5 000	15 666.5	8 000	13 333.6	29 000.1
制造费用		2 000	6 266.6	1 000	1 666.7	7 933.3
销售费用		2 000	6 266.6	400	666.68	6 933.28
管理费用		1 000	3 133.3	600	1 000.02	4 133.32
合计		25 000	78 332.5	25 000	41 667.5	120 000
辅助生产费用借方金额		—	78 333.5[①]	—	41 666.5[②]	120 000
成本差异调整		—	1	—	-1	0

注：① =70 000+8 333.5=78 333.5；② =26 000+15 665=41 665。

根据表 3-7 辅助生产费用分配表，编制会计分录如下。

借：生产成本——辅助生产成本——供电车间　　　　　　8 333.5

　　　　　　——辅助生产成本——供水车间　　　　　　15 666.5

——基本生产成本——甲产品	48 000
——基本生产成本——乙产品	29 000.1
制造费用	7 933.3
销售费用	6 933.28
管理费用	4 133.32
贷：生产成本——辅助生产成本——供电车间	78 332.5
——辅助生产成本——供水车间	41 667.5

调整差额，将差额计入管理费用。

借：管理费用	1
贷：生产成本——辅助生产成本——供电车间	1
借：管理费用	1
贷：生产成本——辅助生产成本——供水车间	1

采用代数分配法分配辅助生产费用，其分配结果最准确。但在分配前要先解联立方程，如果辅助生产车间较多，未知数也较多，计算工作量就会大大增加，计算也比较复杂，因此，这种方法一般适用于已实行电算化的企业中。

5. 顺序分配法

顺序分配法是指各种辅助生产车间之间的费用分配应按照辅助生产车间受益多少的顺序排列的方法：受益少的排列在前，先将费用分配出去；受益多的排列在后，后将费用分配出去。这种方法下，先分配的辅助生产车间不负担后分配的辅助生产车间的费用，其适用于各辅助生产车间之间相互受益程度有明显顺序的企业。

任务二 制造费用的核算

一、制造费用概述

（一）制造费用的内容

制造费用是指工业企业为生产产品或提供劳务而发生的，应该计入产品成本，但没有专设成本项目的各项生产费用。制造费用大部分是间接用于产品生产的费用，也包括直接用于产品生产，但管理上不要求或者核算上不便于单独核算，因而没有专设成本项目的费用。

制造费用主要包括以下三方面内容。

（1）间接生产费用，如物料消耗、厂房及机器折旧费、修理费、租赁费、取暖费、水电费、运输费、保险费、设计制图费、试验检验费、劳动保护费、季节性停工或固定资产大修理期间的停工损失等。

（2）少部分没有专设成本项目的直接生产费用，如机器设备折旧费、周转材料摊销费等。

（3）生产单位管理费用，如车间、部门管理人员的薪酬、差旅费、办公费等。

在产品生产过程中，除了产品直接耗用各种材料费用、发生人工费用和其他费用以外，企业生产单位（车间、部门）还会发生各种间接费用。因此，正确地核算这些费用，对正确计算产品的生产成本十分重要。

（二）制造费用核算的特点

为了正确地计算产品成本，必须合理地分配制造费用。由于各个车间（部门）的制造费用水平不同，制造费用的分配应当按照车间（部门）分别进行，而不应将各个车间（部门）的制造费用汇总起来，在整个企业范围内统一分配。

二、制造费用的一般核算

（一）制造费用的归集

制造费用应按费用发生的地点进行归集，设置"制造费用"账户。在生产活动中发生制造费用时，应根据有关的付款凭证、转账凭证和各种费用分配表等，借记"制造费用"账户；月末，采用一定的方法将汇总后的制造费用在各产品（或成本计算对象）之间进行分配结转时，贷记"制造费用"账户；"制造费用"账户月末一般无余额。制造费用明细账的格式见表3-8。

【例3-5】广州远洋纺织品有限公司设有一个基本生产车间，生产甲、乙两种服饰。2023年5月该车间发生经济业务如下。

（1）5月1日，领用原材料共计32 000元。其中甲产品领用16 000元，乙产品领用12 000元，车间一般消耗4 000元。

（2）5月26日，结算本月应付工资20 000元。其中生产甲产品工人的工资12 000元，生产乙产品工人的工资5 000元，车间管理人员的工资3 000元。

（3）5月27日，用银行存款支付车间水电费3 000元。

（4）5月28日，计提车间固定资产折旧费6 000元。

（5）5月29日，用银行存款支付车间其他费用2 000元。

经济业务（1）会计分录如下。

借：生产成本——基本生产成本——甲产品　　　　　　16 000
　　　　　　　　——基本生产成本——乙产品　　　　　　12 000
　　制造费用——材料耗用　　　　　　　　　　　　　　**4 000**
　　　贷：原材料　　　　　　　　　　　　　　　　　　　　　　32 000

经济业务（2）会计分录如下。

借：生产成本——基本生产成本——甲产品　　　　　　12 000
　　　　　　　　——基本生产成本——乙产品　　　　　　 5 000
　　制造费用——人工成本　　　　　　　　　　　　　　**3 000**
　　　贷：应付职工薪酬　　　　　　　　　　　　　　　　　　　20 000

经济业务（3）会计分录如下。

借：制造费用——水电费　　　　　　　　　　　　　　　**3 000**
　　　贷：银行存款　　　　　　　　　　　　　　　　　　　　　3 000

经济业务（4）会计分录如下。

借：制造费用——折旧费　　　　　　　　　　　　　　　**6 000**
　　　贷：累计折旧　　　　　　　　　　　　　　　　　　　　　6 000

经济业务（5）会计分录如下。

借：制造费用——其他　　　　　　　　　　　　　　　　**2 000**
　　　贷：银行存款　　　　　　　　　　　　　　　　　　　　　2 000

根据所做的会计分录，登记制造费用明细账，见表3-8。

表 3-8　　　　　　　　　　　　　　　制造费用明细账

车间名称：一车间　　　　　　　　　　　　　2023 年 5 月　　　　　　　　　　　　　单位：元

2023年		凭证		摘要	物料消耗	工资及福利费	水电费	折旧费	其他	合计
月	日	字	号							
5	1			分配材料费用	4 000					4 000
	26			分配工资费用		3 000				3 000
	27			支付水电费			3 000			3 000
	28			计提折旧费				6 000		6 000
	29			支付其他费用					2 000	2 000
	31			合计	4 000	3 000	3 000	6 000	2 000	18 000
	31			结转本月制造费用	4 000	3 000	3 000	6 000	2 000	18 000

从表 3-8 可以看出，本月制造费用总额为 18 000 元。在归集制造费用之后，需要按照一定的分配方法，将制造费用分配到甲、乙产品成本中，并及时登记制造费用明细账。

（二）制造费用的分配

月末，企业应将归集的制造费用按照"谁受益，谁负担"的原则，分配到有关产品成本或劳务成本中。在只生产一种产品的车间，发生的制造费用可以直接计入该种产品的成本；在生产多种产品的车间，企业应当采用合理的方法，将发生的制造费用分别计入相关产品的生产成本。

分配制造费用，需要按照一定的标准进行。在成本核算实务中，最常见的有按生产工人工时、按机器工时、按生产工人工资、按年度计划分配率四种方法。制造费用的分配一般是通过编制制造费用分配表来进行的。具体采用哪一种分配方法，由企业自行决定。分配方法一经确定，不得随意变更，如需变更，应当在会计报表附注中加以说明。

1. 生产工人工时比例法

生产工人工时比例法是按照生产各种产品所用生产工人实际工时的比例分配制造费用的方法。其计算公式如下。

$$制造费用分配率 = \frac{制造费用总额}{各产品生产工人工时总数}$$

某种产品应分配的制造费用 = 该种产品生产工人工时 × 制造费用分配率

【例 3-6】广州远洋纺织品有限公司一车间 2023 年 5 月发生制造费用 18 000 元。该车间生产甲、乙两种产品，本月制造费用按生产工人工时比例法分配。甲产品实际生产工人工时为 1 000 小时，乙产品实际生产工人工时为 800 小时，分配一车间 5 月的制造费用。

$$制造费用分配率 = \frac{18\,000}{1\,000 + 800} = 10（元/时）$$

甲产品应分配制造费用 = 1 000 × 10 = 10 000（元）

乙产品应分配制造费用 = 800 × 10 = 8 000（元）

编制制造费用分配表，见表 3-9。

表 3-9   制造费用分配表（生产工人工时比例法）

车间名称：一车间   2023 年 5 月

项目	生产工时/时	分配率/（元/时）	分配额/元
甲产品	1 000	10	10 000
乙产品	800	10	8 000
合 计	1 800		18 000

根据表 3-9 编制会计分录如下。

借：生产成本——基本生产成本——甲产品   10 000

　　　　——基本生产成本——乙产品   8 000

　　贷：制造费用——一车间   18 000

按照生产工人工时比例法分配制造费用，能够将劳动生产率和产品负担的费用水平联系起来，当劳动生产率提高，产品耗用的生产工人工时减少，产品所负担的制造费用也就降低，因而分配结果较为合理，但采用这种方法必须做好生产工人工时的记录工作。此种方法适用于机械化程度较低或者各种产品工艺机械化程度大致相同的企业。

2. 机器工时比例法

机器工时比例法是按照各产品生产机器运转时间的比例分配制造费用的方法。其计算公式如下。

$$制造费用分配率 = \frac{制造费用总额}{各产品机器工时之和}$$

$$某种产品应分配的制造费用 = 该种产品机器工时 \times 制造费用分配率$$

机器工时比例法的分配方法与生产工人工时比例法的分配方法基本相同。在机械化程度较高的车间，往往机器设备折旧费、修理费所占制造费用的比重较大，而人工费用所占制造费用的比重较小，因此，这类车间使用机器工时比例法分配制造费用比较合理。采用这种方法，必须做好各种产品机器工时的记录工作，以保证机器工时的准确性。

3. 生产工人工资比例法

生产工人工资比例法是按照各种产品生产工人工资的比例分配制造费用的方法，采用该方法核算过程比较简便。但由于各种产品生产的机械化程度不同，各种产品所负担的制造费用会很不合理，所以此种分配方法适用于各种产品的机械化程度或者需要的工人操作技能水平大致相同的情况。其计算公式如下。

$$制造费用分配率 = \frac{制造费用总额}{各产品生产工人工资之和}$$

$$某种产品应分配的制造费用 = 该种产品生产工人工资 \times 制造费用分配率$$

【例 3-7】广州远洋纺织品有限公司一车间 2023 年 5 月发生制造费用 18 000 元，本月制造费用按生产工人工资比例法分配。假定甲产品的生产工人工资为 6 000 元，乙产品的生产工人工资为 4 000 元，分配一车间 5 月的制造费用。

$$制造费用分配率 = \frac{18\,000}{6\,000 + 4\,000} = 1.8$$

甲产品应分配的制造费用 = 6 000 × 1.8 = 10 800（元）

乙产品应分配的制造费用 = 4 000 × 1.8 = 7 200（元）

根据计算编制会计分录如下。

借：生产成本——基本生产成本——甲产品　　　　　　　10 800

　　　　　　——基本生产成本——乙产品　　　　　　　 7 200

　　贷：制造费用——一车间　　　　　　　　　　　　　　18 000

4. 年度计划分配率分配法

年度计划分配率分配法是指无论各月实际发生多少制造费用，每月各种产品成本中的制造费用均按年度计划确定的计划分配率分配的一种方法。在年度内，如果全年实际发生的制造费用与计划数额发生较大差异时，应及时调整年度计划分配率。年度计划分配率的计算公式如下。

$$年度计划分配率 = \frac{年度计划制造费用预算总额}{年度各产品计划产量的定额总工时}$$

某月某种产品应分配的制造费用＝该月该产品实际产量的定额工时数×年度计划分配率

【例3-8】广州远洋纺织品有限公司一车间2023年全年的制造费用计划为210 000元。全年甲、乙产品的计划产量为：甲产品2 500件，乙产品1 500件。单件产品的工时定额为：甲产品6小时，乙产品4小时。5月的实际产量为：甲产品200件，乙产品180件。该月实际制造费用为18 000元。按年度计划分配率分配法分配甲、乙产品应负担的制造费用。

按年度计划分配率分配法分配制造费用，首先计算年度计划分配率。

甲产品年度计划产量的定额工时=2 500×6=15 000（时）

乙产品年度计划产量的定额工时=1 500×4=6 000（时）

年度计划分配率 = 210 000÷（15 000+6 000）=10（元/时）

甲、乙产品应分配的制造费用计算如下。

甲产品本月实际产量的定额工时=200×6=1 200（时）

乙产品本月实际产量的定额工时=180×4=720（时）

本月甲产品分配的制造费用=1 200×10=12 000（元）

本月乙产品分配的制造费用=720×10=7 200（元）

编制会计分录如下。

借：生产成本——基本生产成本——甲产品　　　　　　　12 000

　　　　　　——基本生产成本——乙产品　　　　　　　 7 200

　　贷：制造费用——一车间　　　　　　　　　　　　　　19 200

【例3-8】中，一车间5月实际发生的制造费用为18 000元，该数额小于按照该月实际产量和年度计划分配率分配转出的制造费用19 200元。因此，采用这种分配方法，"制造费用"明细账及总账可能会有月末余额，既可能有借方余额，也可能有贷方余额。各月余额不必处理，累积到年底。"制造费用"科目如果有年末余额，该余额就是全年制造费用实际发生额与计划分配额的差额，一般应在年末调整计入12月的产品成本，借记"生产成本——基本生产成本"科目，贷记"制造费用"科目；如果实际发生额大于计划分配额，用蓝字补记；如果实际发生额小于计划分配额，用红字冲减。

其计算公式如下：

$$差异额分配率 = \frac{差异额}{按年度计划分配率分配的制造费用}$$

某产品应分配的差异额＝该产品按计划分配率分配的制造费用×差异额分配率

假设年末"制造费用"账户贷方余额为 1 900 元（说明计划分配额大于实际发生额），按照计划分配率甲产品已分配制造费用 100 000 元，B 产品已分配 90 000 元，调整差异如下。

$$差异额分配率 = \frac{-1\,900}{100\,000 + 9\,000} = -0.01$$

$$A\ 产品应分配的差异额 = -0.01 \times 100\,000 = -1\,000（元）$$

$$B\ 产品应分配的差异额 = -0.01 \times 90\,000 = -900（元）$$

实际发生额小于计划分配额，应冲减成本中的制造费用。

编制会计分录如下：

借：制造费用　　　　　　　　　　　　　　　　　　　　　　1 900

　　贷：生产成本——基本生产成本——甲产品　　　　　　　　　1 000

　　　　——基本生产成本——乙产品　　　　　　　　　　　　　900

按年度计划分配率分配法分配制造费用，适用于季节性生产企业，可以使企业旺季与淡季的制造费用均衡地计入产品生产成本。采用这种分配方法时，制定的计划成本应尽可能接近实际，否则，年度制造费用的计划数脱离实际过大，就会影响成本计算的准确性。

任务三　废品损失和停工损失的核算

一、废品损失的核算

在工业企业的生产过程中，常常会由于制造了不合格产品而发生废品损失。废品损失是与产品生产直接有关的损失，因此在进行成本、费用的核算时，还应进行废品损失的核算。

（一）废品及废品损失的含义

1. 废品

生产中的废品，是指不符合规定的技术标准，不能按照原定用途使用，或者需要加工修理才能使用的在产品、半成品或产成品。不论是在生产过程中发现的废品，还是在入库后发现的废品，都应包括在内。

废品按修复的可能性和经济性，分为可修复废品和不可修复废品。可修复废品，是指经过修理可以使用，而且所花费的修复费用在经济上合算的废品（具备两个条件）；不可修复废品，则指不能修复，或者所花费的修复费用在经济上不合算的废品（具备一个条件）。

2. 废品损失

废品损失包括在生产过程中发现的、入库后发现的各种废品的报废损失和修复费用。具体而言：不可修复废品产生的损失，是指不可修复废品的成本扣除回收的残料价值及责任人赔偿后的净额；可修复废品产生的损失，是指可修复废品在返修过程中发生的修复费用扣除回收的残料价值及责任人赔偿后的净额。企业发生的废品损失应计入合格产品的成本。

【知识拓展】

下列情况不作为废品损失：

（1）经过质检部门鉴定不需要返修、可以降价出售的不合格品的损失；

（2）产成品入库后，由于保管不善等而损坏变质的损失；

（3）实行包退、包修、包换"三包"的企业，在产品出售后发现的废品所发生的一切损失。

（二）废品损失的一般核算

废品损失核算的意义在于正确反映和监督废品损失的发生情况，以便分析原因，采取措施，努力减少废品。正确组织废品损失的核算，对改进生产技术、提高产品质量、降低产品成本，都有着重要意义。

废品损失的核算方式有两种：不单独核算废品损失和单独核算废品损失。

在不单独核算废品损失的企业，可修复废品只扣除产量，而不结转成本。可修复废品的修复费用应直接记入"生产成本——基本生产成本"明细账的有关成本项目中，废品的残料价值及责任人的赔偿可直接冲减"生产成本——基本生产成本"明细账中的"直接材料""直接人工"成本项目。该方法核算简便，适用于产品生产中不易产生废品、管理上不需要单独核算废品损失的企业。

在单独核算废品损失的企业，可以单独设置"废品损失"总账账户，并按基本生产车间、产品品种设置账页，分别按成本项目设置专栏进行废品损失的明细核算；也可以在"生产成本——基本生产成本"总账账户下设置"废品损失"二级账户。"废品损失"账户借方登记不可修复废品的生产成本和可修复废品的修复费用；贷方登记废品残料回收的价值、应收的赔款以及转出的废品净损失；该账户月末一般无余额。下面介绍单独核算废品损失的企业对废品损失的归集与分配。

1. 不可修复废品损失的归集和分配

不可修复废品与合格品同时产生于加工过程中，不可修复废品成本与合格品成本都归集在产品"生产成本"明细账中。进行不可修复废品损失的归集，应先计算废品报废时已经发生的废品生产成本，然后扣除废品残值，计算废品报废损失，再扣除过失人赔款，即得出废品净损失。上述计算过程通常需要编制不可修复废品损失计算表，并以该表为核算依据，结转废品损失。不可修复废品的生产成本可按实际成本分配，也可按定额成本分配。确定不可修复废品的实际成本后，要将其从生产成本明细账结转到废品损失明细账中，单独反映。

2. 按实际成本计算的不可修复废品损失

按实际成本计算废品损失，就是在废品报废时，对废品和合格品所发生的全部实际费用，采用一定的分配方法，在合格品与废品之间分配，计算出废品的实际成本，从"生产成本——基本生产成本"账户转入"废品损失"账户。

【例 3-9】2023 年 6 月，广州远洋纺织品有限公司基本生产车间生产甲产品，合格品数量为 1 000 件，废品数量为 100 件。共发生工时 20 000 小时，其中废品工时为 1 500 小时。共发生以下费用：材料费用 66 000 元，人工费用 55 000 元，制造费用 22 000 元。不可修复废品残值 200 元。原材料在生产开工时一次性投入，故原材料费用按合格品数量与废品数量之比分配；其他费用按生产工时比例分配。根据上述经济业务编制该公司废品损失计算表，见表 3-10。

表 3-10   废品损失计算表（按实际成本计算）

车间名称：基本生产车间   2023 年 6 月   产品名称：甲产品

项目	数量/件	直接材料/元	生产工时/时	直接人工/元	制造费用/元	金额合计/元
费用总额	1 100	66 000	20 000	55 000	22 000	143 000
费用分配率		60		2.75	1.1	
废品成本	100	6 000	1500	4 125	1 650	11 775

续表

项目	数量/件	直接材料/元	生产工时/时	直接人工/元	制造费用/元	金额合计/元
减：回收残料价值		200				200
废品损失		5 800		4 125	1 650	11 575

根据该公司废品损失计算表，按实际成本计算结转废品损失并做有关账务处理。

（1）结转废品生产成本（实际成本）。

 借：废品损失——甲产品   11 775

   贷：生产成本——基本生产成本——甲产品   11 775

（2）回收残料价值。

 借：原材料   200

   贷：废品损失——甲产品   200

（3）将废品净损失转入合格品成本。

 借：生产成本——基本生产成本——甲产品——废品损失 11 575

   贷：废品损失——甲产品   11 575

根据资料及会计分录登记废品损失明细账和生产成本明细账，见表3-11和表3-12。

表3-11 废品损失明细账

产品名称：甲产品   2023年6月   单位：元

2023年 月	日	摘要	直接材料	直接人工	制造费用	合计
6	30	转入不可修复废品损失（表3-10）	6 000	4 125	1 650	11 775
	30	回收残料	200			200
	30	结转废品损失	5 800	4 125	1 650	11 575

表3-12 生产成本明细账

车间名称：基本生产车间   产品名称：甲产品   2023年6月   单位：元

2023年 月	日	摘要	直接材料	直接人工	制造费用	废品损失	合计
6	30	根据材料分配汇总表	66 000				66 000
	30	根据工资费用分配表		55 000			55 000
	30	根据制造费用分配表			22 000		22 000
	30	转出不可修复废品损失	6 000	4 125	1 650		11 775
	30	转入不可修复废品净损失				11 575	11 575
	30	本月生产费用合计	60 000	50 875	20 350	11 575	142 800

3. 按定额成本计算不可修复废品损失的核算

按定额成本计算废品损失，就是按废品数量和废品的各项费用定额计算废品的定额成本，再将废品的定额成本扣除废品残料的回收价值，计算出废品损失，而不考虑废品实际发生的费用。

【例3-10】2023年6月，广州远洋纺织品有限公司基本生产车间产品完工验收入库时，发现乙产品有100件为不可修复废品，回收残料价值3 000元，按定额成本计算废品成本和废品损失。

编制废品损失计算表，见表3-13。

表3-13　　　　　　　　　　　废品损失计算表（按定额成本计算）

车间名称：基本生产车间　　　产品名称：乙产品　　　2023年6月　　　废品数量：100件　　　金额单位：元

项目	原材料	人工费用	制造费用	合计
费用定额	60	80	100	240
废品定额成本	6 000	8 000	10 000	24 000
减：回收残料价值	3 000			3 000
废品损失	3 000	8 000	10 000	21 000

根据表3-13编制如下会计分录。

（1）结转废品生产成本（定额成本）。

借：废品损失——乙产品　　　　　　　　　　　　　　　24 000

　　贷：生产成本——基本生产成本——乙产品——原材料　　　6 000

　　　　——基本生产成本——乙产品——人工费用　　　8 000

　　　　——基本生产成本——乙产品——制造费用　　　10 000

（2）回收残料价值。

借：原材料　　　　　　　　　　　　　　　　　　　　　3 000

　　贷：废品损失——乙产品　　　　　　　　　　　　　　3 000

（3）将废品净损失转入合格品成本。

借：生产成本——基本生产成本——乙产品——废品损失　　21 000

　　贷：废品损失——乙产品　　　　　　　　　　　　　　21 000

4. 可修复废品损失的核算

可修复废品损失是指废品在修复过程中所发生的各项修复费用。在可修复废品返修以前发生的生产费用归集在"生产成本——基本生产成本"账户，不必转出，因为它不是废品损失。返修时发生的修复费用为废品损失，应根据各种费用分配表等记入"废品损失"账户。如有残值和应收赔款，应冲减废品损失。修复完毕，将废品损失（修复费用减去残值和赔款）从"废品损失"账户的贷方转入"生产成本——基本生产成本"账户的借方及有关成本明细账的"废品损失"成本项目。

【例3-11】2023年6月，广州远洋纺织品有限公司基本生产车间产品完工验收入库时，发现乙产品有50件为可修复废品。为修复该批废品，耗用材料800元，生产工时40小时。本月人工费用分配率3元/时，制造费用分配率4元/时，应收过失人赔款300元。

可修复废品的净损失=800+40×（3+4）-300=780（元）

编制会计分录如下。

借：废品损失——乙产品　　　　　　　　　　　　　　　1 080

　　贷：原材料　　　　　　　　　　　　　　　　　　　800

　　　　应付职工薪酬　　　　　　　　　　　　　　　　120

　　　　制造费用　　　　　　　　　　　　　　　　　　160

借：其他应收款——过失人赔偿款　　　　　　　　　　　300

　　贷：废品损失——乙产品　　　　　　　　　　　　　　300

借：生产成本——基本生产成本——乙产品　　　　　　　　　780

贷：废品损失——乙产品　　　　　　　　　　　　　　　　780

二、停工损失的核算

（一）停工损失的含义

停工损失是指生产车间或车间内某个班组在停工期间发生的各项费用，包括停工期内应负担的生产工人工资和福利费等职工薪酬、所耗用的燃料和动力费，以及应负担的制造费用。由过失单位或保险公司负担的赔款，应从停工损失中扣除。

（二）停工损失的一般核算

需要单独核算停工损失的企业，应增设"停工损失"科目，并在"生产成本——基本生产成本"明细账中增设"停工损失"成本项目，用以归集和分配停工损失。应由过失人或其他责任单位负担的赔款，以及保险赔款，应从停工损失中扣除。自然灾害引起的非正常停工损失，应作为营业外支出处理，不由产品成本负担；计划减产、原材料供应不足、设备故障等造成停工时间较长的，如主要车间连续停工一个月以上或全厂连续停产10天以上，停工损失也应按规定转作营业外支出；其他如固定资产修理期间的停工损失，应计入产品成本。为了简化核算，停工不满一个工作日的，一般不计算停工损失。季节性生产企业在停工期内的费用，应当采用待摊、预提的方法，由开工期内的生产成本负担，不作为停工损失。

在停工期间发生应计入停工损失的各种费用，根据各种费用分配表及其他相关凭证，借记"停工损失"科目，贷记"原材料""应付职工薪酬""制造费用"等科目。应获得赔偿的损失和应计入营业外支出的损失，均应从"停工损失"科目转出，分别转入"其他应收款"和"营业外支出"科目。应计入产品成本的停工损失，从"停工损失"科目转入"生产成本——基本生产成本"科目。

如果停工车间只生产一种产品，停工损失应直接记入该种产品成本明细账的"停工损失"成本项目；如果停工车间生产多种产品，则应采用适当的分配方法分配计入该车间各产品"停工损失"成本项目。通过上述归集和分配程序，"停工损失"科目应无月末余额。

不单独核算停工损失的企业，不设"停工损失"科目和"停工损失"成本项目。停工期间发生的属于停工损失的各种费用，直接记入"制造费用""其他应收款""营业外支出"等科目。这样核算比较简单，但不利于分析和控制停工损失。

【拓展阅读】

生产损失

生产损失是指企业在生产过程中由于材料质量不符合要求、生产工人违规操作、机器故障等而发生的各种损失。生产损失都是与产品生产直接有关的损失，因此，生产损失应由产品成本承担，是产品成本的组成部分。生产损失越多，产品成本就越高，企业的经济效益就越低，因此，必须加强对生产损失的控制，及时分析造成生产损失的原因，并加以防范。生产损失按其发生的原因可分为废品损失、停工损失以及在产品盘亏和毁损等。

素养提升

成本核算与生产管理

【情境】张华是某工厂的成本核算会计。2023年12月，该工厂车间发现辅助生产车间的供水和供电费用异常，当月的生产水平和前期保持一致，供水、供电费用是前期的三倍。经查，张华发现是由于在生产过程当中班组为了方便操作，在非生产时间内未进行断水、断电，造成辅助生产成本的大幅增加和资源浪费。张华对此情况做出了预警，并且报告相关部门建议整改。

【问题】成本会计是否只是对账务数据进行处理？张华的处理方法是否正确？

【提示】成本会计并非只是简单对账务数据的处理，更是企业管理当中重要的一个环节。水和电是人们生活中最常见的两种资源，也是企业制造生产环节不可缺失的生产资料。通过对辅助生产部门的水、电耗费进行直观且具体的核算，成本会计人员能够直接了解企业的生产运作状况，并对其做出分析和建议。张华对辅助生产车间的异常数据进行严谨的分析，查找原因，并给出合理的建议，是正确的工作态度。

【任务实施】

任务实施 3-1	参考答案 3-1	任务实施 3-2	参考答案 3-2	任务实施 3-3	参考答案 3-3
归集和分配 辅助生产费用	归集和分配 辅助生产费用	归集和分配 制造费用	归集和分配 制造费用	归集和分配 损失性费用	归集和分配 损失性费用

【项目小结】

本项目介绍了辅助生产费用、制造费用、废品损失和停工损失核算的内容，以及辅助生产费用、制造费用、废品损失和停工损失归集与分配的方法。

企业的辅助生产部门是为基本生产车间提供辅助产品或提供劳务专门设立的。辅助生产费用是指辅助生产车间在生产产品或提供劳务的过程中发生的各种耗费，包括直接材料、直接人工和制造费用，这些费用构成辅助生产产品或提供劳务的成本。辅助生产费用的归集与分配是通过"生产成本——辅助生产成本"科目进行的。该科目应按车间以及产品或劳务设立明细账，账内可以按成本项目或费用项目进行明细核算。为了正确计算企业的成本和费用，在分配辅助生产费用时可以采用以下方法：直接分配法、交互分配法、代数分配法、计划成本分配法和顺序分配法。

制造费用是指工业企业为生产产品或提供劳务而发生的，应该计入产品成本，但没有专设成本项目的各项生产费用。制造费用大部分是间接用于产品生产的费用。制造费用是产品成本的重要组成部分，企业计入产品成本的费用中，除了直接材料和直接人工之外，其余的费用一般都包括在制造费用之中，可以通过设置"制造费用"明细账进行归集。制造费用的承担对象主要是生产的产品，可于月末将本期实际发生的制造费用归集汇总之后，分配到各承担对象。分配制造费用的方法通常有生产工人工时比例法、机器工时比例法、生产工人工资比例法和年度计划分配率分配法。

　　企业在生产过程中，不可避免地会产生一些损失。企业生产过程中发生的各种损失，称为生产损失。生产损失一般包括废品损失和停工损失两类。废品的种类不同，废品损失的核算方法也有所不同。因此，若要准确地核算废品损失，有必要对废品进行分类。常见的分类方法是按废品的废损程度和在经济上是否具有修复价值，将废品分为可修复废品和不可修复废品两类。

　　停工损失是指企业的生产车间或车间内某个班组在停工期间所发生的各项费用。为单独核算停工损失，在会计科目中应增设"停工损失"科目。

 【巩固练习】

一、单项选择题

1. 辅助生产费用的直接分配法是指（　　　）。

　　A. 先将辅助生产费用在辅助生产车间之间交互分配，然后再对外分配

　　B. 先将辅助生产费用对外分配，然后在辅助生产车间之间交互分配

　　C. 将各辅助生产车间的辅助生产费用直接向辅助生产部门以外的受益单位分配

　　D. 将各辅助生产车间的辅助生产费用直接向所有的受益单位分配

2. 各种辅助生产费用分配方法中，（　　　）的分配结果最准确。

　　A. 交互分配法　　　　　　　　　　　B. 直接分配法

　　C. 计划成本分配法　　　　　　　　　D. 代数分配法

3. 辅助生产费用的顺序分配法，基本要求是（　　　）。

　　A. 受益少的分配在前，受益多的分配在后

　　B. 费用少的分配在前，费用多的分配在后

　　C. 受益多的分配在前，受益少的分配在后

　　D. 费用多的分配在前，费用少的分配在后

4. 生产车间领用的一般性工具、用具，应记入（　　　）账户。

　　A. "销售费用"　　B. "制造费用"　　C. "生产成本"　　D. "管理费用"

5. 车间厂房的折旧应记入（　　　）账户。

　　A. "生产成本"　　B. "辅助生产成本"　C. "制造费用"　　D. "管理费用"

6. 按生产工人工时比例分配制造费用，适用于（　　　）的企业。

　　A. 各种产品的机械化程度都很低　　B. 各种产品的机械化程度都很高

　　C. 各种产品的机械化程度相差不大　　D. 各种产品的机械化程度相差较大

7. 下列各项中，属于废品损失的是（　　　）。

　　A. 实行"三包"的企业在产品出售后发现废品的损失

　　B. 不需要返修、可以降价出售的不合格品的损失

　　C. 产品入库后由于保管不善而损坏变质的产品的损失

　　D. 生产过程中产生的不可修复废品的生产成本

8. 结转废品净损失时，应借记（　　　）账户。

　　A. "生产成本"　　　　B. "制造费用"　　　　C. "废品损失"　　　　D. "管理费用"

二、多项选择题

1. 废品按其报废程度和修复价值，可分为（　　　）。

　　A. 废品损失　　　B. 可修复废品　　　C. 不可修复废品　　D. 修复费用

2. 采用年度计划分配率分配法，"制造费用"账户可能（　　　）。

    A. 有月末余额　　　B. 有年末余额　　　C. 无余额　　　　　D. 有月末借方余额

3. 辅助生产车间可不设"制造费用"账户的原因有（　　　）。

    A. 辅助生产车间数量较少　　　　　　　B. 辅助生产车间数量较多

    C. 辅助生产车间不对外提供产品　　　　D. 辅助生产车间规模较小

4. 辅助生产成本的分配方法有（　　　）。

    A. 直接分配法　　　　　　　　　　　　B. 交互分配法

    C. 生产工人工时比例法　　　　　　　　D. 顺序分配法

5. 制造费用的分配方法有（　　　）。

    A. 生产工人工时比例法　　　　　　　　B. 机器工时比例法

    C. 年度计划分配率分配法　　　　　　　D. 直接分配法

三、判断题

1. "生产成本——辅助生产成本"账户月末如果有余额，余额一定在借方。　　　　　　（　　　）

2. 在按年度计划分配率分配法分配制造费用的车间中，月末"制造费用"账户无余额。

    （　　　）

3. 车间管理人员工资应计入制造费用。　　　　　　　　　　　　　　　　　　　（　　　）

4. 辅助生产费用的交互分配法下，先进行辅助生产车间之间的交互分配，再进行对外分配。

    （　　　）

5. 采用辅助生产费用代数分配法，计算结果最为准确。　　　　　　　　　　　　（　　　）

四、案例分析题

1. 某企业设供电和维修两个辅助生产车间，本月供电车间发生生产费用 56 250 元，维修车间发生生产费用 22 500 元。计划单位成本：电费为 1 元/（千瓦·时），维修费为 4.5 元/时。辅助生产车间劳务供应量如表 3-14 所示。

表 3-14　　　　　　　　　　　辅助生产车间提供的劳务量汇总表

受益对象		供电量/（千瓦·时）	维修量/时
辅助生产部门	供电车间	—	500.00
	维修车间	5 000.00	—
基本生产部门	甲产品	18 000.00	1 500.00
	乙产品	15 000.00	1 800.00
	一般耗用	5 000.00	500.00
销售部门		1 000.00	100.00
行政管理部门		1 000.00	100.00
合计		45 000.00	4 500.00

任务 1：采用直接分配法分配辅助生产费用，填写表 3-15，编制会计分录。

表 3-15　　　　　　　　　　　辅助生产费用分配表（直接分配法）

项目	供电车间		维修车间		金额合计/元
	供电量/（千瓦·时）	金额/元	维修量/时	金额/元	
待分配费用	—		—		
对外提供的劳务数量		—		—	—

续表

项目		供电车间		维修车间		金额合计/元
		供电量/（千瓦·时）	金额/元	维修量/时	金额/元	
费用分配率（单位成本）						—
基本生产成本	甲产品					
	乙产品					
制造费用						
销售费用						
管理费用						
合计						

任务2：采用交互分配法分配辅助生产费用，填写表3-16，编制会计分录。

表3-16　　　　　　　　　辅助生产费用分配表（交互分配法）

项目			供电车间		维修车间		金额合计/元
			供电量/（千瓦·时）	金额/元	维修量/时	金额/元	
交互分配	待分配费用		—		—		
	提供产品或劳务数量			—		—	
	费用分配率						—
	辅助生产成本	供电车间	—	—			
		维修车间			—	—	
对外分配	待分配实际费用		—		—		
	对外提供的劳务数量			—		—	
	费用分配率（单位成本）						—
	基本生产成本	甲产品					
		乙产品					
	制造费用						
	销售费用						
	管理费用						
	合计						

任务3：采用计划成本分配法分配辅助生产费用，填写表3-17，编制会计分录。

表3-17　　　　　　　　　辅助生产费用分配表（计划成本分配法）

项目		供电车间		维修车间		金额合计/元
		供电量/（千瓦·时）	金额/元	维修量/时	金额/元	
计划单位成本		1元/（千瓦·时）		4.5元/时		—
辅助生产成本	供电车间	—	—			
	维修车间			—	—	
基本生产成本	甲产品					
	乙产品					

续表

项目	供电车间		维修车间		金额合计/元
	供电量/（千瓦·时）	金额/元	维修量/时	金额/元	
制造费用					
销售费用					
管理费用					
合计					
辅助生产费用借方金额	—		—		
成本差异调整	—		—		

任务 4：采用代数分配法分配辅助生产费用，填写表 3-18，编制会计分录。

表 3-18　　　　　　辅助生产费用分配表（代数分配法）

项目		供电车间		维修车间		金额合计/元
		供电量/（千瓦·时）	金额/元	维修量/时	金额/元	
计划单位成本		1.32 元/（千瓦·时）		6.48 元/时		—
辅助生产成本	供电车间	—	—			
	维修车间			—	—	
基本生产成本	甲产品					
	乙产品					
制造费用						
销售费用						
管理费用						
合计						
辅助生产费用借方金额		—		—		
成本差异调整		—		—		

2. 某企业基本生产车间生产 A、B 两种产品，本月基本生产车间发生制造费用 100 000 元，本月 A 产品生产工人工资为 20 000 元，B 产品生产工人工资为 30 000 元。

任务：分配本月制造费用并编制会计分录。

拓展项目：助理会计师考试练习

1.（单项选择）某企业采用计划成本分配法分配辅助生产费用。2025 年 8 月分配辅助生产费用前，供水车间发生生产费用 181 800 元，其中为基本生产车间供水 5 000 吨，为行政管理部门供水 1 000 吨，供水车间每吨供水耗费的计划成本为 30 元。不考虑其他因素，当月基本生产车间应负担的水费为（　　）元。

　　A. 151 500　　　　　B. 31 800　　　　　C. 150 000　　　　　D. 181 800

2.（单项选择）下列各项中，关于辅助生产费用直接分配法的表述正确的是（　　）。

　　A. 适用于辅助生产内部相互提供产品或劳务较多的情况

　　B. 直接分配法计算复杂，分配结果准确

　　C. 直接将辅助生产费用在辅助生产车间之间进行分配

　　D. 直接将辅助生产费用分配给辅助生产车间以外的各受益单位

3. （多项选择）下列各项中，属于制造费用分配方法的有（　　　）。

    A. 年度计划分配率分配法　　　　　　　B. 生产工人工资比例法

    C. 生产工人工时比例法　　　　　　　　D. 机器工时比例法

4. （判断）企业采用计划成本法分配辅助生产费用，辅助生产实际发生的成本与计划成本的差额计入制造费用。（　　　）

5. （判断）生产车间多的企业，企业把制造费用汇总后再分配。（　　　）

6. （综合）某企业采用品种法计算甲产品成本，2024年12月该企业仅生产甲产品一种产品，为生产产品所发生的费用资料如下。

① 月初在产品100件，本月投入生产500件。本月完工480件，月末在产品120件。

② 采用在产品按定额成本计价法，将生产成本在完工产品与在产品之间进行分配。在产品单位定额成本为：直接材料100元，直接人工70元，制造费用30元。

③ 本月甲产品生产车间实际发生费用如下：生产产品耗用主要材料及辅助材料为500 000元，生产工人薪酬为400 000元，车间管理人员薪酬为100 000元，车间已发生未支付的水电费为20 000元，车间计提固定资产折旧费50 000元，计提非专利技术（该非专利技术包含的经济利益通过生产产品实现）摊销费34 000元。

要求：根据上述资料，不考虑其他因素，分析回答下列问题。

（1）根据资料①和②，下列各项中，甲产品月初在产品的成本计算结果表述正确的是（　　　）。

    A. 直接材料为10 000元　　　　　　　　B. 在产品成本总额为20 000元

    C. 直接人工为7 000元　　　　　　　　　D. 制造费用为3 000元

（2）根据资料③，下列各项中，甲产品12月发生生产费用的会计处理正确的是（　　　）。

    A. 车间管理人员薪酬

    借：管理费用　　　　　　　　　　　　　100 000

      贷：应付职工薪酬　　　　　　　　　　　　100 000

    B. 耗用原材料及辅助材料

    借：生产成本　　　　　　　　　　　　　500 000

      贷：原材料　　　　　　　　　　　　　　　500 000

    C. 生产工人薪酬

    借：生产成本　　　　　　　　　　　　　400 000

      贷：应付职工薪酬　　　　　　　　　　　　400 000

    D. 车间发生的水电费

    借：管理费用　　　　　　　　　　　　　20 000

      贷：应付账款　　　　　　　　　　　　　　20 000

（3）根据资料③，甲产品12月发生的制造费用总额为（　　　）元。

    A. 184 000　　　　B. 104 000　　　　C. 100 000　　　　D. 204 000

学习测评表

项目四

生产费用在完工产品与在产品之间分配的核算

知识目标

1. 了解在产品、产成品的概念，理解在产品数量与产品成本计算的关系；
2. 掌握在产品数量的确定方法；
3. 熟练掌握在产品成本计算的方法及其适用范围。

能力目标

1. 能够正确进行在产品收、发、存的核算及在产品台账的填制；
2. 能够正确进行生产费用的归集，并能够将相关数据填入产品成本计算单；
3. 能够采用约当产量比例法对不同投料方式进行投料率的计算及完工率的计算；
4. 能够编制完工产品成本汇总表，并能够进行账务处理。

素质目标

1. 培养企业战略思维和成本分析能力；
2. 理解成本分配对企业财务管理的影响，树立社会责任观念。

知识导图

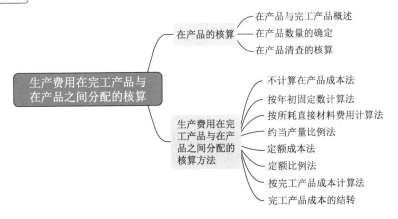

案例导入

完成了综合费用的分配，目前鸿运机械厂的生产费用都已归集到相应的产品成本明细账上了。根据鸿运机械厂的成本核算要求，生产费用在完工产品和在产品之间的分配采用约当产量比例法，生产过程中所需的原材料都在生产开始时一次性投入，各车间在产品完工程度均为 50%，废品损失由完工产品负担。各车间完工产品及在产品情况见任务资料 4-1。

任务发布

根据鸿运机械厂生产成本明细账中归集的生产费用，计算出铁铸件和铝铸件的总成本和单位成本，编制相应的自制半成品成本计算单。根据加工车间车床、铣床和组装车间车床、铣床产品的本期发生额数据，编制相应的完工产品、在产品成本计算单，计算出完工产品成本和在产品成本。根据自制半成品成本计算单和完工产品、在产品成本计算单，编制记账凭证，登记有关生产成本明细账。

任务一　在产品的核算

一、在产品与完工产品概述

（一）在产品的含义

在产品，也称为在制品，是指企业已经投入生产，但尚未完工，不能进行销售的产品。在产品有广义和狭义之分。广义的在产品是就整个企业来说的，是指产品生产从投料开始到最终制成产成品验收入库前的一切未完工产品。在产品具体包括以下几种。

（1）正在加工或装配中的零件、部件和半成品。

（2）已经完成一个或多个生产步骤，但还需要继续加工的存放在仓库中的半成品。

（3）尚未验收入库的产成品。

（4）正在返修和等待返修的废品等。

对外销售的自制半成品不包括在在产品之内，不可修复废品也不包括在在产品之内。

狭义的在产品是就某一生产单位或某一生产步骤来说的，仅指正在加工或装配中的那部分在产品以及处在修复过程中的废品，不包括车间或生产步骤完工的半成品。本项目讨论的在产品指的是狭义的在产品。

（二）完工产品的含义

完工产品也有广义和狭义之分。狭义的完工产品是指已经完成全部生产过程并验收合格入库，随时可供销售的产品，即产成品。广义的完工产品不仅包括产成品，还包括完成部分生产过程，已由生产车间交半成品仓库验收，但是尚未完成全部生产过程，有待进一步加工的自制半成品。制造业企业的本期完工产品，一般只指最终完工的产成品。

（三）期末在产品与本期完工产品的关系

期末在产品与本期完工产品的关系是指期末在产品与本期完工产品在承担费用（划分产品成本）方面的关系。企业通常需要按月计算产品成本，期末在产品与本期完工产品一般也就是指月末在产品与本月完工产品。

通过前面项目所讲述的要素费用、辅助生产费用、制造费用、废品损失和停工损失等一系列费用的归集和分配过程，企业本月发生的各项生产费用已经全部汇集到了"生产成本——基本生产成本"账户及所属各产品成本明细账中。该账户的本期发生额，就是本期发生的应计入产品成本的全部费用，而且每一种产品的明细账中都相应归集了应计入该种产品成本的全部费用。对每一种产品而言，需要计算其生产成本，应将本期发生的生产费用加上账户中的期初余额（即期初在产品成本），并将本期发生费用和期初余额之和在本期完工产品和期末在产品之间进行分配，从而计算出本期产成品的成本。对于某种产品，如果期末没有在产品，全部产品均已完工，则该产品"生产成本——基本生产成本"明细账户中归集的全部生产费用都是完工产品成本。如果期末全部产品均未完工，则该产品"生产成本——基本生产成本"明细账户中归集的全部生产费用都是在产品成本。这两种情况下，生产的产品月末要么全部完工，要么全部未完工，因而不涉及月末生产费用在完工产品和在产品之间进行归集与分配的问题。但这是比较特殊的情况，实际上，企业更容易碰到的情况是：期末既有完工产品，又有在产品。这就需要将所生产产品"生产成本——基本生产成本"账户中归集的生产费用，即该产品本月发生的生产费用加上月初在产品的生产费用，采用适当的方法，在本月完工产品和月末在产品之间进行分配，分别计算出本月完工产品成本和月末在产品成本。这是成本核算中的一个重要环节，只有通过这一程序，才能计算出各种产品的成本和单位成本，达到成本核算的最终目的。

在产品和完工产品的关系可从两方面表示。

从数量上看：

月初在产品数量+本月投产数量=本月完工产品数量+月末在产品数量

在月初在产品数量和本月投产数量一定的情况下，本月完工产品数量越大，月末在产品数量就越小。

从价值上看：

月初在产品成本+本月生产费用=本月完工产品成本+月末在产品成本

从该公式等号左边两项可知，需要将这两项在本月完工产品和月末在产品之间进行分配，从而得出完工产品成本。在本月完工产品和月末在产品之间分配费用的方法通常有两种：一种是先确定月末在产品费用，再计算本月完工产品费用；另一种是将等号左边两项之和在等号右边两项之间按照一定的分配比例进行分配，同时算出本月完工产品费用和月末在产品费用。无论采用哪一种分配方法，都必须正确组织在产品数量核算，取得在产品收入、发出和结存的数量资料。在产品的数量核算资料应同时具备账面核算和实际盘点的资料，因此，企业一方面要做好在产品收入、发出和结存（简称收、发、存）的日常核算工作，另一方面要做好在产品的定期清查工作。

二、在产品数量的确定

企业在产品品种规格多，在产品又处于不断流动之中，在产品数量的日常核算是一个比较复杂的问题。从加强实物管理的角度出发，企业必须设置有关凭证、账簿，来反映在产品的收入、转出（发出）和结存情况。在产品数量的核算通常有两种方式：①通过账面核算资料确定；②通过月末实地盘点确定。在实际工作中，往往将两种方法结合使用，通过账面核算反映在产品的理论结存数量，通过实地盘点确定在产品的实际结存数量，两者差额表现为在产品的盘点溢余或短缺的数量。

采用第一种方法确定在产品数量，要求企业设置在产品收发结存账，也称为在产品台账，通过登记在产品台账，反映在产品的数量。在产品台账分车间、工序，按在产品品种和在产品的名称设置，由车间的核算人员根据相关单据进行登记，全面反映每个车间、工序的在产品收、发、存的数量变化情况。在产品台账的一般格式见表4-1。

表4-1 在产品台账

生产单位：一车间　　　　　　　　　　在产品名称：甲在产品　　　　　　　　　　单位：件

| 2023 | | 摘要 | 收入 | | 发出 | | | 结存 | | 备注 |
月	日		凭证号	数量	凭证号	合格品	废品	完工	未完工	
8	1	上月结转							300	
	1	生产投入	3 001	600					900	
	1	完工转出			3 002	700	10		190	
	2	生产投入	3 003	800					990	
	2	完工转出			3 004	650	0		340	
	……	……	……	……	……	……	……	……	……	……
	31	合计		20 000		19 800	100		400	

【知识拓展】

什么是台账

台账是在作业过程中由作业人员从机台记录中直接记录的数据，一般是在工作台上完成的，所以叫台账。台账一般在物资盘存记录中使用，就是保管账、作业（业务）流水账、产品工序交接表等的统称，不过比会计的明细账更全面，记录了每种物资以及它们流转的每一个细节。台账可以直接反映每种物资收、发、存的情况，是仓库保管员、生产统计员等进行记录、核算与管理的主要手段。

三、在产品清查的核算

在产品的管理与固定资产及存货的管理一样，应该定期或不定期地进行清查盘点，以做到在产品账实相符，保护在产品实物的安全完整。在产品清查一般在月末结账前进行，并采用实地盘点法，盘点结果应填制在产品盘存表（见表4-2），并与在产品台账进行核对。如有不符，还应填制在产品盘盈盘亏报告表（见表4-3），列明在产品的账面数、实有数、盘盈盘亏数，以及盘盈盘亏的原因和处理意见等，对于报废和毁损的在产品还要登记残值。企业会计人员应对在产品盘存表进行认真审核，并报经有关部门审批后，对清查的结果进行相应的会计处理。

表4-2 在产品盘存表

车间：加工车间　　　　　　　　　　2023年8月31日　　　　　　　　　　第1联

在产品名称	型号规格	单位	盘点数量	下单数量	单位成本/元	总成本/元	在产品完工率	备注
通用件		件	1 010	1 000	500		50%	收发计量错误所致

主管：张×　　　　　　审核：李×　　　　　　保管：王×　　　　　　盘点：赵×

表 4-3　　　　　　　　　　　　　　在产品盘盈盘亏报告表

车间：加工车间　　　　　　　　　　　　　2023 年 8 月 31 日　　　　　　　　　　　　第 1 联

在产品名称	型号规格	单位	盘点数量	下单数量	单位成本/元	总成本/元	在产品完工率	备注
通用件		件	1 010	1 000	500			盘盈 10 件，记入成本

主管：张×　　　　　　　　审核：李×　　　　　　　　保管：王×　　　　　　　　盘点：赵×

企业会计人员应对在产品盘盈盘亏的数量、原因及处理意见，在进行认真审核并报经有关部门和领导审批后，进行相应的账务处理。

1. 盘盈的账务处理

（1）发现盘盈时。

借：生产成本——基本生产成本——×产品

　　贷：待处理财产损溢——待处理流动资产损溢

（2）批准后核销时。

借：待处理财产损溢——待处理流动资产损溢

　　贷：管理费用

2. 盘亏或毁损的账务处理

（1）发现盘亏或毁损时。

借：待处理财产损溢——待处理流动资产损溢

　　贷：生产成本——基本生产成本——×产品

（2）回收毁损在产品残值。

借：原材料

　　贷：待处理财产损溢——待处理流动资产损溢

（3）批准后核销时，区别不同情况处理。

借：其他应收款（应收过失人或保险公司赔款）

　　管理费用（无法收回的损失）

　　营业外支出（非正常损失的净损失）

　　贷：待处理财产损溢——待处理流动资产损溢

应注意的是，如果在产品发生非正常损失（因管理不善、人为原因造成的；因不可抗力损失货物不属于非正常损失，相关进项税额无须转出，可正常抵扣），其应负担的增值税进项税额也应转出，借记"待处理财产损溢"科目，贷记"应交税费——应交增值税（进项税额转出）"科目。

【例 4-1】维特公司基本生产车间在产品的清查结果如下：A 产品在产品盘盈 5 件，单位定额成本 50 元；B 产品在产品盘亏 10 件，单位定额成本 60 元，系人为原因导致损失，过失人赔偿 200 元，毁损在产品所用原材料应负担的增值税为 52 元；C 产品在产品毁损 200 件，系自然灾害损失，单位定额成本 20 元，毁损在产品所用原材料应负担的增值税进项税额为 600 元，残料入库价值 500 元，应由保险公司赔偿 1 500 元，其余损失经批准计入管理费用。根据上述情况编制会计分录如下。

1. A 产品在产品盘盈的核算

（1）盘盈时。

借：生产成本——基本生产成本——A 产品　　　　250

　　　贷：待处理财产损溢——待处理流动资产损溢　　　　250

（2）经批准，冲减管理费用时。

借：待处理财产损溢——待处理流动资产损溢　　　250

　　　贷：管理费用　　　　250

2. B 产品在产品盘亏的核算

（1）盘亏时。

借：待处理财产损溢——待处理流动资产损溢　　　652

　　　贷：生产成本——基本生产成本——B 产品　　　　600

　　　　应交税费——应交增值税（进项税额转出）　　　　52

（2）经批准，处理时。

借：其他应收款　　　　200

　　管理费用　　　　452

　　　贷：待处理财产损溢——待处理流动资产损溢　　　　652

3. C 产品在产品毁损的核算

（1）发生毁损时。

借：待处理财产损溢——待处理流动资产损溢　　　4 000

　　　贷：生产成本——基本生产成本——C 产品　　　　4 000

（2）残料入库时。

借：原材料　　　　500

　　　贷：待处理财产损溢——待处理流动资产损溢　　　　500

（3）经批准，处理时。

借：其他应收款——保险公司　　　　1 500

　　管理费用　　　　2 000

　　　贷：待处理财产损溢——待处理流动资产损溢　　　　3 500

任务二　生产费用在完工产品与在产品之间分配的核算方法

通过前述对各要素费用的归集和分配，应计入本月各种产品成本的费用都已记入了“基本生产成本”账户的借方，并按成本项目分别登记在各自的产品成本计算单（即产品生产成本明细账）中。如果当月产品全部完工，则生产成本明细账中的生产费用总和为该产品的完工成本；如果当月产品全部没有完工，则产品生产成本明细账所归集的生产费用就是该产品的在产品成本。然而，本月投入生产的产品月末不一定全部完工，为了正确计算当期完工产品成本，必须将生产费用的总和在完工产品和月末在产品之间进行合理分配。

在产品成本与完工产品成本之和就是产品的生产费用总额。由于本期期末在产品成本就是下期期初在产品成本，因此，在产品成本与完工产品成本的计算关系可用以下公式表示。

月初在产品成本＋本月生产费用＝本月完工产品成本＋月末在产品成本

为了理解上述公式，将月初在产品成本、本月生产费用、本月完工产品成本和月末在产品成本四者之间相互关系的公式移项为：

本月完工产品成本=本月生产费用+月初在产品成本-月末在产品成本

从上述公式不难看出，确定完工产品成本的方法有三种。

（1）先确定在产品成本，即先对在产品计价，然后将汇总的生产耗费减去在产品成本，以求得完工产品成本，具体包括不计算在产品成本法、在产品按固定成本计价法、在产品按完工产品成本计算法、在产品按定额成本计价法。

（2）先确定完工产品和在产品成本的分配标准，求得分配率，然后根据分配标准和分配率同时计算出完工产品与在产品的成本，具体包括约当产量比例法和定额比例法。

（3）根据各成本项目成本的比重大小和成本核算的重要性，对所占成本比重较大的主要成本项目的成本，在完工产品与在产品成本之间进行分配，其余成本项目的成本全部由完工产品负担，具体包括在产品按所耗直接材料费用计价法。

如何既合理又简便地在完工产品和月末在产品之间分配生产费用是产品成本计算工作中一个重要且复杂的问题。企业应根据月末在产品数量的多少、各月在产品数量变化的大小、各项要素费用在产品成本中所占比重的大小、各项定额制定的准确性和定额管理基础的好坏等具体条件来选择适当的分配方法。生产费用在完工产品与在产品之间分配的常用方法有七种，分别是不计算在产品成本法、在产品按年初固定数计算法、在产品按所耗直接材料费用计算法、约当产量比例法、在产品按定额成本计算法、定额比例法和在产品按完工产品成本计算法。

一、不计算在产品成本法

不计算在产品成本法，简称不计成本法，是指月末在产品不计算成本，本期归集的生产费用全部由本期完工产品承担的方法。

它的特点是有月末在产品，但不计算其应负担的生产费用，本月发生的生产费用全部由本月完工产品负担。这种方法适用于月末在产品数量很少，价值很低，是否计算其成本对完工产品成本影响很小的企业。从管理上来讲，这类企业计算在产品成本的意义不大，因此根据重要性原则，为简化产品成本核算工作，可以不计算月末在产品成本。例如，自来水生产企业、发电企业、采掘企业等，由于在产品数量很少，价值又较低，月末在产品就可以不计算成本。

采用这种方法，本月完工产品的总成本等于当月该种产品发生的（应负担的）全部生产费用，并且账面上没有期末在产品成本。用计算公式表示为：

$$本月完工产品成本=本月发生生产费用$$

$$本月完工产品单位成本=\frac{本月该产品总成本}{本月该产品完工数量}$$

【例4-2】维特公司大量生产甲产品，因为甲产品生产周期较短，月末在产品数量很少，采用不计算在产品成本法。2023年8月，甲产品成本计算单登记的生产费用总额为420 000元，其中，直接材料210 000元，直接人工120 000元，制造费用90 000元。本月完工入库甲产品3 000件。根据本月发生的生产费用资料，甲产品本月完工产品实际总成本和单位成本的计算见表4-4。

表 4-4 　　　　　　　　　　产品成本计算单　　　　　　　　　　产量：3 000 件

产品：甲产品　　　　　　　　　　　2023 年 8 月　　　　　　　　　　单位：元

摘要	直接材料	直接人工	制造费用	合计
本月生产费用	210 000	120 000	90 000	420 000
本月完工产品总成本	210 000	120 000	90 000	420 000
本月完工产品单位成本	70	40	30	140

根据成本计算结果，编制结转本月完工入库产品成本的会计分录如下。

借：库存商品——甲产品　　　　　　　　　　420 000

贷：生产成本——基本生产成本——甲产品　　　　420 000

二、按年初固定数计算法

按年初固定数计算法，是指年内各月都固定以上年末计算确定的在产品成本作为各月的月末在产品成本，并以此确定当月完工产品成本的方法。

在产品按年初固定数计算法的特点是每年只在年末计算 12 月末的在产品成本，在次年 1 月至11 月，不论在产品数量是否发生变化，都以固定的上年 12 月末的在产品成本作为各月在产品成本。

这种方法适用于各月在产品数量基本均衡，而且单位产品成本变化很小，按年初固定数作为月末在产品成本对完工产品成本计算的正确性影响不大的企业。例如，炼钢厂、化工厂或其他有固定容器装置在产品的企业，其在产品数量都较稳定，月初在产品成本之间的差额对完工产品成本影响不大，可采用这种方法简化计算。

本月完工产品成本=月初在产品成本（固定年初数额）+本月发生生产费用-月末在产品成本

　　　　　　　　　（固定年初数额）

　　　　　　　　=本月发生生产费用

采用在产品按年初固定数计算法，应注意年内 12 个月的完工产品成本计算不完全一样。每年年终，应根据实际盘点的在产品数量，计算 12 月末在产品的实际成本，从而计算出 12 月的完工产品成本，并将调整后的在产品成本作为下一年在产品的固定成本，以免在产品的账面成本与实际成本相差过大，影响产品成本计算的准确性。

【例 4-3】维特公司生产的甲产品月末在产品数量比较稳定，采用在产品按年初固定数计算法。甲产品年初在产品成本为 30 000 元，其中，直接材料 19 000 元，直接人工 6 000 元，制造费用 5 000元。2023 年 8 月发生生产费用 600 000 元，其中，直接材料 228 000 元，直接人工 224 000 元，制造费用 148 000 元。本月完工入库甲产品 5 000 千克。根据月初在产品成本和本月发生的生产费用资料，甲产品本月完工产品实际总成本和单位成本的计算见表 4-5。

表 4-5 　　　　　产品成本计算单（在产品按年初固定数计算法）　　　　　产量：5 000 千克

产品：甲产品　　　　　　　　　　　2023 年 8 月　　　　　　　　　　单位：元

摘要	直接材料	直接人工	制造费用	合计
月初在产品成本	19 000	6 000	5 000	30 000
本月生产费用	228 000	224 000	148 000	600 000
生产费用合计	247 000	230 000	153 000	630 000
本月完工产品总成本	228 000	224 000	148 000	600 000
本月完工产品单位成本	45.6	44.8	29.6	120
月末在产品成本	19 000	6 000	5 000	30 000

根据成本计算结果，编制结转完工入库产品成本的会计分录如下。

借：库存商品——甲产品　　　　　　　　　　　　　　600 000

　　贷：生产成本——基本生产成本——甲产品　　　　600 000

在产品按年初固定数计算法计算简单，但只适用于生产周期较短，各月月末在产品数额变动不大的情况。采用这种方法时，不论年末在产品数量变动与否，都应对在产品进行实地盘点，并以实际盘存数为计算基础重新确定年末在产品成本。采用这种方法，各月末在产品成本是固定的，大大简化了成本核算工作。从全年来看，因为年初和年末的在产品都经过实地盘点，全年完工产品总成本的计算也是准确的。

三、按所耗直接材料费用计算法

按所耗直接材料费用计算法，是指在确定月末在产品成本时，只计算在产品所消耗的直接材料费用，人工费用与制造费用全部由当期完工产品负担的方法。它的特点是用月末在产品所消耗的直接材料费用来代替月末在产品成本，月末在产品成本只按所耗的直接材料费用计算确认，人工成本和制造费用则全部由完工产品成本负担。

采用这种方法的条件是在产品的成本构成中，材料费用占绝大部分，不计算在产品应负担的人工费用与制造费用，对正确计算完工产品成本影响不大。例如造纸、酿酒、纺织等行业的产品，直接材料费用占产品成本总额的70%以上。在这样的情况下，各月末在产品数量较大且变化也较大，再采用前述两种方法已不合适，需要对月末在产品成本进行具体计算。由于产品成本中原材料费用的比重较大，人工费用和制造费用的比重较小，是否计算人工费用和制造费用对计算在产品成本和完工产品成本影响不大。因此，为了简化成本核算，反映月末在产品成本，只计算在产品耗用的直接材料费用作为在产品成本，而对人工费用和制造费用等其他费用忽略不计。这样，某种产品本月的全部生产费用，减去月末在产品的直接材料费用，就是本月完工产品的成本。

不同企业在投料方式、投料时间上不一致，因此计算月末在产品所消耗的直接材料费用的方法也不同，可以比照约当产量比例法进行处理。现以生产开始时材料一次性投入为例，说明具体的计算公式。

$$单位产品直接材料成本 = \frac{直接材料费用总额}{完工产品数量+月末在产品数量}$$

月末在产品直接材料成本=月末在产品数量×单位产品直接材料成本

本月完工产品成本=月初在产品直接材料成本+本月发生生产费用−月末在产品直接材料成本

或　　本月完工产品成本=本月完工产品数量×单位产品直接材料成本+本月全部加工费用

采用此种方法，当月完工产品总成本中包含着月末在产品的人工费用与制造费用。

如果原材料是按生产进度陆续投入的，则应将公式中的月末在产品数量换成月末在产品约当产量进行计算。

【例4-4】维特公司生产甲产品，该产品成本中直接材料费用所占比重较大，在产品只计算直接材料费用。2023 年 8 月甲产品月初在产品成本为 44 500 元，本月发生生产费用为直接材料168 000 元、直接人工4 000 元、制造费用6 000 元。本月完工产品400 件，月末在产品100 件。假设该产品的原材料在生产开始时一次性投入。

根据资料，完工产品与月末在产品成本计算如下。

$$单位产品直接材料成本=\frac{44\,500+168\,000}{400+100}=425（元/件）$$

月末在产品直接材料成本=100×425=42 500（元）

本月完工产品成本=44 500+168 000+4 000+6 000-42 500=180 000（元）

或 =400×425+4 000+6 000=180 000（元）

甲产品成本计算单见表4-6。

表4-6　　　　　产品成本计算单（在产品按所耗直接材料费用计算法）

产品名称：甲产品　　　　　　　　　2023年8月　　　　　　　　　单位：元

摘要	直接材料	直接人工	制造费用	合计
月初在产品成本	44 500	—	—	44 500
本月发生生产费用	168 000	4 000	6 000	178 000
合计	212 500	4 000	6 000	222 500
费用分配率（单位成本）	425	—	—	—
完工产品成本	170 000	4 000	6 000	180 000
月末在产品成本	42 500	—	—	42 500

四、约当产量比例法

约当产量比例法是指按完工产品数量和月末在产品约当产量的比例来分配生产费用，以确定完工产品成本和月末在产品实际成本的一种方法。所谓约当产量，是将月末在产品数量按其完工程度，折算为相当于完工产品的数量。

（一）约当产量比例法确定产品成本的程序及计算公式

（1）计算在产品约当产量，公式如下。

在产品约当产量=月末在产品数量×月末在产品完工程度（或投料比例）

（2）计算约当总产量，公式如下。

约当总产量=本月完工产品数量+月末在产品约当产量

（3）计算费用分配率，公式如下。

$$某项费用分配率=\frac{该项费用总额}{约当总产量}$$

（4）计算月末在产品应负担的生产费用，公式如下。

月末在产品应负担的生产费用=在产品约当产量×生产费用分配率

（5）计算本月完工产品应负担的生产费用，公式如下。

本月完工产品应负担的某项生产费用=该项生产费用总额-月末在产品应负担的该项生产费用额

（6）计算本月完工产品总成本，公式如下。

本月完工产品总成本=∑（本月完工产品应负担的各项生产费用）

（7）计算本月完工产品单位成本，公式如下。

$$本月完工产品单位成本=\frac{本月完工产品总成本}{约当总产量}$$

采用约当产量比例法分配生产费用，关键是要正确计算月末在产品约当产量。

由于生产过程中，材料费用、人工费用和制造费用发生的情况不同，某一在产品的原材料、人工费用和制造费用完工程度也不尽相同。例如某一产品原材料是在生产开始时一次性投入的，月末该产品生产工时完成了一半，其材料费用的完工程度就是 100%，而人工费用和制造费用的完工程度显然不能按 100% 计算。因此，按约当产量比例法计算在产品成本，对不同的费用进行分配时所用的在产品约当产量的计算方法也不同。其中，以投料程度来计算分配直接材料费用的在产品约当产量，以加工程度来计算分配人工费用和制造费用的在产品约当产量。

（二）按在产品投料程度计算约当产量，分配材料费用

由于月末在产品成本中的材料费用与在产品按生产工时计算的完工程度没有多大关系，而与在产品的投料程度密切相关，因此，用以分配材料费用的在产品约当产量一般是按投料程度计算的。在产品的投料程度是指产品已投材料占完工产品应投材料的百分比。在生产过程中，原材料的投料方式通常有三种。①在生产开始时一次性投入。②在生产过程中按工序分阶段投入，并且是在每道工序一开始就投入。投料方式不同，在产品的投料程度也会不同，在产品约当产量的计算也就不同。③在生产过程中按生产进度陆续投入。

（1）原材料在生产开始时一次性投入。

原材料在生产开始时一次性投入，使月末在产品应负担的材料费用与完工产品所耗材料费用相同，即一件月末在产品所耗材料与一件完工产品所耗材料相同，在产品的投料程度是 100%。这样在产品的约当产量就等于在产品的实际产量，在分配材料费用时，直接按完工产品和在产品的实际数量比例进行分配。

【例4-5】 维特公司本月生产甲产品，月末完工产品为 1 000 件，在产品 500 件。待分配的直接材料费用为 30 000 元。假设原材料在生产开始时一次性投入，计算月末在产品直接材料成本。

① 月末在产品直接材料投料率=100%

② 月末在产品约当产量=月末在产品数量×投料率=500×100%=500（件）

③ 直接材料费用分配率=30 000÷（1 000+500）=20（元/件）

④ 月末在产品直接材料费用=500×20=10 000（元）

月末完工产品直接材料费用=30 000-10 000=20 000（元）

（2）若原材料按工序分阶段投入，且在每道工序开始时一次性投入，则月末在产品投料程度的计算公式为：

$$某工序在产品的投料程度 = \frac{前面各工序累计材料消耗定额+本工序材料消耗定额}{完工产品材料消耗定额} \times 100\%$$

某工序月末在产品约当产量=该工序在产品数量×该工序在产品的投料程度

因为每道工序一开始原材料就一次性投入，因此该工序中投料程度按 100% 计算。

计算出各工序的在产品投料程度后，再根据各工序的月末在产品数量和各工序投料程度，计算出月末各工序在产品的约当产量总数，据以分配原材料费用。

【例4-6】 维特公司生产甲产品经过三道工序，单位产品原材料消耗定额为 100 元，各道工序投料定额分别为 50 元、30 元、20 元，月末完工产品为 4 000 件，在产品 2 000 件（第一道工序400 件，第二道工序 600 件，第三道工序 1 000 件）。待分配的直接材料费用为 113 600 元。假设原材料在各生产工序开始时一次性投入，计算月末在产品直接材料费用。

在产品约当产量计算表见表4-7。

表 4-7　　　　　　　　　　在产品约当产量计算表

工序	原材料消耗定额/元	月末在产品数量/件	在产品投料程度	在产品约当产量/件
1	50	400	$\frac{50}{100}\times100\%=50\%$	400×50%=200

续表

工序	原材料消耗定额/元	月末在产品数量/件	在产品投料程度	在产品约当产量/件
2	30	600	$\dfrac{50+30}{100}\times100\%=80\%$	600×80%=480
3	20	1 000	$\dfrac{50+30+20}{100}\times100\%=100\%$	1 000×100%=1 000
合计	100	2 000	—	1 680

直接材料费用分配率=113 600÷（1 680+4 000）=20（元/件）

月末在产品直接材料费用=1 680×20=33 600（元）

完工产品直接材料费用=113 600−33 600=80 000（元）

（3）原材料在生产过程中按生产进度陆续投入，需要区分两种情况。

① 单步骤生产的产品，即产品生产过程中没有明显的工序，或各工序的原材料费用定额资料不完善。这种情况下，原材料的投料程度和生产工时的投入进度基本一致，在产品的约当产量可以按在产品完工程度进行折算。

② 多步骤生产的产品，虽然在产品生产过程中均衡投入所需材料，但各工序的材料消耗量是不同的，因此各工序在产品的材料耗用比例，均由前面各工序累计材料消耗比例加本工序材料消耗比例的50%构成，并据以计算各工序月末在产品的约当产量。

其投料程度可以按已完成各工序累计原材料费用定额占完工产品原材料费用定额的比例计算。具体计算公式如下。

$$某工序在产品投料程度=\frac{前面各工序累计材料费用定额+本工序原材料费用定额\times50\%}{完工产品材料消耗定额}\times100\%$$

上述公式中本工序原材料费用定额乘以50%，是因为该工序中各件在产品的投料程度不同，为简化计算，在本工序一律按投料50%计算。而在产品从上一道工序转入下一道工序，前面的工序是已经完成了的，因此前面各工序的投料程度按100%计算。

根据各工序的月末在产品数量和各工序投料程度，计算出月末各工序在产品的约当产量总数，据以分配原材料费用。

【例4-7】甲产品需经过三道工序制成，单位产品的原材料消耗定额为1 000千克，每道工序中原材料按生产进度陆续投入，其中：第一道工序原材料消耗定额为320千克，第二道工序原材料消耗定额为480千克，第三道工序原材料消耗定额为200千克。月末在产品数量为第一道工序200件，第二道工序600件，第三道工序400件。当月完工产品为1 272件。月初在产品的原材料费用为4 800元，本月发生的原材料费用为60 000元。计算分配月末在产品和完工产品的原材料费用。

在产品约当产量计算表见表4-8。

表4-8　　　　　　　　　　　在产品约当产量计算表

工序	原材料消耗定额/千克	月末在产品数量/件	在产品投料程度	在产品约当产量/件
1	320	200	$\dfrac{320\times50\%}{1\,000}\times100\%=16\%$	200×16%=32
2	480	600	$\dfrac{320+480\times50\%}{1\,000}\times100\%=56\%$	600×56%=336
3	200	400	$\dfrac{320+480+200\times50\%}{1\,000}\times100\%=90\%$	400×90%=360
合计	1 000	1 200	—	728

原材料费用分配率$=\dfrac{4\ 800+60\ 000}{1\ 272+728}=32.4$（元/件）

完工产品原材料费用$=1\ 272×32.4=41\ 212.8$（元）

月末在产品原材料费用$=728×32.4=23\ 587.2$（元）

或　月末在产品原材料费用$=4\ 800+60\ 000-41\ 212.8=23\ 587.2$（元）

【例4-8】维特公司一车间生产A、B两种产品，均需经过三道工序。A产品所需材料在投产时一次性投入，本月共投入材料300 000元；B产品所需材料在每道工序中均衡投入，其中第一道工序60%、第二道工序30%、第三道工序10%，本月共投入材料76 000元。2023年8月，该车间生产完工A产品450件，生产完工B产品742件，月末在产品情况见表4-9。

表4-9　　　　　　　　　　　　　　　月末在产品情况

生产车间：一车间　　　　　　　　　　　　　　　　　　　　　　　　　　　2023年8月31日

产品名称	单位	第一道工序	第二道工序	第三道工序	合计
A产品的月末在产品	件	20	15	15	50
B产品的月末在产品	件	30	40	20	90

运用约当产量比例法，分配材料费用步骤如下。

① 计算月末在产品约当产量，见表4-10。

表4-10　　　　　　　　　　　　　月末在产品约当产量计算表

生产车间：一车间　　　　　　　　　　　　　　　　　　　　　　　　　　　2023年8月31日

项目	A产品				B产品			
	第一道工序	第二道工序	第三道工序	合计	第一道工序	第二道工序	第三道工序	合计
投料比例	100%	—	—	100%	60%	30%	10%	100%
在产品数量	20	15	15	50	30	40	20	90
在产品投料程度	100%	100%	100%	100%	30%	75%	95%	—
约当产量	20	15	15	50	9	30	19	58

注：B产品的在产品投料程度按以下方法计算。

第一道工序 $=\dfrac{76\ 000×60\%×50\%}{76\ 000}=30\%$

第二道工序 $=\dfrac{76\ 000×60\%+76\ 000×30\%×50\%}{76\ 000}=75\%$

第三道工序 $=\dfrac{76\ 000×60\%+76\ 000×30\%+76\ 000×10\%×50\%}{76\ 000}=95\%$

② 计算约当总产量。

A产品约当总产量$=450+50=500$（件）

B产品约当总产量$=742+58=800$（件）

③ 计算分配材料费用。

A产品材料费用分配率$=300\ 000÷500=600$

A产品月末在产品应负担的材料费用$=50×600=30\ 000$（元）

A产品完工产品应负担的材料费用$=300\ 000-30\ 000=270\ 000$（元）

B 产品材料费用分配率=76 000÷800=95

B 产品月末在产品应负担的材料费用=58×95=5 510（元）

B 产品完工产品应负担的材料费用=76 000-5 510=70 490（元）

（三）按在产品完工程度计算约当产量，分配人工费用和制造费用

对于原材料费用以外的其他费用，如燃料与动力、直接人工、制造费用等加工费用，在分配时在产品约当产量通常按在产品的完工程度进行计算。因为这类费用的发生与完工程度关系密切，费用随生产进程而逐渐投入，在产品的完工程度越高，在产品应负担的此类费用也应越多。测定在产品完工程度的方法一般有两种。

（1）分工序计算在产品完工程度。

采用这种方法，根据各工序累计的实耗工时或定额工时占完工产品的实耗工时或定额工时的比例来确定各工序在产品的完工程度，如多步骤连续生产的产品，由于各工序所耗工时不一定相同，各工序的月末在产品的完工程度也不同。具体计算公式如下。

$$某工序在产品的完工程度 = \frac{前面各工序累计工时定额+本工序工时定额×50\%}{完工产品工时定额} ×100\%$$

上述公式中本工序工时定额乘以 50%，是因为本工序中各在产品的完工程度不同，为简化计算，在本工序一律按 50%完工率计算。而在产品从上一道工序转入下一道工序时，前面的工序是已经完成了的，因此前面工序的完工程度按 100%计算。

计算出各工序的在产品完工程度后，再根据各工序的月末在产品数量和各工序在产品完工程度，计算出月末各工序在产品的约当产量总数，据以分配各项费用。

【例 4-9】维特公司丙产品需经过三道工序制成，单位产品的工时定额为 50 小时，其中：第一道工序工时定额为 25 小时，第二道工序工时定额为 10 小时，第三道工序工时定额为 15 小时。月末在产品数量为第一道工序 100 件，第二道工序 300 件，第三道工序 200 件。当月完工产品为 625 件，月初在产品的工资及附加费为 12 800 元，制造费用为 6 000 元；本月发生的工资及附加费为 47 200 元，制造费用为 30 000 元。计算分配月末在产品和完工产品的工资及附加费和制造费用。

在产品约当产量计算表见表 4-11。

表 4-11　　　　　　　　　　在产品约当产量计算表

工序	工时定额/时	月末在产品数量/件	在产品加工程度	在产品约当产量/件
1	25	100	$\frac{25×50\%}{50} ×100\%=25\%$	100×25%=25
2	10	300	$\frac{25+10×50\%}{50} ×100\% =60\%$	300×60%=180
3	15	200	$\frac{25+10+15×50\%}{50} ×100\% =85\%$	200×85%=170
合计	50	600	—	375

$$直接人工分配率 = \frac{12\,800 + 47\,200}{625 + 375} = 60（元/件）$$

完工产品直接人工=625×60 = 37 500（元）

月末在产品直接人工=375×60 = 22 500（元）

或　　月末在产品工资及附加费=12 800+47 200-37 500=22 500（元）

$$制造费用分配率=\frac{6\,000+30\,000}{625+375}=36（元/件）$$

完工产品制造费用=625×36=22 500（元）

月末在产品制造费用=375×36=13 500（元）

或 月末在产品制造费用=6 000+30 000-22 500=13 500（元）

假设本例中，该产品原材料是生产开始时一次性投入的，月初在产品数量为125件，月初在产品原材料费用为13 000元，本月投产1 100件，发生原材料费用116 850元。原材料费用直接按完工产品和在产品数量的比例进行分配，则原材料费用分配计算如下。

$$原材料费用分配率=\frac{13\,000+116\,850}{625+600}=106（元/件）$$

完工产品原材料费用=625×106=66 250（元）

月末在产品原材料费用=600×106=63 600（元）

或 月末在产品原材料费用=13 000+116 850-66 250=63 600（元）

根据上述资料，编制丙产品的成本计算单，见表4-12。

表4-12　　　　　　　　产品成本计算单（约当产量比例法）

产品名称：丙产品

摘要	成本项目			
	直接材料	直接人工	制造费用	合计
月初在产品成本/元	13 000	12 800	6 000	31 800
本月生产费用/元	116 850	42 200	30 000	194 050
生产费用合计/元	129 850	60 000	36 000	255 850
完工产品数量/件	625	625	625	
月末在产品约当产量/件	600	375	375	
生产总量/件	1 225	1 000	1 000	
费用分配率（单位成本）/（元/件）	106	60	3.6	202
完工产品成本/元	66 250	37 500	22 500	126 250
月末在产品成本/元	63 600	22 500	13 500	99 600

（2）不分工序平均计算在产品完工程度，完工率为50%。

采用这种方法，企业对各工序在产品确定一个平均完工程度（一般是50%）作为各工序在产品的完工程度。这种方法适用于各工序在产品数量和单位产品在各工序的加工量都相差不多的情况，如单步骤均衡生产的产品，月末在产品会均衡地分布在生产线上，因此月末在产品的平均完工程度通常为50%。在这种情况下，后面各工序在产品多加工的程度可以抵补前面各工序少加工的程度，为了简化计算，全部在产品完工程度都按50%平均计算。

仍使用【例4-9】的资料，采用这种方法，各工序在产品完工程度均按50%计算，则月末各工序在产品约当产量为

100×50%+300×50%+200×50% = 300（件）

或 （100+300+200）×50% = 300（件）

最终以625件完工产品件和300件在产品的比例在完工产品和在产品之间分配生产费用。

应注意的是，这种方法不能用于各工序在产品数量和单位产品在各工序加工量相差很大的产

品，否则，计算出来的约当产量与实际情况相差很大。

约当产量比例法适用于月末在产品数量较多，各月末在产品数量变化较大，同时产品成本中直接材料、直接人工和制造费用的占比相差不多的产品。

【知识拓展】

约当产量比例法的本质

约当产量比例法的本质就是将在产品数量折算为相当于完工产品的数量，和完工产品以平等的身份进行分配。在折算的过程中，由于各项消耗的情况有差异，需要分成本项目分别折算约当产量，其中的材料项目往往需要单独核算和分配。

五、定额成本法

定额成本法是指根据月末在产品数量和单位定额成本计算月末在产品成本，从而确定本月完工产品成本的方法。其特点是在产品只按定额成本计算，月末在产品的实际成本与定额成本之间的差额由本月完工产品负担。

这种方法适用于生产稳定，各类消耗定额比较准确，而且各月末在产品数量变化不大的产品。因为产品各项消耗定额准确，月初和月末在产品实际费用脱离定额的差异就不会太大，又由于各月末在产品数量变化不大，月初在产品成本总额脱离月末在产品定额费用总额的差异也就不会太大，所以，月末在产品成本不计算成本差异，对完工产品的成本影响不大。另外，如果消耗定额不稳定，就无法用定额成本来计算在产品成本，同时也不利于完工产品成本的分析和考核。

由此可以看出，采用这种方法来计算在产品成本，关键在于确定月末在产品的定额成本，月末在产品的定额成本一般是分成本项目进行计算的。计算公式如下。

月末在产品直接材料定额成本=月末在产品实际数量×单位在产品材料消耗定额×材料计划单价
或 =月末在产品实际数量×单位在产品材料定额成本

月末在产品直接人工定额成本=月末在产品实际数量×单位在产品工时定额×计划小时工资率
或 =月末在产品实际数量×单位在产品定额工资

月末在产品制造费用定额成本=月末在产品实际数量×单位在产品工时定额×计划小时制造费用率
或 =月末在产品实际数量×单位在产品定额制造费用

月末在产品定额成本=月末在产品直接材料定额成本+月末在产品直接人工定额成本+月末在产品制造费用定额成本

完工产品成本=月初在产品定额成本+本月生产费用-月末在产品定额成本

【例4-10】维特公司生产乙产品，原材料在生产开始时一次性投入，2023年8月末在产品600件，平均完工程度为50%，完工产品500件，单位完工产品材料消耗定额为40千克，加工工时定额为8小时。各项费用定额为：直接材料计划单价1.2元/千克，计划小时工资为2元，计划小时制造费用为2.5元。月初在产品生产费用和本月生产费用累计数为：直接材料84 000元，直接人工36 000元，制造费用48 000元。月末在产品按定额成本计价，则月末在产品成本和本月完工产品成本计算如下。

月末在产品直接材料定额成本=600×40×1.2=28 800（元）

月末在产品直接人工定额成本=600×50%×8×2=4 800（元）

月末在产品制造费用定额成本=600×50%×8×2.5=6 000（元）

月末在产品定额成本=28 800+4 800+6 000=39 600（元）

完工产品成本=84 000+36 000+48 000−39 600 =128 400（元）

乙产品成本计算单见表4-13。

表4–13　　　　　　　　　产品成本计算单（在产品按定额成本计算法）

产品名称：乙产品　　　　　　　　　　　　2023 年 8 月　　　　　　　　　　　　单位：元

摘要	直接材料	直接人工	制造费用	合计
生产费用合计	84 000	36 000	48 000	168 000
月末在产品定额成本	28 800	4 800	6 000	39 600
完工产品成本	55 200	31 200	42 000	128 400

六、定额比例法

定额比例法是指按照完工产品和月末在产品的定额消耗量或定额费用的比例分配计算完工产品成本和月末在产品成本的方法。

此方法是分成本项目计算的，其中，原材料费用按照原材料定额消耗量或原材料定额费用的比例分配，工资及附加费、制造费用等其他费用按定额工时的比例分配。

定额比例法的计算公式如下。

（1）

$$消耗量分配率 = \frac{月初在产品实际消耗量+本月实际消耗量}{完工产品定额消耗量+月末在产品定额消耗量}$$

完工产品实际消耗量=完工产品定额消耗量×消耗量分配率

完工产品成本=完工产品实际消耗量×原材料单价（或工时工资、费用）

月末在产品实际消耗量=月末在产品定额消耗量×消耗量分配率

月末在产品成本=月末在产品实际消耗量×原材料单价（或工时工资、费用）

（2）

$$原材料费用分配率 = \frac{月初在产品原材料费用+本月发生的原材料费用}{完工产品原材料定额消耗量（费用）+月末在产品原材料定额消耗量（费用）}$$

完工产品应分配的原材料费用=完工产品原材料定额消耗量（费用）×原材料费用分配率

月末在产品应分配的原材料费用=月末在产品原材料定额消耗量（费用）×原材料费用分配率

或　　月末在产品应分配的原材料费用=月初在产品原材料费用+本月发生的原材料费用
−完工产品应分配的原材料费用

（3）

$$直接人工费用分配率 = \frac{月初在产品直接人工费用+本月实际发生直接人工费用}{完工产品定额工时+月末在产品定额工时}$$

完工产品应分配的直接人工费用=完工产品定额工时×直接人工费用分配率

月末在产品应分配的直接人工费用=月末在产品定额工时×直接人工费用分配率

或　　月末在产品应分配的直接人工费用=月初在产品直接人工费用+本月发生的直接人工
费用−完工产品应分配的直接人工费用

（4）

$$制造费用分配率 = \frac{月初在产品制造费用+本月实际发生制造费用}{完工产品定额工时+月末在产品定额工时}$$

$$完工产品应分配的制造费用=完工产品定额工时×制造费用分配率$$
$$月末在产品应分配的制造费用=月末在产品定额工时×制造费用分配率$$
或　　月末在产品应分配的制造费用=月初在产品制造费用+本月发生的制造费用-完工产品应分配的制造费用

【例4-11】维特公司生产丁产品，2023年8月初在产品成本为96 000元，其中直接材料56 000元，直接人工14 000元，制造费用26 000元。本月投入生产费用806 400元，其中直接材料448 000元，直接人工168 400元，制造费用190 000元。单位完工产品材料消耗定额为60千克，工时定额为40小时。本月完工产品1 000件，月末在产品400件。丁产品生产用材料在生产开始时一次性投入，月末在产品加工程度按50%计算。采用定额比例法，计算本月完工产品成本和月末在产品成本。

完工产品直接材料定额消耗量=1 000×60= 60 000（千克）

月末在产品直接材料定额消耗量=400×60= 24 000（千克）

$$直接材料费用分配率=\frac{56\,000+448\,000}{60\,000+24\,000}=6（元/千克）$$

完工产品应分配的直接材料费用=60 000×6 = 360 000（元）

月末在产品应分配的直接材料费用=24 000×6 =144 000（元）

完工产品定额工时=1 000×40 = 40 000（时）

月末在产品定额工时=400×50%×40 = 8 000（时）

$$直接人工费用分配率=\frac{14\,000+168\,400}{40\,000+8\,000}=3.8（元/时）$$

完工产品应分配的直接人工费用=40 000×3.8 =152 000（元）

月末在产品应分配的直接人工费用=8 000×3.8 =30 400（元）

$$制造费用分配率=\frac{26\,000+190\,000}{40\,000+8\,000}=4.5（元/时）$$

完工产品应分配的制造费用=40 000×4.5=180 000（元）

月末在产品应分配的制造费用=8 000×4.5=36 000（元）

完工产品总成本=360 000+152 000+180 000 = 692 000（元）

月末在产品总成本=144 000+30 400+36 000 = 210 400（元）

根据以上计算编制产品成本计算单，见表4-14。

表4-14　　　　　　　　产品成本计算单（定额比例法）

产品名称：丁产品　　　　　　　　　　　　　　　　2023年8月

摘要	直接材料	直接人工	制造费用	合计
月初在产品成本/元	56 000	14 000	26 000	96 000
本月发生生产费用/元	448 000	168 400	190 000	806 400
合计/元	504 000	182 400	216 000	902 400
总定额/时	84 000	48 000	48 000	—
费用分配率/（元/时）	6	3.8	4.5	—
完工产品成本/元	360 000	152 000	180 000	692 000
月末在产品成本/元	144 000	30 400	36 000	210 400

定额比例法适用于各项消耗定额准确、稳定，各月末在产品数量变化较大的产品。采用定额

比例法分配生产费用，可将实际费用与定额费用进行比较，便于考核定额的执行情况。对于实际费用脱离定额费用的差异，由完工产品和月末在产品共同负担，有利于减少月初和月末在产品数量波动对成本计算准确性的不利影响。

七、按完工产品成本计算法

按完工产品成本计算法，简称完工产品法，指月末在产品视同完工产品参与生产费用分配的方法。其特点是一件在产品与一件完工产品负担相同的生产费用。

计算公式如下。

$$某成本项目费用分配率 = \frac{该成本项目费用总额}{完工产品数量 + 月末在产品数量}$$

月末在产品某成本项目费用 = 月末在产品数量 × 该成本项目费用分配率

完工产品某成本项目费用 = 完工产品数量 × 该成本项目费用分配率

或　　　　　　　　　　 = 该成本项目费用总额 - 月末在产品该成本项目费用

【例4-12】维特公司生产的丁产品，本月完工入库4 000件，月末在产品600件，有200件已经接近完工，有400件已经完工但尚未验收入库。月末600件在产品均按完工产品计算成本。丁产品生产费用发生情况和有关计算分配结果见表4-15。

表4-15　　　　　　　　产品成本计算单（在产品按完工产品成本计算法）

产品：丁产品　　　　　　　　　　产品产量：4 000件　　　　　　2023年8月

摘要	成本项目			
	直接材料	直接人工	制造费用	合计
月初在产品成本/元	70 000	28 000	34 000	132 000
本月生产费用/元	482 000	202 000	242 000	926 000
生产费用合计/元	552 000	230 000	276 000	1 058 000
完工产品数量/件	4 000	4 000	4 000	4 000
月末在产品数量/件	600	600	600	600
生产量合计/件	4 600	4 600	4 600	4 600
费用分配率（单位成本）/（元/件）	120	50	60	230
完工产品成本/元	480 000	200 000	240 000	920 000
月末在产品成本/元	72 000	30 000	36 000	138 000

这种方法适用于月末在产品已接近完工，或产品已经加工完成但尚未包装或未验收入库的情况。因为这种情况下的在产品已基本加工完成或已加工完成，在产品成本也就接近或等于完工产品成本，为简化产品成本计算工作，可以将在产品视同完工产品，按两者的数量比例分配各项费用。若在产品不满足此条件，会影响本月完工产品成本计算的正确性。

【知识拓展】

在产品未完工能否开具增值税专用发票

增值税纳税人必须按规定时限开具增值税专用发票，不得提前或滞后。开具时限规定如下：采用预收货款、托收承付、委托银行收款结算方式的，为货物发出的当天；采用交款提货结算方式的，为收到货款的当天；采用赊销、分期付款结算方式的，为合同约定的收款日期的当天；将货物交付他人代销，为收到受托人送交的代销清单的当天；设有两个以上机构并实际统一核算的纳税人，将货物从一个机构移送其他机构用于销售，按规定应当征收增值税的，为货物移送的当天；将货物作为投资提供给其他单位或个体经营者，为货物移送的当天；将货物分配给股东，为货物移送的当天。

八、完工产品成本的结转

企业发生的生产费用，经过在各种产品之间以及在同种产品的完工产品和月末在产品之间分配以后，就可算出各种完工产品的实际成本，应将实际成本从"生产成本"账户的贷方分别转入有关账户的借方。对于验收入库的产成品成本，会计部门应根据产品成本计算单，按照产品类别、品种、规格进行汇总，编制完工产品成本汇总表（见表4-16），并将完工产品成本从"生产成本"账户转入"库存商品"账户。月末结转后，"生产成本"账户的期末余额，就是基本生产车间在产品的成本，也就是占用在基本生产过程的生产资金，应与所属各种基本生产成本明细账中期末在产品成本之和相符。

表4-16　　　　　　　　　　完工产品成本汇总表

2023年8月

产品名称	产量/件	成本	直接材料/元	直接人工/元	制造费用/元	合计/元
甲产品	800	总成本	340 000	8 000	12 000	360 000
		单位成本	425	10	15	450
乙产品	500	总成本	27 600	15 600	21 000	64 200
		单位成本	55.2	31.2	42	128.4
丙产品	1 200	总成本	15 120	11 520	21 840	48 480
		单位成本	12.6	9.6	18.2	40.4
丁产品	500	总成本	360 000	152 000	180 000	692 000
		单位成本	720	304	360	1 384

根据表4-16编制完工产品入库会计分录。

借：库存商品——甲产品　　　　　　　　　　　　360 000
　　　　　　——乙产品　　　　　　　　　　　　 64 200
　　　　　　——丙产品　　　　　　　　　　　　 48 480
　　　　　　——丁产品　　　　　　　　　　　　692 000
　　贷：生产成本——基本生产成本——甲产品　　　　360 000
　　　　　　——基本生产成本——乙产品　　　　　 64 200
　　　　　　——基本生产成本——丙产品　　　　　 48 480
　　　　　　——基本生产成本——丁产品　　　　　692 000

企业的完工自制材料，其成本应转入"原材料"账户；企业自制的工具、模型等，其成本应转入"周转材料——低值易耗品"等账户；为在建工程提供的劳务，不论该工程完工与否，其成本均应结转至"在建工程"账户。

【知识拓展】

什么是"残、次、冷、背"产品

残，指残品，不能使用的产品；次，指次品，有缺陷的产品；冷，相对于热销品而言，指不热门的产品；背，指呆滞产品。"冷"和"背"一般没有特别的界限，可以交互使用。了解产品的"残、次、冷、背"主要是为了保障产品资产的安全性、完整性、准确性，以便及时、真实地反映产品的结存、结构及利用状况，及时进行清理，加速资金周转，为下阶段的生产、销售计划及财务成本核算提供依据。

素养提升

王同学的业务技能与职业态度

【情境】王同学大学毕业后就职于某制药公司财务部。月底，为了成本核算，公司对存货进行盘点。盘点时发现一批在产品发生了霉变，经查，原因是仓库管理员管理不善，经研究批准作为公司损失处理。该批在产品已发生生产成本 20 万元。该公司是增值税一般纳税人，增值税税率为 13%，王同学对此进行的账务处理为：借记"营业外支出"科目 20 万元，贷记"生产成本——基本生产成本——×在产品"科目 20 万元。后来税务机关在对该公司进行纳税检查时发现，该笔在产品毁损账务处理存在偷税行为，不仅要求该公司补缴税款，而且处以了罚款。该公司领导认为被税务机关罚款是因为王同学不具备较高的业务素养，所有罚款由王同学自己承担。

【问题】王同学的账务处理真的不正确吗？是否符合职业道德规范？

【提示】王同学的账务处理不正确，不符合职业道德规范。仓库管理员管理不善造成的损失，属于企业应收过失人赔偿的损失，应该作为当期其他应收款进行确认，同时需要做增值税进项税额转出处理，这样才能保证成本核算的正确性。可见，王同学的业务能力不足，未能不断进行业务学习，不符合会计人员职业道德规范中"坚持学习"和"坚持准则"这两方面的要求。

【任务实施】

任务实施 4-1	参考答案 4-1
计算完工产品和 在产品成本	计算完工产品和 在产品成本

【项目小结】

在产品是尚未最终完工的产品，包括广义在产品与狭义在产品。狭义在产品是就某一生产单位或某一生产步骤来说的，仅指正在加工或装配中的那部分在产品以及处在修复过程中的废品；广义在产品是就整个企业来说的，是指产品生产从投料开始到最终制成产成品交付验收入库前的一切未完工产品。本项目所述的是狭义在产品。

有在产品的企业，完工产品成本与在产品之间存在这样一种关系：本期完工产品成本=期初在产品成本+本期生产费用−期末在产品成本。

确定月末在产品数量的方法有两种：①设置在产品收发结存账，进行台账记录，反映在产品的理论结存数量；②通过实地盘点方式确定月末在产品数量。

将生产费用在完工产品与在产品之间分配的方法有很多，包括：不计算在产品成本法、在产品按年初固定数计算法、在产品按所耗直接材料费用计算法、约当产量比例法、在产品按定额成本计算法、定额比例法和在产品按完工产品成本计算法。运用在产品成本计算方法确定完工产品成本的程序是：先确定月末在产品成本，再确定本期完工产品总成本，最后确定完工产品单位成本。

【巩固练习】

一、单项选择题

1. 在产品按固定成本计价法，适用于（   ）。
    A. 各月月末在产品数量很小　　　　B. 各月月末在产品数量很大
    C. 月末在产品数量变化不大　　　　D. 月末在产品成本金额不大

2. 某种产品月末在产品数量较大，各月在产品数量变化也较大，但原材料费用在成本中所占比重较大的产品，月末在产品的成本应按（   ）计算。
    A. 所耗直接材料费用　　　　　　　B. 定额比例
    C. 约当产量比例　　　　　　　　　D. 定额成本

3. 某车间月生产 D 产品 10 000 件，月末在产品数量通常在 5 件左右，且成本构成比较稳定，则对在产品成本宜采用（   ）计算。
    A. 不计算在产品成本法　　　　　　B. 按年初固定数
    C. 按约当产量比例法　　　　　　　D. 按定额比例计算法

4. 如果原材料不是在生产开始时一次投入，也不是随加工进度陆续投入，而是在每道工序开始时一次投入，则分配原材料费用的投料率，应按（   ）。
    A. 每一工序的原材料消耗定额计算　B. 所在工序消耗定额的 50% 计算
    C. 所在工序累计消耗定额计算　　　D. 所在工序累计消耗定额的 50% 计算

5. 在产品按完工产品成本计算法，必须具备的条件是（   ）。
    A. 月末在产品已经接近完工　　　　B. 月初、月末在产品数量接近
    C. 原材料在生产开始时一次投入　　D. 原材料费用占比较大

6. 某产品经两道工序加工完成，工时定额分别为 24 小时和 16 小时，各工序在产品在本道工序的加工程度均按 50% 计算，则第二道工序在产品的累计工时定额为（   ）小时。
    A. 12　　　　　　B. 24　　　　　　C. 32　　　　　　D. 40

7. 某产品经过两道工序加工完成。第一道工序月末在产品数量为 100 件，完工程度为 20%；第二道工序月末在产品数量为 200 件，完工程度为 70%。据此计算的月末在产品约当产量为（   ）件。
    A. 20　　　　　　B. 135　　　　　　C. 140　　　　　　D. 160

8. 采用约当产量比例法计算完工产品和在产品成本时，若原材料不是在开始生产时一次投入的，而是随生产进度陆续投入，但在每道工序是一次性投入的。原材料消耗定额第一工序为 30 千克，第二工序为 60 千克，则第二工序在产品的完工率为（   ）。
    A. 67%　　　　　　B. 22%　　　　　　C. 100%　　　　　　D. 97%

9. 采用约当产量比例法进行原材料费用的分配，在产品完工程度可能按工时定额计算的条件是（   ）。
    A. 原材料在生产开始时一次投入　　B. 原材料陆续投入并与加工进度基本一致
    C. 原材料陆续投入但与加工进度不一致　D. 原材料分工序一次投入

10. 当企业月末在产品数量较大且数量变化也较大，产品成本中原材料费用和工资等加工费

用在成本中所占比重相当，应选用的费用分配方法是（   ）。

    A. 定额比例法   B. 在产品按原材料费用计价法

    C. 约当产量比例法   D. 定额成本法

二、多项选择题

1. 完工产品与在产品之间分配费用的方法有（   ）。

    A. 不计算在产品成本法   B. 约当产量比例法

    C. 定额成本法   D. 按年初固定数计算法

2. 在产品按所耗直接材料费用计算法，适用于下列哪些情况？（   ）

    A. 月末在产品数量较大   B. 各月末在产品数量变化较稳定

    C. 各月末在产品数量变化较大   D. 直接材料费用所占比重较大

3. 确定生产费用在完工产品和在产品之间分配，应考虑的因素有（   ）。

    A. 各月末在产品数量的变化大小 B. 月末在产品数量的多少

    C. 产品成本中各项费用所占比重的大小 D. 企业定额管理基础工作的好坏

4. 广义的在产品包括（   ）。

    A. 正在车间加工中的在产品   B. 正在返修的废品

    C. 等待返修的废品   D. 对外销售的自制半成品

5. 采用约当产量比例法分配生产费用，在产品的约当产量应按（   ）计算。

    A. 投料程度   B. 加工程度

    C. 预计废品率   D. 完工入库程度

6. 在产品采用定额成本法计算的条件有（   ）。

    A. 产品数量的各项消耗定额比较稳定 B. 产品的各项费用定额比较准确

    C. 各月末在产品数量变化不大   D. 各项消耗定额比较准确

7. 不需要每月计算在产品成本的在产品成本计算方法有（   ）。

    A. 不计算在产品成本法   B. 按年初固定数计算法

    C. 约当产量比例法   D. 完工产品法

三、判断题

1. 广义在产品包括正在加工中的产品和加工告一段落留存在半成品库和以后各步骤的半成品。（   ）

2. 采用约当产量比例法计算在产品成本时，如果原材料不是在开始生产时一次投入，而是随着加工进度陆续投入的，其投料程度与其加工进度完全一致，则计算材料费用的约当产量与计算加工费用的约当产量应是一致的。（   ）

3. 采用定额比例法计算完工产品和在产品成本时，各种费用应采用相同的分配标准。（   ）

4. 按定额成本法计算在产品成本时，期末在产品按定额成本计算，定额成本与实际成本之间的差额，应在年末时采用适当的分配方法在各种产品当中进行分配。（   ）

5. 在产品按所耗直接材料费用计算成本时，在产品所耗其他费用全部由完工产品负担。（   ）

6. 只要存在期末在产品，就应当计算期末在产品成本，以便正确确定完工产品成本。（   ）

拓展项目：助理会计师考试练习

某公司生产甲产品，本月成本资料如表 4-17 所示。

表 4-17　　　　　　　　甲产品成本资料　　　　　　　　单位：元

摘要	直接材料	直接人工	制造费用	合计
月初在产品成本	2 000	350	700	3 050
本月发生生产成本	7 000	1 000	2 000	10 000
本月生产成本合计	9 000	1 350	2 700	13 050

甲产品本月完工 800 件，月末在产品 200 件。

已知原材料随加工进度陆续投入，月末在产品投料程度为 50%，其他成本在生产过程中均衡发生。采用约当产量比例法计算完工产品和在产品成本，将计算结果填入表 4-18 中。

表 4-18　　　　　　　　产品成本计算单

摘要	直接材料	直接人工	制造费用	合计
月初在产品成本/元				
本月发生生产成本/元				
本月生产成本合计/元				
月末在产品约当产量/件				
完工产品产量/件				
约当产量合计/件				
费用分配率/（元/件）				
完工产品成本/元				
月末在产品成本/元				

学习测评表

项目五
产品成本计算方法

知识目标

1. 掌握不同产品成本计算方法的概念、特点及主要内容；
2. 掌握品种法、分批法、分步法计算产品成本的程序和账务处理方法；
3. 熟悉分类法及定额法的应用条件和计算程序。

能力目标

1. 能够根据企业生产特点和管理要求选择成本计算方法；
2. 能够运用成本计算的基本方法（品种法、分批法和分步法）进行产品成本计算及相应的账务处理；
3. 能够准确把握分类法、定额法成本计算的应用条件和环境要求；
4. 能够根据企业实际情况，灵活选择成本计算方法，设计成本计算方法体系。

素质目标

1. 培养团队协作精神；
2. 具备细心、耐心和求真务实的会计职业素养；
3. 树立成本管理大局意识，认识到成本核算与成本管理的重要性。

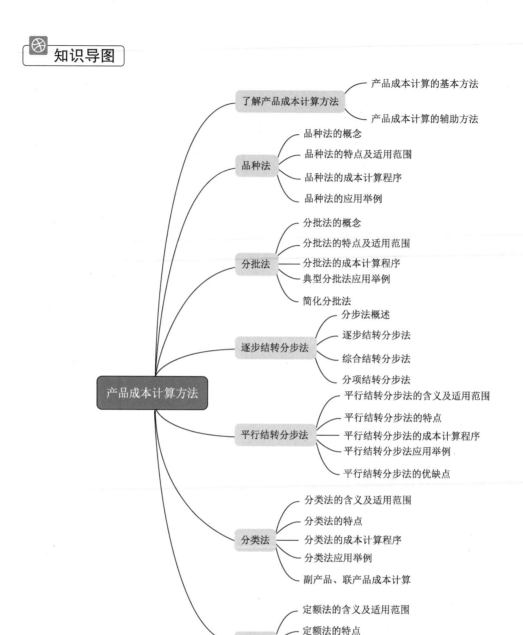

知识导图

案例导入

新进成本核算员小红，月末在协助结转企业的成本或费用时发现，鸿运机械厂是按分步法进行产品成本计算的，而且每一个生产步骤其实就是企业的一个生产车间，但企业在各个车间内部又按产品品种进行了成本计算，也就是企业的成本计算其实结合使用了品种法和分步法。企业为什么要采用这种成本计算方法？在这种方法下，产品成本在期末应该怎么结转？

任务发布

根据鸿运机械厂的实际情况，分析其采用的成本计算方法是否科学合理，并完成企业期末的产品成本结转工作。

任务一　了解产品成本计算方法

产品成本计算方法主要取决于企业的生产类型和管理要求，不同的生产类型所采用的成本计算方法是不同的。前面已阐述了生产类型和管理要求对产品成本计算的影响，主要体现在成本计算对象的确定、成本计算期的确定以及生产费用在完工产品与月末在产品之间的分配三个方面。其中，成本计算对象是产品成本计算的核心，由此形成了制造业企业产品成本计算的各种方法。

一、产品成本计算的基本方法

产品成本计算的基本方法是指在产品成本计算中能够独立运用的产品成本计算方法。为适应生产特点和满足管理要求，产品成本计算有三种不同的基本方法，分别是品种法、分批法和分步法。

1. 品种法

品种法不要求分批，也不要求分步计算产品成本，一般适用于大量大批单步骤生产，如发电、采掘、供水、铸造等；也可以用于管理上不需要分步骤计算成本的大量大批多步骤生产，如水泥生产等。企业内部的辅助生产车间也可用品种法计算提供劳务（或辅助产品）的成本。品种法是最基本的方法，不论什么类型的企业，不论采用哪一种成本计算方法，最终都必须以产品品种为对象分别提供企业的成本资料。

2. 分批法

在单件小批生产的企业，由于生产车间一般按照生产部门下达的生产任务通知单或购货方的订单组织产品的生产，生产任务通知单或订单不仅在数量和质量上要求不同，交货时间也不一样，而管理上需要掌握各批投产产品的成本，因此，在核算产品成本时，以产品的批别为对象，采用分批法核算产品成本。分批法下，成本计算是不定期的，成本计算期与产品生产周期一致。这种方法适用于成批或单件的平行加工式复杂生产，如船舶制造、重型机械制造、试验性生产、修理作业等。

3. 分步法

分步法适用于大量大批且管理上要求分步骤计算产品成本的复杂生产企业，如冶金、纺织、机械制造、钢铁生产等企业。

以上各种成本计算方法的基本内容见表 5-1。

表 5-1　　　　　　　　　　　产品成本计算的基本方法

方法	生产特点	成本计算对象	成本计算期	成本管理要求	适用企业或产品
品种法	大量大批单步骤生产或大量大批多步骤生产	产品品种	每月末定期计算成本	管理上不要求分步，也不要求分批计算产品成本	发电、采掘、化肥、水泥、供水、面粉、砖瓦、食糖等

续表

方法	生产特点	成本计算对象	成本计算期	成本管理要求	适用企业或产品
分批法	成批或单件的平行加工式复杂	产品批别或订单、件别	完工月份计算成本，不定期	管理上不要求分步，但要求分批计算产品成本	船舶、重型机械、专用设备、试制新产品、服装、家具、修理作业、塑料制品等
分步法	大量大批多步骤生产	生产步骤	每月末定期计算成本	管理上要求分步计算产品成本	冶金、纺织、汽车、自行车、造纸、化工、钢铁生产等

特别需要指出的是，上述三种方法，无论采用哪种方法计算成本，最后都必须要计算出各种产品的实际总成本和单位成本。按照产品的品种计算成本是成本计算和成本管理工作的共同要求，也是最起码的要求。因此，在三种产品成本计算方法中，品种法是最基本的方法。

二、产品成本计算的辅助方法

在实际工作中，由于产品生产复杂多样，企业管理条件各不相同，除上述成本计算的三种基本方法外，在产品品种、规格繁多的制造业企业，如制鞋、灯泡生产等企业，为了简化成本计算工作，或者为了加强成本管理，还应用几种简便的产品成本计算方法，主要有分类法、定额法等，这些方法也称为产品成本计算的辅助方法。

1. 分类法

产品成本计算的分类法是以产品的类别作为成本计算对象来归集费用，计算出各类产品的实际成本，再在类内产品之间进行成本分配，计算出类内各种产品生产成本的方法。它是品种法的延伸，产品品种和规格繁多的企业采用分类法比较简便，如灯泡厂、钉厂等。

2. 定额法

定额法是以产品的定额成本为基础，加减实际成本脱离现行定额的差异、材料成本差异和定额变动差异，计算产品实际成本的一种方法。它主要适宜于定额管理基础较好，产品生产定型，消耗定额合理且稳定的企业。使用定额法可以加强成本控制，有效地发挥定额管理对成本的分析和监督作用。与其他成本计算方法相比，定额法的适用范围较窄，要求企业必须具备健全的定额管理制度、定型的产品和稳定的消耗定额。

成本计算的辅助方法与生产的特点没有直接联系，它们的应用或者是为了简化成本计算工作，或者是为了加强成本管理，只要具备条件，各种生产类型的企业都能用。只是这两种方法必须与基本方法结合起来运用，而不能单独运用，因此将它们称为辅助方法。

任务二　品种法

一、品种法的概念

产品成本计算的品种法是以产品品种作为成本计算对象，归集生产费用，计算产品成本的一种方法。不论企业是何种生产类型、采用何种生产工艺、实现何种成本管理要求，最终都必须计算出每种产品的成本，因此，按产品品种计算产品成本是进行产品成本核算最基本、最起码的要求，品种法是企业产品成本计算最基本的方法，在实际工作中应用较为广泛。

二、品种法的特点及适用范围

（一）品种法的特点

1. 成本计算对象

采用品种法计算产品成本时，其成本计算对象是各产品的品种。

（1）生产一种产品，该种产品即成本计算对象。计算成本时，只需要为该种产品开设基本生产成本明细账，按照成本项目设立专栏，归集生产费用。在这种情况下，所发生的全部生产费用都是直接费用，可以直接记入该产品成本明细账的有关成本项目，不存在在各成本计算对象之间分配费用的问题。因此，这种成本计算方法也称为简单品种法。

（2）生产多种产品，每种产品都是成本计算对象。计算成本时，按照产品品种开设基本生产成本明细账，分别归集生产费用。能分清是哪种产品耗用的，可以直接记入该产品成本明细账的有关成本项目；不能分清是哪种产品消耗的，属于几种产品共同消耗的费用，要采用适当的分配方法在各成本计算对象之间进行分配，然后分别记入各产品成本明细账的有关成本项目。这种成本计算方法具有品种法的典型特征，也称为典型品种法。

2. 成本计算期

从品种法的适用范围讲，无论是大量大批单步骤生产企业还是大量大批多步骤生产企业，其生产特点都是连续投入、连续产出，投入与产出交替进行，很难确定产品的生产周期。所以，不能在产品完工时再计算它的成本，而只能定期于每月月末进行。在品种法下，成本计算期与会计报告期一致，而与产品生产周期不一致。

3. 生产费用在完工产品与在产品之间分配

在单步骤生产企业中，月末计算成本时，一般不存在尚未完工的在产品，或者在产品数量很小，因而可以不计算在产品成本。在这种情况下，产品成本明细账中按成本项目归集的生产费用，就是该产品的总成本，总成本除以该产品的产量，即可求得该产品的单位成本。

在规模较小、管理上又不要求按照生产步骤计算成本的大量大批多步骤生产企业中，月末一般都有在产品，而且数量较多，这就需要对产品成本明细账中归集的生产费用选择适当的分配方法，在完工产品与在产品之间进行分配，以计算完工产品成本与月末在产品成本。

【知识拓展】

正确划分完工产品和在产品的费用界限

在成本计算过程中要正确划分完工产品与在产品的费用界限。由于有的产品已经生产完工验收入库，有的产品正在加工中，产品加工程度不一，完工程度不同，不能均等负担费用，因此，月末应将生产费用在完工产品与在产品之间进行分配，计算完工产品与月末在产品的费用。这就要求在产品的数量比较准确，并按规定的方法确定在产品费用，同时，不得任意提高或降低在产品费用，人为调节本期完工产品成本。

（二）品种法的适用范围

（1）大量大批单步骤生产企业，例如粮食加工、发电、采掘、供水等企业。

（2）大量大批多步骤生产，规模小、车间封闭、流水线组织，不要求提供各步骤成本资料的企业，例如小型水泥厂、造纸厂、砖瓦厂等。

（3）企业内部辅助生产单位，如供水、供气、供电等辅助生产车间向其他车间提供产品和劳务，也可以采用品种法计算其成本。

三、品种法的成本计算程序

品种法是产品成本计算方法中最基本的方法，它的计算过程体现着成本计算的一般程序，也体现着产品成本计算的基本原理。品种法的成本计算程序如下。

（一）按产品品种开设生产成本明细账，分别按成本项目设置专栏

企业应在"生产成本"总分类账户下设置"基本生产成本"和"辅助生产成本"二级账户，同时，按照企业所生产产品的品种（即成本计算对象）设置产品成本明细账（或产品成本计算单），按照辅助生产车间或辅助生产车间提供的产品品种（劳务品种）设置辅助生产成本明细账。产品成本明细账和辅助生产成本明细账应当按照成本项目（直接材料、直接人工、制造费用）设置专栏。

（二）根据各项耗费的原始凭证和其他有关资料归集和分配各种费用

根据各项费用发生的原始凭证和其他有关凭证归集和分配材料费用、工资及附加费和其他各项费用，按照成本计算对象（产品品种）归集和分配生产费用时：凡能直接记入有关生产成本明细账（产品成本计算单）的直接费用，应当直接记入；不能直接记入有关生产成本明细账（产品成本计算单）的间接费用，应当按照"谁受益谁负担、多受益多负担、少受益少负担、不受益不负担"的原则进行分配，编制有关费用分配表，根据费用分配表编制会计分录，再记入有关生产成本明细账（产品成本计算单）。各生产单位发生的制造费用，记入制造费用明细账；直接计入当期损益的管理费用、销售费用、财务费用，应记入相应的期间费用明细账。

（三）分配辅助生产成本

根据辅助生产成本明细账归集的本月辅助生产费用总额，选择适当的辅助生产费用分配方法，编制各辅助生产车间的辅助生产费用分配表。根据辅助生产费用分配表编制会计分录，分别记入有关产品成本明细账（产品成本计算单）、制造费用明细账和期间费用明细账。

辅助生产车间发生的制造费用如果通过制造费用明细账归集，应在分配辅助生产费用前分别转入各辅助生产成本明细账，并计入该辅助生产车间本期的费用总额。

（四）分配基本生产车间的制造费用

根据各基本生产车间制造费用明细账所归集的本月制造费用，按照企业确定的制造费用分配方法，分别编制各车间的制造费用分配表。根据分配结果编制会计分录，分别记入有关产品生产成本明细账（产品成本计算单）。

（五）计算完工产品的总成本和单位成本

根据产品生产成本明细账（产品成本计算单）归集的生产费用合计数，即月初在产品成本加上本月生产费用，在完工产品和在产品之间进行分配，计算出本月完工产品的实际总成本和月末在产品成本。完工产品实际总成本除以其实际总产量，即为该产品本月实际单位成本。

（六）结转完工产品成本

根据产品成本计算结果编制本月完工产品成本汇总表，编制结转本月完工产品成本的会计分录，并分别记入有关产品生产成本明细账（产品成本计算单）和库存商品明细账。

四、品种法应用举例

在实务中，由于简单品种法和典型品种法并没有严格的界限划分，因此本书将这两种方法统称为品种法，在举例中也不加以区分。

【例5-1】青山工厂设有一个基本生产车间和供电、机修两个辅助生产车间，大量生产甲、乙两种产品。甲、乙两种产品属于单步骤生产产品，根据生产特点和管理要求，甲、乙两种产品采用品种法计算产品成本。2023年7月有关成本计算资料如下。

（1）月初在产品成本，见表5-2。

表5-2　　　　　　　　　　　　　　月初在产品成本资料

2023年7月

单位：元

产品名称	直接材料	直接人工	制造费用	合计
甲产品	164 000	32 470	3 675	200 145
乙产品	123 740	16 400	3 350	143 490

甲、乙两种产品的月初在产品成本已分别记入各产品生产成本明细账中。

（2）甲产品本月完工500件，月末在产品100件，实际生产工时100 000小时；乙产品本月完工200件，月末在产品40件，实际生产工时50 000小时。甲、乙两种产品的原材料都在生产开始时一次性投入，加工费用发生比较均衡，月末在产品完工程度均为50%。

1. 确定成本计算对象，设置账户

青山工厂"生产成本"总账账户下设"基本生产成本"和"辅助生产成本"两个二级账户，"基本生产成本"二级账户分甲、乙产品设置产品成本计算单，"辅助生产成本"二级账户分设供电车间和机修车间明细账户。"制造费用"核算基本生产车间发生的间接费用，本例中供电和机修车间由于提供产品或服务单一，发生的制造费用直接记入"辅助生产成本"所属明细账户。生产成本明细账下设"直接材料""直接人工""制造费用"三个成本项目。

2. 生产费用在各成本计算对象之间的归集和分配

（1）材料费用。本月发出材料汇总表见表5-3。

表5-3　　　　　　　　　　　　　　发出材料汇总表

2023年7月

单位：元

领料部门和用途	材料类别			合　计
	原材料	包装物	低值易耗品	
基本生产车间				
甲产品耗用	800 000	10 000		810 000
乙产品耗用	600 000	4 000		604 000
甲、乙产品共同耗用	28 000			28 000
车间一般耗用	2 000		100	2 100
供电车间耗用	1 000			1 000
机修车间耗用	1 200			1 200
厂部管理部门耗用	1 200		400	1 600
合　　计	1 433 400	14 000	500	1 447 900

根据表5-3分配材料费用，其中包装物和低值易耗品按一次摊销法摊销。生产甲、乙两种产品共同耗用的材料按甲、乙两种产品直接耗用原材料的比例分配。分配结果见表5-4、表5-5。

表 5-4 甲、乙产品共同耗用材料分配表

2023 年 7 月

单位：元

产品名称	直接耗用原材料	分配率	分配共同耗用材料
甲产品	800 000	0.02	16 000
乙产品	600 000	0.02	12 000
合 计	1 400 000	0.02	28 000

表 5-5 材料费用分配表

2023 年 7 月

单位：元

会计科目	明细科目	原材料	包装物	低值易耗品	合计
生产成本—— 基本生产成本	甲产品	816 000	10 000		826 000
	乙产品	612 000	4 000		616 000
	小计	1 428 000	14 000		1 442 000
生产成本—— 辅助生产成本	供电车间	1 000			1 000
	机修车间	1 200			1 200
	小计	2 200			2 200
制造费用	基本生产车间	2 000		100	2 100
管理费用	修理费	1 200		400	1 600
合 计		1 433 400	14 000	500	1 447 900

根据表 5-5 编制会计分录如下。

借：生产成本——基本生产成本——甲产品　　　　826 000
　　　　　　——基本生产成本——乙产品　　　　616 000
　　生产成本——辅助生产成本——供电车间　　　1 000
　　　　　　——辅助生产成本——机修车间　　　1 200
　　制造费用——基本生产车间　　　　　　　　　2 100
　　管理费用　　　　　　　　　　　　　　　　　1 600
　　贷：原材料　　　　　　　　　　　　　　　　　　1 433 400
　　　　周转材料——低值易耗品　　　　　　　　　　　500
　　　　　　　　——包装物　　　　　　　　　　　14 000

（2）工资及工资附加费。

本月工资及工资附加费汇总表（简化格式）见表 5-6。

表 5-6 工资及工资附加费汇总表

2023 年 7 月

单位：元

部门	工资	福利费	社会保险费	合计
基本生产车间				
产品生产工人	420 000	23 520	35 280	478 800
车间管理人员	20 000	1 120	1 680	22 800
供电车间人员	8 000	448	672	9 120
机修车间人员	7 000	392	588	7 980

续表

部门	工资	福利费	社会保险费	合计
厂部管理人员	40 000	2 240	3 360	45 600
合计	495 000	27 720	41 580	564 300

其中，甲、乙两种产品应分配的工资及工资附加费按甲、乙两种产品的实际生产工时比例分配，如表5-7所示。

表5-7　　　　　　　　　　工资及工资附加费分配表

2023年7月

分配对象		工资			福利费		社会保险费	
会计科目	明细科目	分配标准/时	分配率/（元/时）	分配金额/元	分配率/（元/时）	分配金额/元	分配率/（元/时）	分配金额/元
生产成本——基本生产成本	甲产品	100 000	2.80	280 000	0.156 8	15 680	0.235 2	23 520
	乙产品	50 000	2.80	140 000	0.156 8	7 840	0.235 2	11 760
	小计	150 000	2.80	420 000	0.156 8	23 520	0.235 2	35 280
生产成本——辅助生产成本	供电车间			8 000		448		672
	机修车间			7 000		392		588
	小计			15 000		840		1 260
制造费用	基本生产车间			20 000		1 120		1 680
管理费用	工资、福利费、社会保险费			40 000		2 240		3 360
合计				495 000		27 720		41 580

根据表5-6和表5-7，编制会计分录如下。

借：生产成本——基本生产成本——甲产品　　319 200
　　　　　　——基本生产成本——乙产品　　159 600
　　生产成本——辅助生产成本——供电车间　9 120
　　　　　　——辅助生产成本——机修车间　7 980
　　制造费用——基本生产车间　　　　　　22 800
　　管理费用　　　　　　　　　　　　　　45 600
　　贷：应付职工薪酬——工资　　　　　　495 000
　　　　　　——福利费　　　　　　　　　27 720
　　　　　　——社会保险费　　　　　　　41 580

（3）本月提取的折旧费和其他费用。

计提固定资产折旧费用，支付财产保险费用，分配结果见表5-8、表5-9。

表5-8　　　　　　　　　　折旧费用计算表

2023年7月
　　　　　　　　　　　　　　　　　　　　　　　　　　　单位：元

会计科目	明细科目	费用项目	分配金额
制造费用	基本生产车间	折旧费	10 000

续表

会计科目	明细科目	费用项目	分配金额
生产成本——	供电车间	折旧费	2 000
辅助生产成本	机修车间	折旧费	4 000
管理费用		折旧费	6 000
合计			22 000

表5-9　　　　　　　　　　　　　　财产保险费分配表

2023年7月

单位：元

会计科目	明细科目	费用项目	分配金额
制造费用	基本生产车间	保险费	1 195
生产成本——辅助生产成本	供电车间	保险费	800
	机修车间	保险费	600
管理费用		保险费	600
合计			3 195

根据表5-8，编制会计分录如下。

借：制造费用——基本生产车间　　　　　　　　　　10 000

　　生产成本——辅助生产成本——供电车间　　　　　2 000

　　　　　　　——辅助生产成本——机修车间　　　　4 000

　　管理费用　　　　　　　　　　　　　　　　　　　6 000

　　贷：累计折旧　　　　　　　　　　　　　　　　　　　22 000

根据表5-9，编制会计分录如下。

借：制造费用——基本生产车间　　　　　　　　　　1 195

　　生产成本——辅助生产成本——供电车间　　　　　800

　　　　　　　——辅助生产成本——机修车间　　　　600

　　管理费用　　　　　　　　　　　　　　　　　　　600

　　贷：库存现金　　　　　　　　　　　　　　　　　　　3 195

（4）分配本月用库存现金和银行存款支付的其他费用。

本月以现金支付的其他费用为2 500元，其中：基本生产车间办公费250元，市内交通费65元；供电车间市内交通费145元；机修车间外部加工费480元；厂部管理部门办公费1 360元，材料市内运输费200元。

本月以银行存款支付的其他费用为14 700元，其中：基本生产车间办公费1 000元，水费2 000元，差旅费1 400元，设计制图费2 600元；供电车间水费500元，外部修理费1 800元；机修车间办公费400元；厂部管理部门办公费3 000元，水费1 200元，招待费200元，市话费600元。

本月其他费用分配表见表5-10。

表5-10　　　　　　　　　　　　　　其他费用分配表

2023年7月

单位：元

会计科目	明细科目	现金支付	银行存款支付	合计
制造费用	基本生产车间	315	7 000	7 315

续表

会计科目	明细科目	现金支付	银行存款支付	合计
生产成本——辅助生产成本	供电车间	145	2 300	2 445
	机修车间	480	400	880
管理费用		1 560	5 000	6 560
合计		2 500	14 700	17 200

根据表5-10，编制会计分录如下。

借：生产成本——辅助生产成本——供电车间 2 445
　　　　　　——辅助生产成本——机修车间 880
　　制造费用——基本生产车间 7 315
　　管理费用 6 560
　　贷：银行存款 14 700
　　　　库存现金 2 500

（5）根据各项要素费用分配表登记有关辅助生产成本明细账（见表5-11、表5-12），并按计划成本分配法分配辅助生产成本，填制辅助生产费用分配表（见表5-15）。

表5-11　　　　　　　　辅助生产成本明细账

车间名称：供电车间　　　　　　　2023年7月　　　　　　　单位：元

2023年 月	日	凭证号	摘要	直接材料	直接人工	制造费用	合计
7	31	表5-5	材料费用	1 000			1 000
	31	表5-7	工资及工资附加费		9 120		9 120
	31	表5-8	折旧费用			2 000	2 000
	31	表5-9	财产保险费			800	800
	31	表5-10	交通费			145	145
	31	表5-10	水费			500	500
	31	表5-10	修理费			1 800	1 800
	31		本期发生额合计	1 000	9 120	5 245	15 365
	31		结转各受益部门	1 000	9 120	5 245	15 365

表5-12　　　　　　　　辅助生产成本明细账

车间名称：机修车间　　　　　　　2023年7月　　　　　　　单位：元

2023年 月	日	凭证号	摘要	直接材料	直接人工	制造费用	合计
7	31	表5-5	材料费用	1 200			1 200
	31	表5-7	工资及工资附加费		7 980		7 980
	31	表5-8	折旧费用			4 000	4 000
	31	表5-9	财产保险费			600	600
	31	表5-10	办公费			400	400

2023年		凭证号	摘　要	直接材料	直接人工	制造费用	合计
月	日						
	31	表5-10	加工费			480	480
	31		本期发生额合计	1 200	7 980	5 480	14 660
	31		结转各受益部门	1 200	7 980	5 480	14 660

本月供电和机修车间提供的劳务量见表 5-13。每千瓦·时电力的计划成本为 0.34 元，每小时机修费的计划成本为 3.50 元，成本差异全部由管理费用负担。辅助生产费用按车间生产甲、乙两种产品的生产工时比例分配，并记入产品成本计算单中"直接材料"成本项目，分配结果见表 5-14。

表 5-13　　　　　　　　　辅助生产车间劳务量

2023 年 7 月

受益部门	供电（单位成本 0.34 元）		机修（单位成本 3.50 元）	
	用电量/（千瓦·时）	计划成本/元	机修工时/时	计划成本/元
供电车间			400	1 400
机修车间	3 000	1 020		
基本生产车间	33 000	11 220	3 000	10 500
产品生产	27 000	9 180		
一般耗费	6 000	2 040	3 000	10 500
厂部管理部门	10 000	3 400	1 100	3 850
合　计	46 000	15 640	4 500	15 750
实际成本		16 765		15 680
成本差异		1 125		−70

表 5-14　　　　　　　　　辅助生产费用分配表

2023 年 7 月

产品名称	生产工时/时	分配率/（元/时）	分配金额/元
甲产品	100 000	0.061 2	6 120
乙产品	50 000	0.061 2	3 060
合计	150 000	0.061 2	9 180

供电车间实际成本=15 365+1 400=16 765（元）

机修车间实际成本=14 660+1 020=15 680（元）

辅助生产费用分配的会计分录如下。

① 结转辅助生产计划成本。

借：生产成本——辅助生产成本——供电车间　　　　　1 400

　　　　　　——辅助生产成本——机修车间　　　　　1 020

　　　　　　——基本生产成本——甲产品　　　　　　6 120

　　　　　　——基本生产成本——乙产品　　　　　　3 060

　　制造费用——基本生产车间　　　　　　　　　　12 540

　　管理费用　　　　　　　　　　　　　　　　　　　7 250
　　　贷：生产成本——辅助生产成本——供电车间　　　15 640
　　　　　　　　——辅助生产成本——机修车间　　　15 750
②　结转辅助生产成本差异，成本差异全部由管理费用负担。
借：管理费用　　　　　　　　　　　　　　　　　　1 055
　　　贷：生产成本——辅助生产成本——供电车间　　　1 125
　　　　　　　　——辅助生产成本——机修车间　　　　 70

制造费用明细账见表5-15。

表5-15　　　　　　　　　　　　　　　制造费用明细账

车间名称：基本生产车间　　　　　　　　　2023年7月　　　　　　　　　　　　单位：元

2023年		凭证号	摘　　要	材料费用	工资及工资附加费	折旧费	修理费	水电费	保险费	其他	合计
月	日										
7	31	表5-5	材料费用	2 100							2 100
	31	表5-7	工资及工资附加费		22 800						22 800
	31	表5-8	折旧费用			10 000					10 000
	31	表5-9	财产保险费						1 195		1 195
	31	表5-10	其他费用							7 315	7 315
	31	表5-13	辅助生产费用				10 500	2 040			12 540
	31		本期发生额	2 100	22 800	10 000	10 500	2 040	1 195	7 315	55 950
	31		期末结转制造费用	2 100	22 800	10 000	10 500	2 040	1 195	7 315	55 950

　　（6）根据基本生产车间制造费用明细账归集的制造费用总额，编制制造费用分配表，并登记有关产品成本计算单。

　　本例按甲、乙两种产品的生产工时比例分配制造费用，分配结果见表5-16。

表5-16　　　　　　　　　　　　　　　制造费用分配表

车间名称：基本生产车间　　　　　　　　　2023年7月

产品名称	生产工时/时	分配率/（元/时）	分配金额/元
甲产品	100 000	0.373	37 300
乙产品	50 000	0.373	18 650
合计	150 000	0.373	55 950

分配制造费用的会计分录如下。
借：生产成本——基本生产成本——甲产品　　　　　　37 300
　　　　　　——基本生产成本——乙产品　　　　　　18 650
　　　贷：制造费用——基本生产车间　　　　　　　　　55 950

　　（7）在完工产品与在产品之间分配生产费用。

　　根据各产品成本计算单归集的生产费用合计数和有关生产数量记录，在完工产品和月末在产品之间分配生产费用，并据以结转完工产品成本。

　　假设青山工厂本月甲产品完工入库500件，月末在产品100件；乙产品完工入库200件，月末在产品40件。按约当产量比例法分别计算甲、乙两种产品的完工产品成本和月末在产品成本。月末在产品约当产量计算结果见表5-17和表5-18。

表5-17　　　　　　　　　　　在产品约当产量计算表（甲产品）

产品名称：甲产品　　　　　　　　　　　　2023年7月　　　　　　　　　　　　　　单位：件

成本项目	在产品数量	投料程度（加工程度）	约当产量
直接材料	100	100%	100
直接人工	100	50%	50
制造费用	100	50%	50

表5-18　　　　　　　　　　　在产品约当产量计算表（乙产品）

产品名称：乙产品　　　　　　　　　　　　2023年7月　　　　　　　　　　　　　　单位：件

成本项目	在产品数量	投料程度（加工程度）	约当产量
直接材料	40	100%	40
直接人工	40	50%	20
制造费用	40	50%	20

根据甲、乙两种产品的月末在产品约当产量，采用约当产量比例法在甲、乙两种产品的完工产品与月末在产品之间分配生产费用。具体分配结果见表5-19～表5-22。

表5-19　　　　　　　　　　基本生产成本明细账（甲产品）

产品：甲产品　　　　　　　　　生产车间：基本生产车间　　　　　　　　　单位：元

2023年		凭证号	摘要	直接材料	直接人工	制造费用	合计
月	日						
7	1		期初在产品成本	164 000	32 470	3 675	200 145
	31	表5-5	材料费用	826 000			826 000
	31	表5-7	工资及工资附加费		319 200		319 200
	31	表5-14	辅助生产费用	6 120			6 120
	31	表5-16	制造费用			37 300	37 300
	31		生产费用合计	996 120	351 670	40 975	1 388 765
	31		结转完工产品成本	830 100	319 700	37 250	1 187 050
	31		月末在产品成本	166 020	31 970	3 725	201 715

表5-20　　　　　　　　　　基本生产成本明细账（乙产品）

产品：乙产品　　　　　　　　　生产车间：基本生产车间　　　　　　　　　单位：元

2023年		凭证号	摘要	直接材料	直接人工	制造费用	合计
月	日						
7	1		期初在产品成本	123 740	16 400	3 350	143 490
	31	表5-5	材料费用	616 000			616 000
	31	表5-7	工资及工资附加费		159 600		159 600
	31	表5-14	辅助生产费用	3 060			3 060

续表

2023 年		凭证号	摘要	直接材料	直接人工	制造费用	合计
月	日						
	31	表 5-16	制造费用			18 650	18 650
	31		生产费用合计	742 800	176 000	22 000	940 800
	31		结转完工产品成本	619 000	160 000	20 000	799 000
	31		月末在产品成本	123 800	16 000	2 000	141 800

表 5-21　　　　　　　　　　　　　　产品成本计算单（甲产品）

车间：基本生产车间　　　　　　　　　完工数量：500 件　　　　　　　　在产品数量：100 件

产品名称：甲产品　　　　　　　　　　　2023 年 7 月　　　　　　　　　　　　　单位：元

摘要	直接材料	直接人工	制造费用	合计
月初在产品成本	164 000	32 470	3 675	200 145
本月发生生产费用	832 120	319 200	37 300	1 188 620
生产费用合计	996 120	351 670	40 975	1 388 765
完工产品数量	500	500	500	
在产品约当产量	100	50	50	
约当总产量	600	550	550	
分配率（单位成本）	1 660.20	639.40	74.50	2 374.10
完工产品总成本	830 100	319 700	37 250	1 187 050
月末在产品成本	166 020	31 970	3 725	201 715

表 5-22　　　　　　　　　　　　　　产品成本计算单（乙产品）

车间：基本生产车间　　　　　　　　　完工数量：200 件　　　　　　　　在产品数量：40 件

产品名称：乙产品　　　　　　　　　　　2023 年 7 月　　　　　　　　　　　　　单位：元

摘要	直接材料	直接人工	制造费用	合计
月初在产品成本	123 740	16 400	3 350	143 490
本月发生生产费用	619 060	159 600	18 650	797 310
生产费用合计	742 800	176 000	22 000	940 800
完工产品数量	200	200	200	
在产品约当产量	40	20	20	
约当总产量	240	220	220	
分配率（单位成本）	3 095	800	100	3 995
完工产品总成本	619 000	160 000	20 000	799 000
月末在产品成本	123 800	16 000	2 000	141 800

（8）结转完工产品成本。根据表 5-21、表 5-22 中的分配结果，编制完工产品成本汇总表（见表 5-23），结转完工入库产品成本。

表 5-23   完工产品成本汇总表

2023 年 7 月   单位：元

成本项目	甲产品（500 件）		乙产品（200 件）	
	总成本	单位成本	总成本	单位成本
直接材料	830 100	1 660.20	619 000	3 095
直接人工	319 700	639.40	160 000	800
制造费用	37 250	74.50	20 000	100
合计	1 187 050	2 374.10	799 000	3 995

根据表 5-23 编制会计分录如下。

借：库存商品——甲产品   1 187 050

　　　　　——乙产品   799 000

　　贷：生产成本——基本生产成本——甲产品   1 187 050

　　　　　　　　——基本生产成本——乙产品   799 000

任务三　分批法

一、分批法的概念

分批法是以产品批别或订单作为成本计算对象，归集生产费用、计算产品成本的方法。在单件小批生产的企业中，企业的生产活动往往根据订货单位的订单来签发工作任务通知单并组织生产，因此，分批法也叫作订单法。

二、分批法的特点及适用范围

（一）分批法的特点

1. 成本计算对象

分批法以产品的批别或订单作为成本计算对象。

在小批单件生产中，产品的种类和每批产品的批量，大多根据购买者订单确定。若购货单位的一张订单中规定有多种产品，应按产品的品种划分批别后组织生产，计算成本；若购货单位的一张订单中只规定有一种产品，且数量较大、难以集中一次性投料，或供货单位要求分批交货时，可划分数个批别，分批组织生产，计算成本；若购货单位的一张订单中只规定有一种产品，但属于大型复杂产品，价值高，生产周期长，例如大型船舶制造，可按其零部件分批组织生产，计算成本；若不同购货单位同时订购同一种产品，也可将同种产品合为一批来组织生产，计算成本。上述情况下，分批法的成本计算对象就不是购货单位原订单，而是生产计划部门下达的生产任务通知单。财会部门应按生产任务通知单的生产批号设置生产成本明细账，直接费用直接记入各明细账有关成本项目，间接费用分配记入各明细账有关成本项目。

2. 成本计算期

采用分批法计算产品成本时，成本或费用应按月归集汇总，但并不需要每月定期计算产品成本。由于各批产品的生产周期不一致，每批产品的实际成本，必须等到该批产品全部完工以后（完工月份的月末）才能计算确定，因而分批法的成本计算是不定期的，成本计算期与产品的生产周期一致，与会计报告期不一致。

3. 生产费用在完工产品与在产品之间的分配

小批单件产品生产，由于成本计算期与产品生产周期相同，因而一般不存在生产费用在完工产品与在产品之间分配的问题。各批产品归集的生产费用，如月末全部完工，这些生产费用即该批产品的完工产品成本；产品完工后，该批产品成本计算单中归集的费用，则为完工产品的成本，应全部转出。

但如果产品的批量较大，同批产品跨月陆续完工，则须采用一定的计算方法计算完工产品成本和月末在产品成本。

（1）在跨月完工产品不多的情况下，为了简化成本核算工作，完工产品成本可按计划成本或定额成本计算，产品成本计算单中所归集的全部费用，减去完工产品的计划成本或定额成本，即可算出该批产品的月末在产品成本，待该批产品全部完工时再计算该批产品的实际总成本；

（2）在批内跨月完工产品较多的情况下，为了准确核算已完工产品的成本，应采用适当的方法，如定额比例法或约当产量比例法，将生产费用在完工产品和月末在产品之间进行分配，计算出完工产品成本和月末在产品成本，以提高成本计算的正确性。

（二）分批法的适用范围

分批法主要适用于小批单件、管理上不要求分步骤计算成本的多步骤生产，如精密仪器、专用设备、专用工具模具、重型机械和船舶的制造，也可用于新产品的试制、机器设备修理、来料加工和辅助生产的工具模具制造等。

三、分批法的成本计算程序

（一）按产品批别或订单开设生产成本明细账

分批法以产品的批别或订单作为成本计算对象，因此应按产品的批别或订单开设生产成本明细账（或产品成本计算单）进行生产费用的归集和分配，同时根据费用的用途确定成本项目，设置生产成本明细账的专栏。

（二）编制各要素费用分配表，按产品批别归集和分配本月发生的各种费用

分批法下，对各批产品直接耗用的材料、费用，要在有关原始凭证上填明订单号归集，直接记入各批次基本生产成本明细账；对各批产品共同耗用的间接费用，应采用适当的方法进行分配后，分别记入各批别的成本明细账内，从而计算各批产品成本。

（三）分配辅助生产费用

在设有辅助生产车间的企业，根据辅助生产成本明细账归集的本月辅助生产费用总额，选择适当的辅助生产费用分配方法，编制各辅助生产车间的"辅助生产费用分配表"分配。根据分配表编制会计分录，分别记入各批产品成本明细账（或产品成本计算单）、制造费用明细账和期间费用明细账。

（四）分配基本生产车间的制造费用

根据各基本生产车间制造费用明细账所归集的本月制造费用，按照企业确定的制造费用分配方法，分别编制各车间的制造费用分配表。根据分配结果编制会计分录，把分配给各个批别的制造费用分别记入各批产品生产成本明细账（或产品成本计算单）的制造费用成本项目中。

（五）计算完工产品成本

月内已经完工的各批产品，基本生产成本明细账上所归集的全部生产费用即该批完工产品总

成本，完工产品总成本除以完工产品数量，即可求出完工产品的单位成本；月末未完工的各批次产品，基本生产成本明细账上所归集的全部生产费用，就是月末在产品成本；如果同一批次产品跨月陆续完工交货，应采用一定方法在完工产品与在产品之间分配费用，计算当月完工产品成本和月末在产品成本。

四、典型分批法应用举例

【例 5-2】泰川公司按照购货单位的要求，小批生产甲产品。该公司 2023 年 7 月投产甲产品 50 件，批号为 701，8 月全部完工；8 月投产乙产品 40 件，批号为 801，当月完工 30 件，并已交货，还有 10 件尚未完工，在产品完工程度为 60%，材料于生产开始时一次性投入。与 701 号甲产品和 801 号乙产品有关的成本资料见表 5-24、表 5-25。

表 5-24　　　　　　　　　　　月初在产品成本

2023 年 8 月　　　　　　　　　　　单位：元

产品名称	产品批别	直接材料	直接人工	制造费用	合计
甲产品	701	80 000	8 000	12 000	100 000

表 5-25　　　　　　　　　　　本月发生生产费用

2023 年 8 月　　　　　　　　　　　单位：元

产品名称	产品批别	直接材料	直接人工	制造费用	合计
甲产品	701	30 000	9 000	15 000	54 000
乙产品	801	400 000	54 000	81 000	535 000

根据上述资料，采用分批法计算产品生产成本、登记各批产品成本明细账和进行账务处理。

（1）计算 701 批号甲产品成本。由于 701 批号产品全部完工，根据直接材料、直接人工、制造费用分配表登记产品成本计算单，7 月、8 月发生的所有费用之和即产成品总成本。

701 批号甲产品成本计算单见表 5-26。

表 5-26　　　　　　　　　　　产品成本计算单（甲产品）

批号：701　　　　　　　　产品名称：甲产品　　　　　　　　开工日期：7 月 10 日
批量：50 件　　　　　　　　　　单位：元　　　　　　　　完工日期：8 月 20 日

2023 年 月	日	摘　要	直接材料	直接人工	制造费用	合计
8	1	期初在产品成本	80 000	8 000	12 000	100 000
	31	本月生产费用合计	30 000	9 000	15 000	54 000
		生产费用合计	110 000	17 000	27 000	154 000
		完工产品总成本	110 000	17 000	27 000	154 000
		单位成本	2 200	340	540	3 080
		月末在产品成本				

（2）计算 801 批号乙产品成本。产品未全部完工，计算月末在产品成本和产成品成本。801 批号乙产品成本计算单见表 5-27。

表 5-27　　　　　　　　　　　　产品成本计算单（乙产品）

批号：801　　　　　　　　　　产品名称：乙产品　　　　　　　　　　开工日期：8 月 5 日

批量：40 件　　　　　　　　　　单位：元　　　　　　　　　　完工日期：

2023 年		摘要	直接材料	直接人工	制造费用	合计
月	日					
8	31	本月生产费用合计	400 000	54 000	81 000	535 000
		生产费用合计	400 000	54 000	81 000	535 000
		完工产品总成本	300 000	45 000	67 500	412 500
		单位产品成本	10 000	1 500	2 250	13 750
		月末在产品成本	100 000	9 000	13 500	122 500

在产品直接材料费用约当总产量=30+10=40（件）

产成品直接材料费用=$\dfrac{400\,000}{40}$×30=10 000×30=300 000（元）

月末在产品直接材料费用=10 000×10=100 000（元）

在产品直接人工、制造费用约当产量总量=30+10×60%=36（件）

产成品直接人工费用=$\dfrac{54\,000}{36}$×30=1 500×30=45 000（元）

月末在产品直接人工费用=1 500×6=9 000（元）

产成品制造费用=$\dfrac{81\,000}{36}$×30=2 250×30=67 500（元）

月末在产品制造费用=$\dfrac{81\,000}{36}$×6=13 500（元）

（3）结转完工入库产品成本的会计分录如下。

借：库存商品——甲产品　　　　　　　　　　　　154 000

　　　　　——乙产品　　　　　　　　　　　　412 500

　　贷：生产成本——701 号　　　　　　　　　　154 000

　　　　　——801 号　　　　　　　　　　412 500

五、简化分批法

（一）简化分批法的含义及适用范围

在小批或单件生产的企业中，产品订单多，生产周期长，而实际每月完工的订单并不多。在这种情况下，如果不论各批产品完工与否，都将当月发生的间接费用在当月分配并计入各批产品成本，必定会由于产品批次众多，而使得间接费用的分配工作繁重。这时典型分批法就显得不适用了。

所谓简化分批法，是指采用分批法进行成本计算时，各批产品成本明细账在产品完工前只登记直接费用和生产工时，每月发生的间接费用则在生产成本二级账中分别累计，到产品完工时，按照各批完工产品累计工时的比例，在各批完工产品之间进行分配。由于这种方法只对完工产品分配间接费用，而不分批计算在产品成本，故又称为不分批计算在产品成本的分批法。

简化分批法适用于同一月份投产的产品批数很多，月末完工批数较多，且各月间接费用水平相差不多的企业。

（二）简化分批法的特点

与典型分批法比较，简化分批法具有以下特点。

1. 设置基本生产成本二级账

采用简化分批法，除按产品批别设置产品生产成本明细账（产品成本计算单）外，还必须按生产单位设置基本生产成本二级账。基本生产成本二级账和产品生产成本明细账平行登记。

产品生产成本明细账只按月登记该批产品的直接费用（如原材料费用）和生产工时。各月发生的间接费用（如职工薪酬和制造费用）不是按月在各批产品之间进行分配，而是按成本项目登记在基本生产成本二级账中，只有在有完工产品的月份才向本月完工产品分配登记间接费用，未完工产品的间接费用仍然保留在基本生产成本二级账中。

2. 不分批计算月末在产品成本

基本生产成本二级账按成本项目登记全部批次产品的累计生产费用（包括全部直接费用和全部间接费用）和累计生产工时。在有完工产品的月份，将完工产品应负担的间接费用分配转入各完工产品生产成本明细账（产品成本计算单）后，基本生产成本二级账反映的是全部批次月末在产品成本。而各批次未完工产品的生产成本明细账（产品成本计算单）中也只反映月末在产品的累计直接费用和累计工时，不反映在产品成本。这也是简化分批法和典型分批法的区别之一。

3. 采用同一个累计间接费用分配率分配间接费用

在有完工产品的月份，根据基本生产成本二级账的记录，计算全部产品累计间接费用分配率。累计间接费用分配率既是在各批完工产品之间分配各项间接费用的依据，也是完工产品与月末在产品之间分配各项费用的依据。其计算公式如下。

$$全部产品某项累计间接费用分配率 = \frac{全部产品该项累计间接费用}{全部产品累计生产工时}$$

某批完工产品应负担的某项间接费用=该批完工产品累计生产工时×全部产品该项累计间接费用分配率

（三）简化分批法的计算程序

1. 设置生产成本明细账与基本生产成本二级账

按照产品批别设置生产成本明细账，同时按全部产品设立一个基本生产成本二级账。在产品完工前，生产成本明细账只登记直接材料费用和生产工时，只有在某批产品完工时，才分配该批产品应负担的直接人工和制造费用。

2. 登记各批别产品发生的生产费用和生产工时

各批产品的直接费用和生产工时，在各批产品的生产成本明细账和基本生产成本二级账中平行登记；各批产品发生的间接费用，只需要根据有关费用分配表登记基本生产成本二级账。

3. 计算完工产品成本

有完工产品的月份，要根据基本生产成本二级账计算全部产品的累计间接费用分配率，并以此为标准计算当月完工批次产品负担的间接费用，该批次产品直接费用加上间接费用得出完工产品总成本。

（四）简化分批法应用举例

【例5-3】某企业小批生产多种产品，产品批数多，而且月末有许多批产品未完工，6月生产产品的批号及产品完工情况如下。

9001批号：A产品9件，4月投产，本月全部完工。

9002 批号：B 产品 8 件，5 月投产，本月完工 4 件。

9003 批号：C 产品 7 件，5 月投产，尚未完工。

9004 批号：D 产品 6 件，本月投产，尚未完工。

9005 批号：E 产品 6 件，本月投产，尚未完工。

至 2023 年 6 月末，该企业 9001、9002、9003、9004、9005 批号产品直接材料、直接人工、制造费用、生产工时等有关资料见表 5-28、表 5-29、表 5-30、表 5-31、表 5-32、表 5-33。

根据上述资料采用简化分批法计算各产品成本。

（1）登记该企业基本生产成本二级账，分配间接费用。

$$直接人工累计间接费用分配率=\frac{66\,000}{40\,000}=1.65（元/时）$$

$$制造费用累计间接费用分配率=\frac{36\,800}{40\,000}=0.92（元/时）$$

表 5-28 　　　　　　　　　　　基本生产成本二级账

（各批产品总成本）

2023 年		摘要	直接材料/元	生产工时/时	直接人工/元	制造费用/元	成本合计/元
月	日						
5	31	余额	67 110	20 500	43 000	24 700	134 810
6	30	本月发生	48 890	19 500	23 000	12 100	83 990
	30	累计数	116 000	40 000	66 000	36 800	218 800
	30	全部产品累计间接费用分配率			1.65	0.92	
	30	本月完工产品转出	45 330	17 600	29 040	16 192	90 562
	30	月末在产品成本	70 670	22 400	36 960	20 608	128 238

（2）根据该企业各产品批别开设产品生产成本明细账，登记产品生产成本明细账。

9001 批号完工产品转出费用：

$$直接人工=12\,600×1.65=20\,790（元）$$

$$制造费用=12\,600×0.92=11\,592（元）$$

根据以上计算填制产品成本明细账，见表 5-29。

表 5-29 　　　　　　　　　　　产品成本明细账（A 产品）

批号：9001　　　　　　　　　　　2023 年 6 月　　　　　　　投产日期：4 月 2 日

产品名称：A 产品　　　　　　　　　　　　　　　　　　　　完工日期：6 月 15 日

产品批量：9 件　　　　　　　　　　　　　　　　　　　　　金额单位：元

月	日	摘要	直接材料	生产工时/时	直接人工	制造费用	成本合计
4	30	本月发生	18 970	5 780			
5	31	本月发生	9 880	5 400			
6	30	本月发生	4 000	1 420			
	30	累计数及累计间接费用分配率	32 850	12 600	1.65	0.92	
	30	本月完工转出	32 850	12 600	20 790	11 592	65 232
	30	完工产品单位成本	3 650	1 400	2 310	1 288	7 248

9002 批号完工产品转出费用：

$$直接人工=5\,000×1.65=8\,250（元）$$

$$制造费用=5\,000×0.92=4\,600（元）$$

根据以上计算填制产品成本明细账，见表 5-30。

表 5-30　　　　　　　　产品成本明细账（B 产品）

批号：9002　　　　　　　2023 年 6 月　　　　　　投产日期：5 月 12 日

产品名称：B 产品　　　　　　　　　　　　　　　　完工日期：6 月 25 日

产品批量：8 件　　　　　　　　　　　　　　　　　本月完工：4 件

金额单位：元

月	日	摘要	直接材料	生产工时/时	直接人工	制造费用	成本合计
5	31	本月发生	19 860	4 500			
6	30	本月发生	5 100	3 700			
	30	累计数及累计间接费用分配率	24 960	8 200	1.65	0.92	
	30	本月完工转出	12 480	5 000	8 250	4 600	25 330
	30	完工产品单位成本	3 120	1 250	2 062.50	1 150	6 332.5
	30	在产品成本	12 480	3 200			

表 5-31　　　　　　　　产品成本明细账（C 产品）

批号：9003　　　　　　　2023 年 6 月　　　　　　投产日期：5 月 13 日

产品名称：C 产品　　　　　　　　　　　　　　　　完工日期：

产品批量：7 件　　　　　　　　　　　　　　　　　金额单位：元

月	日	摘要	直接材料	生产工时/时	直接人工	制造费用	成本合计
5	31	本月发生	18 400	4 820			
6	30	本月发生	2 100	2 000			

表 5-32　　　　　　　　产品成本明细账（D 产品）

批号：9004　　　　　　　2023 年 6 月　　　　　　投产日期：6 月 8 日

产品名称：D 产品　　　　　　　　　　　　　　　　完工日期：

产品批量：6 件　　　　　　　　　　　　　　　　　金额单位：元

月	日	摘要	直接材料	生产工时/时	直接人工	制造费用	成本合计
6	30	本月发生	18 000	6 000			

表 5-33　　　　　　　　产品成本明细账（E 产品）

批号：9005　　　　　　　2023 年 6 月　　　　　　投产日期：6 月 2 日

产品名称：E 产品　　　　　　　　　　　　　　　　完工日期：

产品批量：6 件　　　　　　　　　　　　　　　　　金额单位：元

月	日	摘要	直接材料	生产工时/时	直接人工	制造费用	成本合计
6	30	本月发生	19 690	6 380			

注：由于 9003、9004、9005 批号产品尚未完工，所以只需要在产品成本明细账中归集直接材料费用和生产工时。

（3）结转完工入库产品成本的会计分录如下。

借：库存商品——A 产品　　　　　　　　　　　　　　65 232

　　　　　　——B 产品　　　　　　　　　　　　　　25 330

贷：生产成本——基本生产成本——9001 号　　　　　65 232

　　　　　——基本生产成本——9002 号　　　　　25 330

采用简化分批法计算产品成本虽然有利于简化成本计算工作，但是，在这种方法下，各未完工批别的产品成本明细账不能完整地反映各批产品的在产品成本，并且只有在适当的条件下才能采用这种方法，否则会影响成本计算工作的正确性。

① 简化分批法只能在各月间接费用的水平相差不大的情况下采用。间接费用分配率是根据本月及以前几个月的累计间接费用计算的，如果本月间接费用水平与前几个月间接费用水平相差太大，按累计平均的间接费用分配率计算本月投产、本月完工的产品成本，脱离实际将会较大。

② 简化分批法只应在同一月份投产的产品批数很多，但月末完工批数较少，月末未完工批数较多的情况下采用。只有这样，才会简化核算工作，否则，仍要按批数在大多数完工产品成本明细账中分配登记各项间接费用，就不能起到简化核算工作的作用。

任务四　逐步结转分步法

一、分步法概述

（一）分步法的概念及适用范围

产品成本计算的分步法是指以产品品种及所经过的生产步骤为成本计算对象来归集生产费用，计算产品成本的一种基本方法。

分步法主要适用于大量、大批、多步骤，且管理上要求提供各步骤成本资料的生产企业，例如冶金（分为炼铁、炼钢、轧钢等步骤）、纺织（分为纺纱、织布、印染等步骤）、机械制造（分为铸造、加工、装配等步骤）等企业。在这些企业中，产品生产工艺过程是由若干个在技术上可以间断的生产步骤组成的，每个生产步骤都有生产出的半成品（最后一个步骤生产出完工产品）。这些半成品既可以用于下一个步骤继续进行加工或装配，又可以对外销售。为了加强对各生产步骤的成本管理，企业不但要按产品品种计算成本，还要按产品的生产步骤计算各步骤耗费的成本，以此考核完工产品及其所经过的生产步骤的成本计划的执行情况。

（二）分步法的特点

1. 以产品品种及其所经过的生产步骤为成本计算对象

在计算产品成本时，按照产品的生产步骤设立产品成本明细账。如果只生产一种产品，成本计算对象就是该种产品及其所经过的各生产步骤，产品成本明细账应该按照该产品的生产步骤开立；如果生产多种产品，成本计算对象则应是各种产品及其所经过的各生产步骤，产品成本明细账则应按照各种产品的各个步骤设立。

在进行成本计算时，应按步骤分产品归集和分配生产费用，单设成本项目的直接费用，直接计入各成本计算对象；单设成本项目的间接费用，单独分配计入各成本计算对象；不单设成本项目的费用，一般先按车间、部门等归集为综合费用，月末再直接计入或者分配计入各成本计算对象。

2. 成本计算期与会计报告期一致

在大批、大量、多步骤生产中，由于生产周期较长，可以间断，而且产品往往是跨月陆续完工，因此，成本计算一般都是按月、定期地进行，即在分步法下，成本计算期与会计报告期一致，而与产品的生产周期不一致。

3. 月末需要在完工产品和在产品之间分配生产费用

在大批、大量、多步骤生产中，由于生产周期较长，而且产品往往是跨月陆续完工，月末各步骤一般都存在未完工的在产品。因此，在计算成本时，还需要采用适当的分配方法，将汇集在各种产品、各步骤产品成本明细账的生产费用，在完工产品与在产品之间进行分配，计算完工产品和在产品成本。

4. 成本需要在各步骤之间结转

由于产品生产是分步骤进行的，上一步骤生产的半成品是下一步骤的加工对象，因此，为了计算各种产品的产成品成本，需要采用适当的方法，按产品品种分别结转各步骤成本，最终计算出每种产品的总成本和单位成本。这也是分步法的一个重要特点。

（三）分步法的种类

分步法按照产品生产步骤来归集费用，由于不同企业对生产步骤成本管理有不同要求，计算产品成本时，各个生产步骤成本的计算和结转有逐步结转和平行结转两种方法，因而分步法又分为逐步结转分步法和平行结转分步法两种。

1. 逐步结转分步法

逐步结转分步法是指在分步法下，自制半成品成本随半成品在各生产步骤之间移动而顺序结转的一种方法。在这一方法下，必须分生产步骤计算自制半成品成本。计算各个生产步骤所产的半成品成本，是逐步结转分步法的显著特点，因此，逐步结转分步法也称为计算半成品成本的分步法。

2. 平行结转分步法

平行结转分步法是指在分步法下，自制半成品成本不在生产步骤之间结转，而在月终将应由产品负担的各步骤的生产费用平行地汇总，以求得产成品成本的一种方法。按照生产步骤归集生产费用，只计算完工产品在各生产步骤的成本"份额"，不计算和结转各生产步骤所产的半成品成本，是平行结转分步法的显著特点。因此，平行结转分步法也称为不计算半成品成本的分步法。

二、逐步结转分步法

（一）逐步结转分步法的概念及适用范围

逐步结转分步法是按照产品加工的顺序，逐步计算并结转半成品成本，直到最后生产步骤才能计算产成品成本的一种方法。逐步结转分步法按照产品加工顺序先计算第一步骤的半成品成本，然后结转给第二步骤；第二步骤把第一步骤转来的半成品成本加上本步骤耗用的材料和加工费用，即可求得第二步骤的半成品成本；如此顺序逐步转移累计，直到最后一个步骤才能计算出产成品成本。计算各生产步骤的半成品成本，是这种方法的显著特征，因此，逐步结转分步法也称计算半成品成本的分步法。

逐步结转分步法适用于半成品具有独立经济意义，半成品可以对外销售以及管理上要求提供半成品成本资料的连续加工式多步骤大量大批生产的企业。

【知识拓展】

钢铁是怎样炼成的

钢铁的制造，分四个步骤进行。第一步骤，由烧结车间将铁矿石碾成标准化的颗粒，制成固态烧结石。这一阶段铁矿石和煤是主要原材料，需要计算半成品烧结石的成本。第二步骤，固态烧结石进入炼铁车间，加入等量的焦炭，通过高温熔化成铁水，去除杂质后制成生铁。这一阶段除了半成品烧结石外，焦炭、煤也是主要原材料，生产出的半成品成本中包括烧结石、焦炭、煤的成本。第三步骤，炼钢车间领用生铁，生产出产成品钢锭，发生的成本有生铁、煤的成本。第四步骤，由各种型材生产车间用钢锭生产出成品——各种型材，在这个生产过程中，发生的成本有钢锭和煤的成本。从钢铁生产过程可以看出，每个生产车间生产出的半成品都能独立对外销售，并且能够独立核算成本，所以，钢铁厂适合采用分步法中的逐步结转分步法计算成本。

（二）逐步结转分步法的特点

成本计算对象是各生产步骤的半成品和最后步骤的产成品，该种方法按照产品品种和生产步骤设置产品成本计算单，每一步骤内的成本计算与品种法基本相同。各生产步骤的半成品成本，随着半成品实物的转移在各生产步骤之间顺序结转。在产品成本按其实物所在地反映，各生产步骤基本生产成本明细账的期末余额反映的是该步骤结存的在产品成本。企业需要计算各生产步骤所产半成品成本，中间步骤产品成本计算单中费用合计包含"本步骤耗用上一步骤的半成品费用"一项。企业可以根据需要设置"自制半成品"账户。各生产步骤所归集的本步骤发生的生产费用（包括上一步骤转入的半成品成本），在完工半成品与狭义在产品之间进行分配。

逐步结转分步法按各生产步骤间所结转的半成品成本在下一步骤产品成本明细账中反映的方法不同，可分成综合结转分步法和分项结转分步法。

（三）逐步结转分步法的计算程序

（1）按产品品种和生产步骤设置产品成本明细账，归集生产费用。

（2）月末将第一步骤产品成本计算单中的费用合计数，采用一定的方法在第一步骤的完工半成品和在产品之间分配，计算出本步骤完工半成品和在产品成本。

（3）将本步骤耗用上一步骤生产半成品的成本转入本步骤的产品成本计算单，再加上本步骤本月发生的费用，计算费用合计数，并将费用合计数在本步骤的完工半成品和在产品之间分配，计算出本步骤完工半成品和在产品成本。

（4）重复（3）所述的成本计算方法，依次计算各步骤半成品成本，直到生产的最后步骤，计算出本月最终完工的产成品的成本。

【知识拓展】

逐步结转分步法的计算程序如图 5-1 所示。

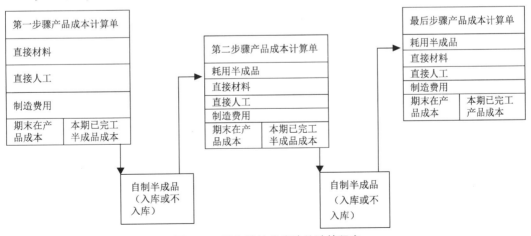

图 5-1 逐步结转分步法的计算程序

三、综合结转分步法

（一）综合结转分步法的概念及特点

综合结转分步法是将上一步骤转入下一步骤的半成品成本，以合计数的方式记入下一步骤产品成本计算单中专设的"自制半成品"或"直接材料"成本项目，不分成本项目综合反映各步骤所耗上一步骤所产半成品成本的方法。

如果半成品须通过仓库收发，企业需要增设"自制半成品"账户，并按照半成品的种类设置明细账，账内要根据成本结转所用方式相应地设立有关专栏。综合结转分步法下，设立数量金额式"收发存"专栏的明细账。

半成品成本的综合结转，可以按照上一步骤所产半成品的实际成本结转，也可以按照企业确定的半成品计划成本（或定额成本）结转。

（二）综合结转分步法应用

综合结转分步法是指各生产步骤耗用的上一步骤所产半成品成本，按照上一步骤产品成本明细账中确定的实际总成本，综合记入该步骤各产品成本明细账中"自制半成品"项目。在设有半成品仓库的企业，半成品仓库日常收入、发出和结存的半成品也都按实际成本计算。半成品仓库收入的半成品，按照交库生产步骤产品成本明细账确定的实际成本入账；发出的半成品，可以采用先进先出法、加权平均法、后进后出法等发出存货的计价方法计算其实际成本。

【例 5-4】某工业企业生产甲产品需要经过三个步骤，分别由三个车间进行。第一车间生产 A 半成品，完工后全部交给第二车间继续加工；第二车间生产的产品为 B 半成品，完工后全部交给半成品仓库；第三车间从半成品仓库中领出 B 半成品继续加工，完工后即甲产品产成品，全部交产成品仓库。半成品仓库发出的 B 半成品按全月一次加权平均法计算其实际成本。原材料在第一车间开工时一次性投入，第二、第三车间领用的半成品，也在各生产步骤生产开始时一次性投入。加工费用随加工程度逐步发生，月末在产品加工程度为 50%。半成品仓库月初结存半成品 40 件，单位成本 825 元。根据以下材料采用综合结转分步法计算甲产品成本。

（1）本月生产数量见表 5-34。

表 5-34　　　　　　　　　　　生产数量记录

产品：甲产品　　　　　　　　　2023 年 10 月　　　　　　　　　　　单位：件

车间	月初在产品	本月投入或上步投入	本月完工转入下步或交库	月末在产品
第一车间	20	220	200	40
第二车间	40	200	200	40
第三车间	40	200	220	20

（2）月初及本月生产费用汇总见表 5-35。

表 5-35　　　　　　　　　　　生产费用汇总

产品：甲产品　　　　　　　　　2023 年 10 月　　　　　　　　　　　单位：元

项目	自制半成品	直接材料	直接人工	制造费用	合计
第一车间：					
月初在产品成本		5 000	1 250	1 000	7 250
本月发生费用		55 000	26 250	21 000	102 250

续表

项目	自制半成品	直接材料	直接人工	制造费用	合计
第二车间：					
月初在产品成本	19 000		4 000	3 000	26 000
本月发生费用			40 000	30 000	70 000
第三车间：					
月初在产品成本	33 000		4 000	3 000	40 000
本月发生费用			42 000	31 500	73 500

计算步骤可分为以下几步。

（1）分别按照三个生产步骤（即三个生产车间）设立产品成本计算单，并计算第一步骤产品成本，见表5-36。

表5-36 　　　　　　　　　　　　第一车间产品成本计算单

产品：A半成品　　　　　　　　　　　　2023年10月

摘要	直接材料	直接人工	制造费用	合计
月初在产品成本/元	5 000	1 250	1 000	7 250
本月发生生产费用/元	55 000	26 250	21 000	102 250
生产费用合计/元	60 000	27 500	22 000	109 500
本月完工产品数量/件	200	200	200	
月末在产品约当产量/件	40	20	20	
约当总产量/件	240	220	220	
单位成本（费用分配率）/（元/件）	250	125	100	475
完工半成品成本/元	50 000	25 000	20 000	95 000
月末在产品成本/元	10 000	2 500	2 000	14 500

在产品直接材料费用约当产量：200+40×100%=240（件）

在产品直接人工、制造费用约当产量：200+40×50%=220（件）

根据计算结果（见表5-36），编制完工A半成品交给第二车间继续加工的会计分录如下。

借：生产成本——基本生产成本——第二车间——B半成品　　　95 000

　　贷：生产成本——基本生产成本——第一车间——A半成品　　　95 000

（2）计算第二步骤产品成本，见表5-37。

根据表5-36，编制A半成品完工入库的会计分录如下。

借：自制半成品——A半成品　　　95 000

　　贷：生产成本——基本生产成本——第一车间　　　95 000

第二车间领用第一车间完工半成品，编制会计分录如下。

借：生产成本——基本生产成本——第二车间　　　95 000

　　贷：自制半成品——A半成品　　　95 000

表 5-37　　　　　　　　　第二车间产品成本计算单

产品：B 半成品　　　　　　　　　　　2023 年 10 月

摘要	自制半成品	直接人工	制造费用	合计
月初在产品成本/元	19 000	4 000	3 000	26 000
本月发生生产费用/元	95 000	40 000	30 000	165 000
生产费用合计/元	114 000	44 000	33 000	191 000
本月完工产品数量/件	200	200	200	
月末在产品约当产量/件	40	20	20	
约当总产量/件	240	220	220	
单位成本（费用分配率）/（元/件）	475	200	150	825
完工半成品成本/元	95 000	40 000	30 000	165 000
月末在产品成本/元	19 000	4 000	3 000	26 000

根据计算结果，编制 B 半成品完工入库的会计分录如下。

借：自制半成品——B 半成品　　　　　　　　　　　165 000

　　贷：生产成本——基本生产成本——第二车间——B 半成品　165 000

（3）登记自制半成品明细账，见表 5-38。

表 5-38　　　　　　　　　自制半成品明细账　　　　　　　　　数量单位：件

产品：B 半成品　　　　　　　　　　　2023 年 10 月　　　　　　　　金额单位：元

摘要	收入			发出			结存		
	数量	单价	金额	数量	单价	金额	数量	单价	金额
月初结存							40	825	33 000
本月入库	200	825	165 000						
本月发出				200	825	165 000			
月末结存							40	825	33 000

说明：本月 B 半成品的加权平均单位成本和生产领用 200 件的实际总成本计算如下。

$$加权平均单位成本=\frac{33\,000+165\,000}{40+200}=825（元/件）$$

生产领用 200 件总成本=825×200=165 000（元）

根据计算结果，第三车间领用 B 半成品 200 件，实际总成本为 165 000 元，编制结转发出半成品成本的会计分录如下。

借：生产成本——基本生产成本——第三车间　　　　　165 000

　　贷：自制半成品——B 半成品　　　　　　　　　　　165 000

（4）计算第三步骤生产成本，见表 5-39。

表 5-39　　　　　　　　　第三车间产品成本计算单

产品：甲产品　　　　　　　　　　　2023 年 10 月

摘要	自制半成品	直接人工	制造费用	合计
月初在产品成本/元	33 000	4 000	3 000	40 000

续表

摘要	自制半成品	直接人工	制造费用	合计
本月发生生产费用/元	165 000	42 000	31 500	238 500
生产费用合计/元	198 000	46 000	34 500	278 500
本月完工产品数量/件	220	220	220	
月末在产品约当产量/件	20	10	10	
约当总产量/件	240	230	230	
单位成本（费用分配率）/（元/件）	825	200	150	1 175
完工产成品成本/元	181 500	44 000	33 000	258 500
月末在产品成本/元	16 500	2 000	1 500	20 000

根据计算结果，编制甲产品完工入库的会计分录如下。

借：库存商品——甲产品　　　　　　　　　　　　　　　258 500

　　贷：生产成本——基本生产成本——第三车间——甲产品　　258 500

（三）成本还原

1. 成本还原的意义

综合结转分步法虽然较为简便，但其最后生产步骤计算的产成品成本中"自制半成品"成本并不是所耗的真正的材料费用，而是综合了前面所有步骤的材料费用、人工费用及制造费用等各种费用，这显然不符合产品实际的成本构成情况，不能从整个企业的角度分析和考核产品成本中料、工、费的构成。因此，为加强成本管理，企业必须对"半成品"项目进行成本还原，以反映产成品成本的真实构成。

所谓成本还原，就是将产品成本中的"半成品"这一综合成本，逐步分解还原为以"直接材料""直接人工""制造费用"等原始成本项目反映的成本，以恢复产品成本的真实构成。成本还原的基本方法是：从最后一个生产步骤起，将产成品成本中所耗上一步骤半成品的综合成本，按照上一步骤本月完工半成品成本项目的比例，分解还原为原始的成本项目；如此自后而前逐步分解还原，直至第一步骤；最后，将分步还原后相同的成本项目加以汇总，即可取得按原始成本项目反映的产成品成本资料。成本还原后的实际总成本，与成本还原前产成品的实际总成本一定是相等的。成本还原改变了产成品成本的构成，但不会增加或减少产成品的总成本。

2. 成本还原的方法

进行成本还原，常用的是分配率还原法，即按照本月完工产品所耗上一步骤半成品成本占本月所产该种半成品总成本的比例（即成本还原分配率）进行成本还原。这里的成本还原分配率即每一元所产半成品成本相当于产成品所耗若干元半成品费用。

分配率还原法计算程序如下。

（1）计算成本还原分配率。

$$成本还原分配率 = \frac{本月产成品所耗上一步骤半成品成本}{本月所产该种半成品总成本}$$

（2）计算半成品各成本项目还原值。

半成品某成本项目还原值=上一步骤完工半成品该成本项目金额×成本还原分配率

（3）计算产成品成本还原后各成本项目金额。

将成本还原前和成本还原后相同的成本项目进行汇总，求出产品成本还原以后的总成本和单位成本，从而取得按原始成本项目反映的产成品成本资料。

【例 5-5】沿用【例 5-4】资料，按照反工艺顺序的步骤将产成品成本中的自制半成品成本还原，成本还原步骤如下。

① 计算 B 半成品成本还原分配率，按照计算出的成本还原分配率对 B 半成品进行成本还原。

B 半成品成本还原分配率=181 500÷165 000=1.1

自制半成品项目：95 000×1.1=104 500（元）

直接人工项目：40 000×1.1=44 000（元）

制造费用项目：30 000×1.1=33 000（元）

② 计算 A 半成品成本还原分配率，按照计算出的成本还原分配率对 A 半成品进行成本还原。

A 半成品成本还原分配率=104 500÷95 000=1.1

直接材料项目：50 000×1.1=5 5000（元）

直接人工项目：25 000×1.1=27 500（元）

制造费用项目：20 000×1.1=22 000（元）

③ 按照前述方法将相同成本项目合并，计算成本还原后总成本，见表 5-40。

表 5-40　　　　　　　　　　产品成本还原计算表

产品：甲产品　　　　　　　2023 年 10 月　　　　　　产量：220 件

项目	产量/件	成本还原分配率	自制半成品 B/元	自制半成品 A/元	直接材料/元	直接人工/元	制造费用/元	合计/元
① 成本还原前产成品成本	220		181 500			44 000	33 000	258 500
② B 半成品当月成本				95 000		40 000	30 000	165 000
③ B 半成品成本分解		1.1	-181 500	104 500		44 000	33 000	0
④ A 半成品当月成本					50 000	25 000	20 000	95 000
⑤ A 半成品成本分解		1.1		-104 500	55 000	27 500	22 000	0
⑥ 成本还原后产成品成本	220		0	0	55 000	115 500	88 000	258 500
⑦ 单位成本					250	525	400	1 175

【知识拓展】

项目比重还原法

项目比重还原法是按照本月产成品所耗上一步骤完工半成品的成本项目比重（即成本结构）进行成本还原的方法。

在成本还原的基础上，将各步骤成本还原前和成本还原后相同的成本项目金额相加，即可计算出产成品成本还原后各成本项目金额，从而求得按原始成本项目反映的产成品成本资料。

四、分项结转分步法

（一）分项结转分步法的概念及特点

分项结转分步法是将各步骤所耗上一步骤半成品成本，按照成本项目分项转入各步骤基本生产成本明细账的各个成本项目，即在领用步骤的成本明细账中体现为"直接材料""直接人工""制造费用"等原始的成本项目，而不直接反映为"自制半成品"项目的方法。如果半成品通过半成品库收发，在自制半成品明细账中登记半成品成本时，也要按照成本项目分别登记。

分项结转分步法一般适用于管理上不要求计算各步骤完工产品所耗半成品成本和本步骤加工费用，而要求按原始成本项目计算产品成本的企业。这类企业各生产步骤的成本管理要求不高，实际上只是按生产步骤计算成本，其目的主要是编制按原始成本项目反映的企业产品成本报表。

采用分项结转分步法结转成本时，可以按照半成品的实际成本结转，也可以先按半成品的计划成本结转，期末再按成本项目分项调整成本差异。由于按计划成本结转的工作量较大，因此，一般采用按实际成本分项结转的方法。

（二）分项结转分步法应用举例

分项结转分步法可以直接、正确地提供按原始成本项目反映的企业产品成本资料，便于从整个企业的角度考核和分析产品成本计划的执行情况，不需要进行成本还原，能更准确地提供产品成本构成。

【例5-6】沿用【例5-4】中的甲产品资料，有关产量及费用数据见表5-34和表5-35。采用分项结转分步法计算甲产品成本。

1. 计算第一车间成本

第一车间没有上一步骤转入费用，分项结转分步法与综合结转分步法在成本计算方法上完全一致。第一车间产品成本计算单见表5-41。

表5-41　　　　　　　　　　　　　第一车间产品成本计算单

产品：A 半成品　　　　　　　　　　2023 年 10 月

摘要	直接材料	直接人工	制造费用	合计
月初在产品成本/元	5 000	1 250	1 000	7 250
本月发生生产费用/元	55 000	26 250	21 000	102 250
生产费用合计/元	60 000	27 500	22 000	109 500
本月完工产品数量/件	200	200	200	
月末在产品约当产量/件	40	20	20	
约当总产量/件	240	220	220	
费用分配率/（元/件）	250	125	100	475
完工半成品成本/元	50 000	25 000	20 000	95 000
月末在产品成本/元	10 000	2 500	2 000	14 500

第一车间生产成本明细账中费用分配率的计算如下。

直接材料：$60\,000÷（200+40×100\%）=250$（元/件）

直接人工：$27\,500÷（200+40×50\%）=125$（元/件）

制造费用：$22\,000÷（200+40×50\%）=100$（元/件）

完工半成品按实际成本移交至第二车间，编制会计分录如下。

借：生产成本——基本生产成本——第二车间（直接材料）　　50 000

　　　　　　　　　　　　　　——第二车间（直接人工）　　25 000

　　　　　　　　　　　　　　——第二车间（制造费用）　　20 000

　　贷：生产成本——基本生产成本——第一车间　　　　　　　　95 000

2. 计算第二车间成本

第二车间成本中包括从上一步骤转入的 A 半成品成本，而且应当分成本项目登记在第二车间的产品成本计算单中，见表 5-42。

表 5-42　　　　　　　　　　第二车间产品成本计算单

产品：B 半成品　　　　　　　　　　2023 年 10 月

摘要	直接材料	直接人工	制造费用	合　计
月初在产品成本/元	19 000	4 000	3 000	26 000
本月本步骤加工费用/元		40 000	30 000	70 000
本月耗用上一步骤半成品费用/元	50 000	25 000	20 000	95 000
生产费用合计/元	69 000	69 000	53000	191 000
完工产品数量/件	200	200	200	
在产品约当产量/件	40	20	20	
约当总产量/件	240	220	220	
费用分配率/（元/件）	287.5	313.64	240.91	842.05
完工产品成本/元	57 500	62 728	48 182	168 410
月末在产品成本/元	11 500	6 272	4 818	22 590

第二车间生产成本明细账中费用分配率的计算如下。

直接材料：69 000÷（200+40×100%）=287.5（元/件）

直接人工：69 000÷（200+40×50%）=313.64（元/件）

制造费用：53 000÷（200+40×50%）=240.91（元/件）

B 半成品完工按实际成本入库，编制会计分录如下。

借：自制半成品——B 半成品　　　　　　　　　　168 410

　　贷：生产成本——基本生产成本——第二车间（直接材料）　57 500

　　　　　　　　　　　　　　——第二车间（直接人工）　62 728

　　　　　　　　　　　　　　——第二车间（制造费用）　48 182

3. 登记自制半成品明细账

在分项结转分步法下，自制半成品明细账应当分成本项目反映。在按加权平均法计算半成品单位成本时，也应当分成本项目计算，自制半成品明细账见表 5-43。

表 5-43　　　　　　　　　　自制半成品明细账

产品：B 半成品　　　　　　　　　　2023 年 10 月

摘要	数量/件	成本项目			
		直接材料/元	直接人工/元	制造费用/元	合计/元
月初结存	40	10 000	13 000	10 000	33 000
本月收入	200	57 500	62 728	48 182	168 410
本月发出	200	57 500	62 728	48 182	168 410
月末结存	40	10 000	13 000	10 000	33 000

第三车间领用 B 半成品，编制的发出 B 半成品的会计分录如下。

借：生产成本——基本生产成本——第三车间　　　　　　　　168 410

　　贷：自制半成品——B半成品　　　　　　　　　　　　　168 410

4. 计算第三车间所生产甲产品成本

第三车间产品成本计算单见表5-44，有关在产品约当产量的计算及完工产品成本的计算方法与第二车间相同，在此不再列示计算过程。

表5-44　　　　　　　　　　　　第三车间产品成本计算单

产品：甲产品　　　　　　　　　　　　　2023年10月

摘要	直接材料	直接人工	制造费用	合计
月初在产品成本/元	33 000	4 000	3 000	40 000
本月本步骤加工费用/元		42 000	31 500	73 500
本月耗用上一步骤半成品费用/元	57 500	62 728	48 182	168 410
生产费用合计/元	90 500	108 728	82 682	281 910
完工产品数量/件	220	220	220	
在产品约当产量/件	20	10	10	
约当总产量/件	240	230	230	
费用分配率/（元/件）	377.08	472.73	359.49	1209.3
完工产品成本/元	82 957.6	104 000.6	79 087.8	266 046
月末在产品成本/元	7 542.4	4 727.4	3 594.2	15 864

第三车间生产成本明细账中费用分配率的计算如下。

直接材料：90 500÷（220+20×100%）=377.08（元/件）

直接人工：108 728÷（220+20×50%）=472.73（元/件）

制造费用：82 682÷（220+20×50%）=359.49（元/件）

完工产品按实际成本入库，编制会计分录如下。

借：库存商品——甲产品　　　　　　　　　　　　　266 046

　　贷：生产成本——基本生产成本——第三车间　　　　　266 046

从上面的例子可以看出，采用分项结转分步法，可以直接、正确地提供按原始成本项目反映的企业产品成本资料，便于从整个企业的角度考核和分析产品成本计划的执行情况，不需要进行成本还原。但是，这种方法成本结转工作比较复杂，如果半成品通过半成品库收发，那么在自制半成品明细账中登记半成品成本时，也要按照成本项目分别进行，费时费力。而且，各步骤完工产品成本不能反映所耗上一步骤半成品成本和本步骤加工费用信息，不便于进行各步骤完工产品的成本分析。

【知识拓展】

用Excel进行分步法成本计算

采用综合结转分步法和分项结转分步法，在手工环境下几乎等于做两套成本核算账，无疑会使工作量大量增加，但在计算机环境下，这一切变得很容易。在Excel工作表上，可设置既提供成本项目的分项指标又提供综合指标的半成品明细账。综合结转半成品成本时，在半成品明细账上取综合指标，分项结转半成品成本时，取分项指标，综合结转和分项结转同时进行。这样，就不必进行成本还原工作，成本还原这一难题自然得到解决。

任务五　平行结转分步法

一、平行结转分步法的含义及适用范围

平行结转分步法是在计算产成品成本时，不计算各步骤所产半成品的成本，也不计算各步骤所耗上一步骤半成品的费用，而只计算各步骤发生的直接材料、直接人工、制造费用，以及这些费用中应该计入产成品成本的份额的方法。月末，将同一产品各步骤产品成本计算单中这些份额平行结转汇总后，即可计算出该种产品的产成品成本。平行结转分步法也称不计算半成品成本分步法。

由于平行结转分步法无法提供各步骤完工半成品的成本，因此这种方法适用于半成品种类较多，逐步结转半成品成本工作量较大，管理上要求分步归集生产费用，但又不要求提供各步骤半成品成本资料的情况。

二、平行结转分步法的特点

除分步法的一般特点外，平行结转分步法的基本特点主要表现如下。

（一）成本计算对象

平行结转分步法的成本计算对象是各生产步骤和最终完工产品，企业应按生产步骤和产成品品种设置产品成本计算单。在这种方法下，各生产步骤的半成品均不作为成本计算对象，设置的各步骤的成本计算都是为了算出最终产品的成本。因此，从各步骤产品成本明细账中转出的只是该步骤应计入最终产品成本的费用（份额），用以平行汇总产成品成本。各步骤产品成本明细账不能提供其产出半成品的成本资料。

（二）半成品成本不随实物转移而结转

采用平行结转分步法，由于各步骤不计算半成品成本，只归集本步骤发生的生产费用，计算结转应计入产品成本的份额，因此，各步骤半成品的成本资料只保留在各步骤的成本明细账中，并不随半成品实物的转移而结转，即半成品的成本资料与实物相分离。

（三）不设置"自制半成品"账户

由于各步骤不计算半成品成本，所以不论半成品是通过仓库收发，还是在各步骤间直接转移，都不通过"自制半成品"账户进行价值核算，只需进行数量核算。

（四）生产费用在完工产品与在产品之间分配

各步骤生产费用合计数要在产成品和广义在产品之间进行分配。平行结转分步法要求每一步骤的生产费用都要在最终的产成品与月末在产品之间进行分配。不同于逐步结转分步法，这里的在产品不仅包括各步骤正在加工的在产品，还包括本步骤已经加工完成，并转入下一步骤进一步加工，或已由半成品库验收，还需要进一步加工的自制半成品，是就整个企业而言的广义在产品。

最后，将各步骤生产费用中应计入产成品成本的份额，平行结转、汇总计算该种产成品的总成本和单位成本。

三、平行结转分步法的成本计算程序

平行结转分步法的成本计算程序如下。

（一）按产品品种和生产步骤设置生产成本明细账并归集本步骤生产费用

根据管理规定，生产步骤应相应设立生产成本明细账，账内按成本项目设立专栏。如果企业

同时生产若干种类产品，还应按照产品种类分别设立相应的成本明细账，以便正确归集各种产品的各个步骤的各种费用（不包括耗用上一步骤半成品的成本）。

（二）生产费用在完工产品与广义在产品之间分配

在各个步骤上发生的各种费用，凡是某产品单独耗用的，应直接归集于该种产品的各步骤费用；凡是多种产品共同耗用的，应根据受益对象采用一定标准合理分配计入各种产品的各步骤产品成本明细账。月末，将各步骤归集的生产费用，在产成品与广义在产品之间进行分配，计算各步骤应计入产成品成本的费用份额。

（三）平行汇总成本份额，计算结转产成品成本

各步骤单独计算出应计入产成品成本的份额后，应通过"产成品成本汇总表"按产品成本进行汇总。各步骤计入产成品成本的份额之和即产成品成本，再除以产量就可以得出单位成本。最后以"产成品成本汇总表"为凭证结转入库产成品成本。

【知识拓展】

汽车的生产工艺

一辆汽车是如何被造出来的，以及生产成本是如何核算的？

汽车制造的主要生产流程是这样的。第一道程序是冲压工艺，冲压车间把购进的钢材裁剪成需用的各种零部件，半成品是各种待用的车身零部件，发生的成本主要有外购钢材和各种零部件的成本。第二道程序是焊接工艺，焊接车间将各种车身冲压部件焊接成完整的车身，发生的成本主要是人工费用和动力费用。第三道程序是涂装工艺，涂装车间的主要工作是对车身进行电泳防锈和喷漆，使车身具有亮丽外表，发生的成本有涂料成本、人工费用和动力费用。第四道程序是总装工艺，总装车间的主要工作是将车身、底盘和内饰等各个部分组装到一起，形成一台完整的车，发生的成本有人工费用和动力费用。汽车的生产部件可以在不同的地点和不同的时间分别经过生产加工，拼装成产品。各个步骤具有相对的独立性，不存在先后依存关系，各步骤一般不需要计算半成品成本，适合采用平行结转分步法计算成本。

四、平行结转分步法应用举例

在平行结转分步法下，通常采用定额比例法、约当产量比例法等进行生产费用分配，下面以约当产量比例法为例说明如何计算各步骤生产费用计入完工产成品成本的份额。

采用约当产量比例法计算月末各步骤广义在产品约当产量及约当总产量的公式如下。

某步骤月末广义在产品约当产量

　=该步骤月末在产品约当产量+转入半成品库和以后步骤但未最终完工半成品数量

　=该步骤月末在产品数量×在产品完工程度+转入半成品库和以后步骤但未最终完工半成品数量

某步骤约当总产量

　=最终完工产成品数量×单位产成品耗用该步骤半成品的数量+该步骤广义在产品数量

采用平行结转分步法，要计算出各步骤生产费用合计数额中最终产成品成本应承担的份额，离不开成本项目费用分配率的计算。

$$某成本项目费用分配率 = \frac{某步骤成本项目生产费用合计}{某步骤约当总产量}$$

产成品成本在某步骤应负担的某成本项目费用份额=最终完工产成品数量×单位产成品耗用该步骤半成品数量×某成本项目费用分配率

【例 5-7】方圆公司生产 A 产品，经过三个车间，一车间生产 A-1 半成品，完成后交二车间生产 A-2 半成品，A-2 半成品通过仓库收发供三车间领用并最后制成 A 产品。原材料在一、三车间分别投入，各加工车间狭义在产品的加工程度均为 50%。2023 年 10 月各车间有关产量记录和生产费用资料分别见表 5-45 和表 5-46。

表 5-45　　　　　　　　　　　　　　　产量记录

2023 年 10 月　　　　　　　　　　　　　　　　　单位：件

项目	一车间	二车间	仓库	三车间	备注
月初结存	9	11	15	10	半成品、在产品为企业广义在产品
本月投入（转入）	100	89	80	85	
本月转出	89	80	85	90	
月末结存	20	20	10	5	

表 5-46　　　　　　　　　　　　　　各车间生产费用

2023 年 10 月　　　　　　　　　　　　　　　　　单位：元

车间	项目	直接材料	直接人工	制造费用	合计
一车间	月初在产品成本	630	255	350	1 235
	本月生产费用	4 590	2 850	3 970	11 410
二车间	月初在产品成本		175	175	350
	本月生产费用		2 700	3 850	6 550
三车间	月初在产品成本	1 550	230	297.5	2 077.5
	本月生产费用	8 900	1 250	2 200	12 350

（1）根据表 5-45 计算各车间在产品约当产量和约当总产量，见表 5-47。

表 5-47　　　　　　　　　　　　　　约当产量计算汇总表

单位：件

车间	产成品	广义在产品		分配材料的约当产量			分配人工费的约当产量		
		半成品	狭义在产品	投料程度	在产品	合计	完工程度	在产品	合计
一车间	90	35①	20	100%	55	145	50%	45	135
二车间	90	15②	20				50%	25	115
三车间	90		5	100%	5	95	50%	2.5	92.5

注：①=20+10+5=35；②=10+5=15。

（2）计算一车间生产费用应计入产成品成本的份额，登记一车间成本明细账，见表 5-48。

表 5-48　　　　　　　　　　　　　　一车间成本明细账

产品名称：A-1 半成品　　　　　　　2023 年 10 月　　　　　　金额单位：元　　　　　产品产量：89 件

摘要	直接材料	直接人工	制造费用	合计
月初结存	630	255	350	1 235
本月发生	4 590	2 850	3 970	11 410
累计	5 220	3 105	4 320	12 645
约当总产量	145	135	135	
计入单件产成品成本的份额	36	23	32	91

续表

摘要	直接材料	直接人工	制造费用	合计
计入 90 件产成品成本的份额	3 240	2 070	2 880	8 190
月末结存	1 980	1 035	1 440	4 455

（3）计算二车间生产费用应计入产成品成本的份额，登记二车间成本明细账，见表 5-49。

表 5-49　　　　　　　　　　　　二车间成本明细账

产品名称：A-2 半成品　　　　　2023 年 10 月　　　　　金额单位：元　　　　　产品产量：80 件

摘要	直接人工	制造费用	合计
月初结存	175	175	350
本月发生	2 700	3 850	6 550
累计	2 875	4 025	6 900
约当总产量	115	115	
计入单件产成品成本的份额	25	35	60
计入 90 件产成品成本的份额	2 250	3 150	5 400
月末结存	625	875	1 500

（4）计算三车间生产费用应计入产成品成本的份额，登记三车间成本明细账，见表 5-50。

表 5-50　　　　　　　　　　　　三车间成本明细账

产品名称：A 产品　　　　　2023 年 10 月　　　　　金额单位：元　　　　　产品产量：90 件

摘要	直接材料	直接人工	制造费用	合计
月初结存	1 550	230	297.5	2 077.5
本月发生	8 900	1 250	2 200	12 350
累计	10 450	1 480	2 497.5	14 427.5
约当总产量	95	92.5	92.5	
计入单件产成品成本的份额	110	16	27	153
计入 90 件产成品成本的份额	9 900	1 440	2 430	13 770
月末结存	550	40	67.5	657.5

（5）平行汇总一、二、三车间生产费用计入产成品成本的份额，计算 A 产品的总成本和单位成本，见表 5-51。

表 5-51　　　　　　　　　　　　产成品成本汇总表

产品名称：A 产品　　　　　2023 年 10 月　　　　　金额单位：元　　　　　产品产量：90 件

项目	产量/件	直接材料	直接人工	制造费用	合计
一车间份额	90	3 240	2 070	2 880	8 190
二车间份额	90		2 250	3 150	5 400
三车间份额	90	9 900	1 440	2 430	13 770
合计	90	13 140	5 760	8 460	27 360
单位成本		146	64	94	304

（6）结转完工产品成本。

借：库存商品——A 产品　　　　　　　　　　　　　　　27 360

　　贷：生产成本——基本生产成本——一车间（A 产品）　　8 190

　　　　　　　——基本生产成本——二车间（A 产品）　　5 400

　　　　　　　——基本生产成本——三车间（A 产品）　 13 770

五、平行结转分步法的优缺点

（一）优点

（1）各个步骤可以同时计算产品成本，然后将其平行结转、汇总计入产成品成本，避免了计算各步骤半成品成本的烦琐问题。

（2）能够直接提供按原始成本项目反映的产成品成本资料，不必进行成本还原，因而能够简化和加速成本计算工作。

（二）缺点

（1）不能提供各个步骤的半成品成本资料。

（2）在产品的成本不随实物转移而结转，即不按其实物所在地登记，而按其费用发生地登记，因而不能为各个步骤在产品的实物管理和资金管理提供资料。

（3）各个步骤的产品成本只反映本步骤发生的生产费用，不包括所耗上一步骤半成品的成本，因而除第一步骤外，不能全面地反映各步骤产品的生产耗费水平。

平行结转分步法与逐步结转分步法的不同之处见表 5-52。

表 5-52　　　　　　　　平行结转分步法与逐步结转分步法的不同之处

项目	逐步结转分步法	平行结转分步法
适用范围	半成品种类较多且能对外销售,管理上要求分步骤控制费用，要求计算半成品成本的企业	半成品种类较多且不对外销售,管理上不要求计算半成品成本的企业
产成品成本计算	按生产步骤的顺序计算、结转各步骤半成品的成本，直到最后步骤计算出产成品成本。若采用综合结转分步法，由于不能提供按原始成本项目反映的成本资料，需要进行成本还原	各步骤不计算、结转半成品成本，只计算各步骤生产费用应计入产成品成本的份额，将相同产品的各步骤生产费用应计入产成品成本的份额平行汇总，计算产成品成本。这种方法能够直接提供按原始成本项目反映的产成品成本，不必进行成本还原
在产品含义	狭义的在产品，即尚在各步骤加工中的在产品	广义的在产品，包括：（1）尚在本步骤加工中的在产品，即狭义在产品；（2）本步骤已经完工转入半成品仓库的半成品；（3）已经从半成品仓库转入以后各步骤进一步加工，尚未最后完工的在产品

任务六　分类法

一、分类法的含义及适用范围

分类法是指企业以产品的类别作为成本计算对象归集生产费用,先计算各类产品的实际成本,然后采用一定的分配标准计算出类内各种产品成本的一种成本计算方法。

分类法多用于品种、规格繁多，且品种、规格相近，工艺过程基本相同的产品，以及一些联产品和副产品的成本计算。同类产品、联产品、副产品等成本的计算，都可以采用分类法。分类法适用企业如下。

（1）同原材料、同工艺生产不同规格产品的企业。有很多企业在生产过程中采用同样的原材料，经过同样的生产工艺，加工出不同规格的产品。如用同样的化纤原料、相同的针织工艺，生产出不同款式和不同规格产品的针织厂；灯泡厂生产的同一类别不同功率的灯泡；鞋帽生产企业生产的不同种类和型号的产品。类似的还有铝制品厂、电子元件厂、制钉厂等。

（2）生产联产品的企业。生产联产品的企业通常对同一种原材料进行加工，能同时生产出几种主要产品。如炼油厂运用相同的生产工艺对原油进行提炼加工，可以同时生产出汽油、煤油、柴油等各种产品。

（3）生产副产品的企业。有些企业在生产主要产品的过程中，还会附带生产一些非主要产品——副产品，如在制皂过程中产出含甘油盐水的日用化工厂。类似的还有粮油加工厂、豆制品厂等。

（4）生产零星产品的企业。某些企业除主要产品外，还生产一些零星产品。这些零星产品在生产工艺和原材料消耗上不一定相同，但由于它们品种规格多、数量少，所耗费的生产费用不多，为了简化产品成本计算工作，也可以将零星产品归为一类进行成本计算。

（5）生产等级产品的企业。对所耗原材料质量或生产工艺要求不同而产出不同等级产品的企业，可以采用分类法计算等级产品成本，但如果是工人操作失误造成的不同等级产品，则不应采用分类法计算产品成本。

运用分类法的关键是必须恰当地划分产品类别，在类别内部选择合理的标准分配费用。

二、分类法的特点

（1）分类法以产品的类别作为成本计算对象。采用分类法计算产品成本时，根据产品耗用原材料、生产工艺过程等的不同，将产品划分为若干类，按照产品类别开设产品成本明细账，归集和分配生产费用，计算各类产品成本。

（2）成本计算期取决于生产特点及管理要求。采用分类法计算产品成本，需要与产品成本计算的基本方法结合使用，因此分类法下，产品的成本计算期要根据企业的生产特点及管理要求来确定。如果是大量大批生产，则应结合品种法或分步法进行成本核算，其成本计算期通常与会计计算期一致，即定期在月末进行成本核算；如果与分批法结合运用，则成本计算期可不固定，与产品的生产周期相一致。

（3）月末通常需要在完工产品与在产品之间分配生产费用。

三、分类法的成本计算程序

（一）将产品划分为若干类别并以产品类别作为成本计算对象，设置产品成本明细账

采用分类法计算产品成本时，正确确定产品的类别是尤为关键的一步。首先，在企业生产的多种产品中，按照性质、结构、用途、生产工艺过程、耗用原材料等的不同，将产品划分为若干类别。然后，以产品类别作为成本计算对象设立产品成本明细账。

（二）计算各类产品的完工产品和月末在产品成本

企业根据各类产品生产特点和成本管理要求，采用某种成本计算基本方法，在设立的产品成本明细账内，按照规定的成本项目归集生产费用，计算出各类产品本月完工产品和月末在产品的成本。

（三）选择分配标准，分配总成本并计算产品总成本和单位成本

同类产品内各种产品（以下称"类内各种产品"）之间成本的分配标准一般有以下几种。

（1）与产品技术特征有关的标准，如质量、性能、重量、体积、长度等。

（2）与产品的原材料消耗定额有关的标准，如材料消耗定额、工时定额等。

（3）与产品经济价值有关的标准，如定额成本、售价等。

分配标准选定之后，成本在类内各种产品之间进行分配的具体方法有系数法和定额比例法。定额比例法前面已经讲到，这里就不重述。系数法是将分配标准折算成相对固定的系数，按照系数将各项耗费在类内各种产品之间进行分配的方法。系数法的具体计算步骤如下。

（1）选择与所耗费用关系最密切的因素作为分配标准。

（2）在同类产品中选择一种产量较高、生产较稳定或规格适中的产品，作为标准产品。

（3）将标准产品的分配标准额作为"基数"即系数 1，将类内其他各种产品的分配标准额与标准产品的分配标准额相比较，计算出其他产品与标准产品的比率，即该产品系数。

$$某产品系数 = \frac{该产品的分配标准额}{标准产品的分配标准额}$$

（4）将各种产品的系数乘以各自的实际产量，换算成标准产量，汇总后得到标准总产量，即总系数。

$$某产品总系数（标准总产量）=该产品实际产量×该产品系数$$
$$总系数（标准总产量）=\sum 类内各种产品的实际产量×该产品的系数$$

（5）以总系数作为分配标准，计算出费用分配率，然后算出类内各种产品的实际总成本和单位成本。

$$费用分配率 = \frac{应分配的成本总额}{各种产品总系数之和}$$

$$某产品应分配费用=该产品总系数×费用分配率$$

四、分类法应用举例

【例 5-8】大地公司大量生产甲、乙、丙三种产品，这三种产品所用原材料相同，生产工艺过程相同，只是规格不同。为简化成本计算，将这三种产品归为一类——A 类产品，采用分类法计算产品成本。该类产品的原材料在生产开始时一次性投入，月末在产品按约当产量比例法计算，完工程度为 50%。按产品类别开设产品成本明细账，根据该类产品本月生产费用，登记 A 类产品成本明细账。该类产品 10 月生产成本明细账见表 5-53。

表 5-53　　　　　　　　　　　A 类产品生产成本明细账

2023 年 10 月

单位：元

摘要	直接材料	直接人工	制造费用	合计
月初在产品成本	3 120	1 430	960	5 510
本月生产费用	51 000	24 160	20 365	95 525
生产费用合计	54 120	25 590	21 325	101 035
完工产品成本	51 000	24 780	20 650	96 430
月末在产品成本	3 120	810	675	4 605

A 类各种产品产量、原材料消耗定额和工时定额资料见表 5-54。

表 5-54　　　　　　　　　A 类产品产量、原材料消耗定额和工时定额资料

产品名称	原材料消耗定额/千克	工时消耗定额/时	完工产品产量/件	月末在产品产量/件
甲	2.1	20	4 000	160
乙	1.26	8	3 000	100
丙	3.15	34	1 800	200

根据上述资料，采用系数法计算 A 类各种产品成本的过程如下。

（1）以甲产品为标准产品，计算类内各产品系数，见表 5-55。

表 5-55　　　　　　　　　　　　系数计算表

产品名称	原材料消耗定额/千克	系数	工时消耗定额/时	系数
甲	2.1	1	20	1
乙	1.26	0.6	8	0.4
丙	3.15	1.5	34	1.7

（2）根据产品的实际产量和系数计算标准产品产量，见表 5-56。

表 5-56　　　　　　　　　　　　标准产品产量计算表　　　　　　　　　　　　单位：件

产品名称	完工产品实际产量	直接材料				直接人工			
		系数	完工产品标准产量	在产品实际数量	在产品标准产量	系数	完工产品标准产量	在产品实际数量	在产品标准产量
甲	4 000	1	4 000	160	160	1	4 000	80	80
乙	3 000	0.6	1 800	100	60	0.4	1 200	50	20
丙	1 800	1.5	2 700	200	300	1.7	3 060	100	170
合计	8 800		8 500	460	520		8 260	230	270
标准产品总量		9 020				8 530			

（3）编制类内各产品成本计算单，见表 5-57。

直接材料分配率=54 120÷9 020=6（元/件）

直接人工分配率=25 590÷8 530=3（元/件）

制造费用分配率=21 325÷8 530=2.5（元/件）

表 5-57　　　　　　　　　　　　成本计算单

产品：A 类产品　　　　　　　　　　　　2023 年 10 月

项目		直接材料（分配率=6 元/件）		直接人工（分配率=3 元/件）		制造费用（分配率=2.5 元/件）	
		标准产量/件	金额/元	标准产量/件	金额/元	标准产量/件	金额/元
完工产品	甲	4 000	24 000	4 000	12 000	4 000	10 000
	乙	1 800	10 800	1 200	3 600	1 200	3 000
	丙	2 700	16 200	3 060	9 180	3 060	7 650
	小计	8 500	51 000	8 260	24 780	8 260	20 650

续表

项目		直接材料（分配率=6元/件）		直接人工（分配率=3元/件）		制造费用（分配率=2.5元/件）	
		标准产量/件	金额/元	标准产量/件	金额/元	标准产量/件	金额/元
在产品	甲	160	960	80	240	80	200
	乙	60	360	20	60	20	50
	丙	300	1 800	170	510	170	425
	小计	520	3 120	270	810	270	675
合计		9 020	54 120	8 530	25 590	8 530	21 325

五、副产品、联产品成本计算

在企业生产中使用同一种原材料，经过同一生产过程，生产出两种或两种以上产品，这些产品称为联产品或副产品。联产品、副产品的成本计算可运用分类法来进行。

（一）副产品成本计算

1. 副产品的含义

副产品是指在主要产品的生产过程中，附带生产出的一些非主要产品，或利用生产中的废料等加工而成的产品。它是与主要产品经过同一生产过程，使用相同的原材料，而生产出来的产品。如炼油企业在提炼原油的过程中所产生的渣油、石焦油，酿酒企业在酿酒的过程中所产生的酒糟，制皂企业在制皂过程中所产生的甘油盐水，木材加工企业利用生产过程中产生的木屑生产纤维板，等等。

2. 副产品成本计算的特点

由于副产品和主要产品是在同一生产过程中生产出来的，发生的生产费用很难在它们之间划分，因此一般将主、副产品作为一大类产品，采用分类法来归集生产费用，计算出全部主、副产品的联合成本，然后将联合成本在各种主、副产品之间进行分配。但由于副产品的经济价值较小，在企业全部产品中所占比重较小，因此在计算成本时，可采用简单的计算方法，先确定副产品的成本，然后从发生的联合成本中扣除副产品成本，求得主要产品的成本。

3. 副产品成本计价的方法

由于副产品和主要产品是同一原材料经过同一生产过程生产出来的，所以副产品成本与主要产品成本在分离点前是共同发生的，这也决定了副产品的成本计算就是确定其应负担分离点前的联合成本。副产品的成本计价方法通常有以下几种。

（1）分离后不再加工的副产品，若价值不大（与主要产品相比），可不负担分离前的联合成本，或以定额单位成本计算其成本。

（2）分离后不再加工但价值较高的副产品，往往以其销售价格作为计算的依据，按销售价格扣除销售税金、销售费用和一定的利润确定副产品成本。

（3）分离后仍需进一步加工才能出售的副产品：如价值较低，可只计算归属于本产品的成本；如价值较高，则需同时负担可归属成本和分离前联合成本，以保证主要产品成本计算的合理性。

副产品合理的计价，是正确计算主、副产品成本的重点。如果副产品计价过高，则有可能把主要产品的超支转嫁到副产品上；如果副产品计价过低，则有可能把销售副产品的亏损转嫁到主要产品上；如果副产品的售价不能抵偿其销售费用，则副产品不应计价，不能从主要产品成本中扣除副产品价值。

4. 副产品成本计算举例

【例5-9】方圆公司生产甲产品的同时，还生产出乙副产品，本期共发生费用70 000元，其中直接材料35 000元，直接人工25 000元，制造费用10 000元。生产甲产品500件，乙副产品100千克，每千克售价80元，单位税金15元，单位销售费用2元和单位产品利润2元。假定乙副产品成本直接从材料成本项目中扣除，则主、副产品成本各为多少？

乙副产品成本=100×（80-15-2-2）=6 100（元）

甲产品成本=70 000-6 100=63 900（元）

（二）联产品成本计算

1. 联产品的含义

联产品是指使用同样的原材料，经过同一生产过程，同时生产出的两种或两种以上的具有不同使用价值的主要产品。如炼油企业提炼原油时，可以同时提炼出汽油、煤油、柴油和机油等联产品；奶制品企业加工牛奶时，可以同时生产出奶粉、奶油和奶酪等联产品。

副产品和联产品都是投入同样原材料，经过同一生产过程同时生产出来的，但联产品全部是主要产品，而副产品则是伴随主要产品生产出来的次要产品，其价值较低。此外，联产品与同类产品不同，同类产品是指在产品品种、规格繁多的企业或车间，按一定的标准归类的产品，归类的目的是便于采用分类法简化产品成本计算工作。联产品的生产是联合生产，其特点是在同一生产过程中投入同样资源，分离出两种或两种以上的主要产品，其中个别产品的产出，必然伴随联产品同时产出。

2. 联产品的特点

联产品通常具有以下三个特点。

（1）各种联产品所使用的原材料、经过的加工过程是相同的，但是其产品性质和用途却有所不同甚至具有较大的差异。

（2）在联产品的生产过程中，原材料和其他费用支出不能直接按产品分别进行归集。在联产品分离点之前，只能以联产品集合（而不是联产品中的每种产品）作为成本计算对象，设置产品成本计算单，归集各种联产品共同发生的联合成本。所谓分离点是指从原材料投入生产后，经过同一生产过程，开始分离各种联产品的环节（或时点）。联产品分离之后，有的可以直接对外出售，有的还需要进一步加工并单独发生相关成本。所谓联合成本是指各种联产品在分离点之前发生的共同成本。

（3）各种联产品均是企业的主要产品。但是，在联产品分离点之后，有的产品还需要进一步加工，并发生相关的可归属成本，有的产品则可以直接对外出售。因此，成本管理上往往需要分别计算联产品中各种产品的总成本（包括在分离点之前发生的联合成本中分配给有关产品的成本和在分离点之后发生的可归属的加工成本）和单位成本。所谓可归属成本是指各种联产品在分离点之后单独发生的加工成本。从联产品的生产特点和管理要求中，可以看出联产品最适合采用分类法计算产品成本。

3. 联产品成本计算的方法

联产品从投入生产，到加工完毕并可以直接对外出售，需要经过分离前、分离时和分离后三个阶段。

（1）在分离前归集联产品共同发生的联合成本

在分离前归集联产品共同发生的联合成本，应按联产品设置产品成本计算单，并在产品成本计算单按成本项目归集各种联产品在分离前共同发生的联合成本。因此，企业应该考虑生产特点和成本管理要求，采用某种成本计算基本方法（主要是品种法），通过要素费用的归集与分配、辅助生产费用的归集与分配、制造费用的归集与分配，以及生产费用在本月完工产品与月末在产品之间的分配等，计算完工联产品总成本。

（2）分离时将完工联产品总成本分配给各种联产品

在联产品的生产中，分离点是联合生产过程的结束。因此，在分离时必须选择适当的分配方法，将完工联产品的总成本在各种联产品之间进行分配。分离后，联产品如果直接可以对外出售，其分配所得的联合成本，就是其产成品的总成本，除以其数量就可得到产成品单位成本。

联产品成本计算的关键是将分离前共同发生的联合成本在各联产品之间进行分配。常用的联合成本的分配方法有系数法、实物量分配法、售价比例分配法等。

① 系数法（即标准产量比例分配法）是指首先将各种联产品的实际产量，按事先规定的系数折算为相对产量（即标准产量），然后将联产品的联合成本，按各种联产品的相对产量（即标准产量）比例进行分配的一种方法。

② 实物量分配法是指将联合成本按各种联产品之间的重量比例（或体积比例、数量比例等）进行分配的一种方法。

③ 售价比例分配法是指将联合成本按各种联产品之间的销售价格比例进行分配的一种方法。

（3）在分离后继续归集联产品单独发生的可归属成本，并计算其完工产成品的成本

联产品分离后，如果还需要继续加工，应重新按品种（或批别、生产步骤等）设置产品成本计算单，并按品种法（或分批法、分步法）计算分离后的产品成本。

4. 联产品成本计算举例

【例 5-10】江北厂用某种原材料经过同一生产过程同时生产出甲、乙两种联产品。2023 年 8 月共生产甲产品 4 000 千克，乙产品 2 000 千克，无期初、期末在产品。该月生产发生的联合成本分别为原材料 60 000 元，直接人工 21 600 元，制造费用 38 400 元。甲产品每千克售价为 500 元，乙产品每千克售价为 600 元，设全部产品均已售出。根据售价比例分配法计算甲、乙产品的成本，计算见表 5-58。

表 5-58　　　　　　　　　　联产品成本计算表

2023 年 8 月

产品名称	产量/千克	销售单价/（元/千克）	销售价格/元	分配比例	直接材料	直接人工	制造费用	合计
甲产品	4 000	500	2 000 000	62.5%	37 500	13 500	24 000	75 000
乙产品	2 000	600	1 200 000	37.5%	22 500	8 100	14 400	45 000
合计	6 000		3 200 000	100%	60 000	21 600	38 400	120 000

【知识拓展】

联产品成本计算的应用

联产品成本计算方法不是孤立的方法，其仅是品种法、分批法或分步法应用过程中计算联产品成本时的特殊方法。

任务七　定额法

一、定额法的含义及适用范围

定额法是指以事先制定的产品定额成本为控制标准，在生产费用发生时，及时计算实际生产费用脱离定额的差异，并在定额成本的基础上加减脱离定额差异计算产品成本的一种方法。定额法下，产品实际成本是由产品定额成本、脱离定额差异、材料成本差异和定额变动差异四个因素组成的，其计算公式为：

产品实际成本＝产品定额成本±脱离定额差异±材料成本差异±定额变动差异

定额法作为一种成本计算的辅助方法，与企业生产类型无直接联系，适用于在管理上要求对产品成本进行事先规划、事中控制的各类企业。但这类企业在采用定额法计算产品成本时，必须具备以下条件。

（1）企业的定额管理制度比较健全，定额管理基础工作较好，成本核算人员素质较高。

（2）产品的生产已经定型，各项生产费用消耗定额比较准确、稳定。

二、定额法的特点

定额法是成本计算的辅助方法，它必须与成本计算的基本方法结合运用，实质上是成本控制方法在成本计算中的体现。其弥补了其他成本计算方法无法直接反映实际成本与定额成本脱离程度的缺陷，使得企业能够通过产品的成本核算达到对产品成本的全程控制，即事前、事中、事后控制。定额法具有以下特点。

（1）事前制定产品的定额成本。采用定额法计算产品成本，企业必须事前制定产品的各项消耗定额和费用定额，并以现行消耗定额和费用定额为依据，制定产品的定额成本，作为成本控制的目标、成本计算的基础。

（2）在生产费用发生时，分别核算符合定额的费用和脱离定额的差异。采用定额法计算产品成本，在生产费用发生时，应当将其划分为定额成本部分和脱离定额差异部分，分别编制核算凭证，及时反映实际生产费用脱离定额的程度，以加强对生产费用的日常控制。

（3）定额法下，成本计算建立在日常揭示差异的基础之上。月末计算产成品成本时，在定额成本的基础上，加减各种成本差异，计算出产品的实际成本，为成本的定期分析和考核提供依据。

三、定额法的成本计算程序

（一）制定产品的定额成本

采用定额法计算产品成本，首先应根据目前企业消耗定额及费用定额，按成本项目分产品制定产品的定额成本。产品的定额成本是根据企业现行材料消耗定额、工时定额、费用定额及其他有关资料计算的一种成本控制目标。产品的定额成本一般由企业的计划、技术、会计等部门共同制定。它的制定过程是产品成本的事前控制过程，它既是计算产品实际成本的基础，也是企业对生产费用进行事中控制和事后考核分析的依据。

定额成本包括直接材料定额成本、直接人工定额成本、制造费用定额成本，其计算公式如下。

直接材料定额成本＝材料定额消耗量×材料计划单价

＝本月投产量×单位产品材料消耗定额×材料计划单价

直接人工定额成本＝产品定额工时×计划小时工资率

＝本月投产量×单位产品工时定额×计划小时工资率

制造费用定额成本=产品定额工时×计划小时费用率

=本月投产量×单位产品工时定额×计划小时费用率

【例 5-11】某公司根据现有的生产消耗水平和管理要求制定出甲产品的定额资料：单位产品耗用 A 材料 10 千克，A 材料计划单价为 50 元；单位产品耗用 B 材料 7 千克，B 材料计划单价为 30 元；单位产品耗用生产工时 3 小时，计划小时工资率为 20 元/小时，计划小时制造费用为 35 元/小时。该公司甲产品定额成本计算如下。

单位产品直接材料定额成本=10×50+7×30=710（元）

单位产品直接人工定额成本=3×20=60（元）

单位产品制造费用定额成本=3×35=105（元）

单位产品定额成本=710+60+105=875（元）

确定产品定额成本，必须先制定产品的材料、动力、工时等消耗定额，再根据材料计划单价、计划小时工资率、计划小时制造费用等确定各项费用定额和单位产品定额成本。

（二）核算脱离定额差异

脱离定额差异，是指产品生产过程中实际发生的生产费用脱离现行定额的差异，反映了企业各项生产费用支出的合理程度和执行现行定额的工作质量。将符合定额的费用和脱离定额的差异分别核算，是定额法的重要特征。在生产费用发生时，企业应将实际生产费用区分为符合定额的费用和脱离定额的差异，分别编制定额凭证和差异凭证，在有关费用分配表和产品成本计算单中分别予以登记。产品定额成本应当按照企业规定的成本项目制定，脱离定额差异也应当按照成本项目分别核算。

及时、正确地计算和分析生产费用脱离定额的差异，是定额法的核心内容，它包括材料脱离定额差异的计算、直接人工脱离定额差异的计算和制造费用脱离定额差异的计算。现分述如下。

1．材料脱离定额差异的计算

材料脱离定额差异是指生产过程中产品的材料实际耗用量与其定额耗用量之间的差异。其计算公式为：

材料脱离定额差异=∑（材料实际耗用量－材料定额耗用量）×材料计划单价

在实际工作中，计算材料脱离定额差异的方法一般有限额法、切割法和盘存法三种。

（1）限额法。限额法是指根据企业制定的材料消耗定额来核算材料定额差异的一种方法。这种方法下，符合定额的原材料应当根据限额领料单领发。因为增加产量而需要增加的用料，按规定程序办理追加限额手续后，属于定额内用料，可以根据限额领料单领用；减少产品产量时，应当扣减限额领料单上的领料限额。除增加产量发生的增加用料以外，因其他原因发生的超额用料，属于材料脱离定额的差异，应当填制专设的超额领料单（也可以用普通领料单以不同颜色填写或加盖专用戳记加以区别）等差异凭证，经过一定的审批手续领料。采用代用材料或利用废料时，应在限额领料单中注明，并在原定限额内扣除。生产任务完成后，应当根据车间余料填制退料单，办理退料手续或假退料手续。超额领料单上的材料数额，属于材料脱离定额的超支差异；退料单中所列材料数额和限额领料单中的材料余额，都是材料脱离定额的节约差异。

值得注意的是，材料脱离定额差异是生产产品实际用料脱离定额而形成的，但是，上述差异凭证反映的只是"领料差异"，不一定是"用料差异"。实际工作中，按下面公式计算本月材料实际消耗量。

本月某材料实际消耗量=该材料月初结余数量+该材料本月领用数量-该材料月末结余数量

【例5-12】某厂生产的丙产品原材料在生产开始时一次性投入，单位产品A材料消耗定额为20千克，A材料计划单位成本为10元。丙产品期初在产品30件，产品交库单汇总的本期完工入库产品为1 000件，期末实地盘点确定的在产品为50件。限额领料单记录，本期丙产品领用A材料20 300千克。根据车间材料盘存资料，A材料期初余额为90千克，期末余额为120千克。计算材料脱离定额差异。

本期投产丙产品数量=1 000+50-30=1 020（件）

本期A材料定额消耗量=1 020×20=20 400（千克）

本期A材料实际消耗量=20 300+90-120=20 270（千克）

本期A材料脱离定额差异=（20 270-20 400）×10=-1 300（元）

计算结果表明，丙产品材料脱离定额差异为节约130千克，节约材料费用1 300元。

（2）切割法。为了更好地控制用料差异，对于一些贵重材料或大量使用且需要切割才能使用的材料，如板材、棒材等，可以通过材料切割核算单来计算材料脱离定额差异，控制用料。材料切割核算单应按切割材料的批别开立，在材料切割核算单中要填写切割核算材料种类、数额、消耗定额和应切割成的毛坯数量。切割完毕后，要填写实际切割成的毛坯数量和材料的实际消耗量。然后根据实际切割成的毛坯数量和消耗定额，求得材料定额消耗量，再将材料定额消耗量与材料实际消耗量相比较，确定材料脱离定额差异。材料定额消耗量和材料脱离定额差异，也应填入材料切割核算单中，并应注明发生差异的原因，由主管人员签章。

（3）盘存法。对于不能按照上述两种方法核算材料脱离定额差异的企业，为了更好地控制材料，应通过定期盘存的方法核算材料脱离定额差异。盘存法是指通过定期盘存完工产品数量和在产品数量来核算材料脱离定额差异的一种方法。用盘存法核算材料脱离定额差异的程序及计算公式如下。

① 根据产品入库单等凭证记录的完工产品数量和实地盘存确定的在产品数量，计算出本期投产产品数量。

② 将本期投产产品数量乘以材料消耗定额，计算出材料定额消耗量。

本期投产产品数量=本期完工产品数量+期末盘存在产品数量-期初盘存在产品数量

材料定额消耗量=本期投产产品数量×单位产品材料定额消耗量

③ 再根据限额领料单、超额领料单、退料单等领退料凭证以及车间余料盘存数量，计算出材料实际消耗量。

材料实际消耗量=本期领料量+期初余料存量-期末余料存量

④ 比较材料实际消耗量和定额消耗量，计算材料脱离定额差异。计算公式如下。

材料脱离定额差异=（本期材料实际消耗量-本期投产产品数量

×单位产品材料消耗定额）×材料计划单价

2. 直接人工脱离定额差异的计算

直接人工脱离定额差异的计算，主要通过核算实际生产工时与定额工时的差异来进行。企业生产工人的工资形式不同，其直接人工脱离定额差异的计算方法也不同。

（1）计件工资制度下直接人工脱离定额差异的计算。在计件工资制度下，直接人工费用为直接计入费用，直接人工脱离定额差异的计算与材料脱离定额差异的计算方法类似。

直接人工定额费用=计件数量×计件单价

计件单价=计件单位工时人工费用÷每工时产量定额

（2）计时工资制度下直接人工脱离定额差异的计算。在计时工资制度下，直接人工费用一般为间接计入费用，其脱离定额的差异不能在平时分产品计算，只有在月末确定本月实际直接人工费用总额和产品生产总工时后才能计算。有关计算公式如下。

计划小时工资率=计划产量的定额直接人工费用÷计划产量的定额生产工时

实际小时工资率=实际直接人工费用总额÷实际生产总工时

某产品定额直接人工费用=该产品实际产量的定额生产工时×计划小时工资率

某产品实际直接人工费用=该产品实际生产工时×实际小时工资率

某产品直接人工脱离定额差异=该产品实际直接人工费用-该产品定额直接人工费用

【例5-13】某厂生产甲、乙、丙三种产品。本月三种产品实际生产工时为401 000小时，其中甲产品170 000小时，乙产品100 000小时，丙产品131 000小时；本月三种产品实际产量定额工时410 000小时，其中甲产品172 000小时，乙产品110 000小时，丙产品128 000小时；本月实际产品生产工人工资及提取的福利费合计为1 644 100元；本月计划小时工资率为4元，实际小时工资率为4.1元。根据资料计算有关数据，编制人工费用定额和直接人工脱离定额差异。

根据公式计算编制直接人工费用定额和直接人工脱离定额差异汇总表，见表5-59。

表5-59　　　　　　　直接人工费用定额和直接人工脱离定额差异汇总表

2023年8月

产品名称	直接人工费用定额			实际直接人工费用			直接人工脱离定额差异/元
	定额工时/时	计划小时工资率/（元/时）	定额工资/元	实际工时/时	实际小时工资率/（元/时）	实际工资/元	
甲产品	172 000	4	688 000	170 000	4.1	697 000	9 000
乙产品	110 000	4	440 000	100 000	4.1	410 000	−30 000
丙产品	128 000	4	512 000	131 000	4.1	537 100	25 100
合计	410 000		1 640 000	401 000		1 644 100	4 100

3. 制造费用脱离定额差异的计算

制造费用通常与计时工资一样，属于间接计入费用，其脱离定额差异不能在平时按照产品直接计算，在发生时先按发生地点进行归集，月末再直接或分配计入产品成本。在月末按照以下公式计算。

某产品制造费用脱离定额差异=该产品制造费用实际分配额-该产品实际产量的定额工时×计划小时制造费用

【例5-14】某厂生产甲、乙、丙三种产品，本月各种产品实际生产工时和实际产量的定额工时见【例5-12】。本月实际制造费用总额为826 060元，本月计划小时制造费用为2元，实际小时制造费用为2.06元。根据资料计算有关数据，编制制造费用定额和制造费用脱离定额差异汇总表，见表5-60。

表5-60　　　　　　　制造费用定额和制造费用脱离定额差异汇总表

2023年8月

产品名称	制造费用定额			实际制造费用			制造费用脱离定额差异/元
	定额工时/时	计划小时制造费用/（元/时）	定额制造费用/元	实际工时/时	实际小时制造费用/（元/时）	实际制造费用/元	
甲产品	172 000	2	344 000	170 000	2.06	350 200	6 200
乙产品	110 000	2	220 000	100 000	2.06	206 000	−14 000
丙产品	128 000	2	256 000	131 000	2.06	269 860	13 860
合计	410 000		820 000	401 000		826 060	6 060

（三）计算材料成本差异

采用定额法计算产品成本的企业，应当按照计划成本来组织材料的日常核算。因此，直接材料费用定额成本和材料脱离定额差异，都是按照材料的计划单位成本计算的。这样在月末计算产品的实际成本时，还应当计算和分配本月消耗材料应当负担的成本差异。其计算公式为：

某产品应分配的材料成本差异=（该产品材料定额成本±材料脱离定额差异）×材料成本差异率

【例5-15】某工厂生产的甲产品本月直接材料费用定额成本为495 000元，材料脱离定额差异为节约9 500元，本月材料成本差异率为节约1.2%。计算甲产品本月应负担的材料成本差异。

$$本月甲产品应负担的材料成本差异=（495\ 000-9\ 500）×（-1.2\%）$$
$$=-5\ 826（元）$$

（四）计算定额变动差异

定额变动差异是指由于修订消耗定额而产生的新、旧定额之间的差额。它是定额本身变动的结果，与生产中费用支出的节约或浪费无关。一般来说，消耗定额和定额成本的修订都在月初、季初或年初进行。如果某产品在某月初修订定额成本，当月投产产品的定额成本应当按照新的定额计算，而月初在产品的定额成本是上月末按旧定额计算的，为了统一以新的定额成本为基础，必须将月初在产品成本按新的定额进行调整。

可以根据消耗定额发生变动的在产品盘存数量（或在产品台账的账面结存数量）和修订后的定额消耗量，计算出月初在产品新的定额消耗量和新的定额成本，再与修订前月初在产品定额成本进行比较，计算出月初在产品定额变动差异。这种计算要按照产品的零部件和工序进行，当构成产品的零部件种类较多时，计算工作量比较大。为了简化计算工作，也可以根据定额变动前后单位产品的定额成本（分成本项目的成本），计算一个定额变动系数，再据以确定月初在产品定额变动差异。采用这种方法的计算公式如下。

$$定额变动系数=\frac{按新定额计算的单位产品定额成本}{按旧定额计算的单位产品定额成本}$$

月初在产品定额变动差异=按旧定额计算的月初在产品定额成本×（1-定额变动系数）

【例5-16】某厂生产的甲产品从本月1日起实行新的材料消耗定额，直接人工和制造费用定额不变。单位产品新的直接材料费用定额为4 500元，旧的直接材料费用定额为4 680元。甲产品月初在产品按旧定额计算的直接材料费用为93 600元。根据资料，计算甲产品月初在产品定额变动差异。

该厂甲产品月初在产品定额变动差异计算如下。

定额变动系数=4 500÷4 680=0.96

月初在产品定额变动差异 =93 600×（1-0.96）=3 744（元）

定额成本是计算产品实际成本的基础，月初在产品定额成本调低时，应将定额变动差异加入产品实际成本；月初在产品定额成本调高时，应将定额变动差异从产品实际成本中扣除。【例5-15】中甲产品月初在产品成本调整减少了3 744元，甲产品实际成本中就应当加上定额变动差异3 744元。

（五）计算产品实际成本

这部分主要是根据本月实际发生的生产费用，分别核算符合定额的费用和脱离定额的差异，编制有关的会计分录，记入生产成本明细账。其中符合定额的费用记入"生产成本——×产品（定额成本）"科目，脱离定额的差异记入"生产成本——×产品（脱离定额差异）"科目，节约差异用负值。

定额法下产品的实际成本由四项因素构成：按现行定额计算的产品定额成本、脱离现行定额的差异、材料成本差异和月初在产品定额变动差异。计算公式如下。

$$产品实际成本=按现行定额计算的产品定额成本\pm脱离现行定额的差异$$
$$\pm材料成本差异\pm月初在产品定额变动差异$$

四、定额法应用举例

【例5-17】某企业生产甲产品，各项消耗定额比较准确，2023年8月生产情况和定额资料如下。月初在产品30件，本月投产140件，本月完工150件，月末在产品20件，月末在产品完工程度为50%；材料系开工时一次性投入，单位产品直接材料消耗定额由上月的4.4千克降为4千克；工时定额为3小时，计划小时工资率为3元，计划小时制造费用为4元；材料计划单位成本为5元，材料成本差异率为-2%。月初在产品成本及本月生产费用资料见表5-61、表5-62。要求：根据以上资料填写产品成本计算单。

表5-61　　　　　　　　　　　　　月初在产品成本

2023年8月

单位：元

项目	直接材料	直接人工	制造费用
月初在产品定额成本	660	135	180
脱离定额差异	-9	5	6

表5-62　　　　　　　　　　　　　本月发生费用

2023年8月

单位：元

项目	直接材料	直接人工	制造费用
本月产品定额成本	2 800	1 305	1 740
脱离定额差异	30	10	12

1. 计算期初各项脱离定额差异

直接材料定额成本=30×4.4×5=660（元）

直接人工定额成本=30×50%×3×3=135（元）

制造费用定额成本=30×50%×3×4=180（元）

2. 计算本期各项脱离定额差异

直接材料定额成本=140×4×5=2 800（元）

直接人工定额成本=[150+（20-30）×50%]×3×3=1 305（元）

制造费用定额成本=[150+（20-30）×50%]×3×4=1 740（元）

3. 计算完工产品成本

月初在产品定额成本调整额=30×（4.4－4）×5=60（元）

材料成本差异=（2 800+30）×（-2%）=-56.6（元）

直接材料脱离定额差异分配率=21÷3 400=0.61%

产成品直接材料成本脱离定额差异=3 000×0.61%=18.3（元）

完工产品实际直接材料成本=3 000+18.3-56.6+60=3 021.7（元）

根据以上三步计算编制产品成本计算单，见表5-63。

表 5-63　　　　　　　　　　　　　　　　　产品成本计算单

产品名称：甲产品　　　　　　　　2023 年 8 月　　　　　　　产量：150 件　　　　　　金额单位：元

项目		直接材料	直接人工	制造费用	合计
月初在产品	定额成本	660	135	180	975
	脱离定额差异	-9	5	6	2
月初在产品定额变动	定额成本调整	-60			
	定额成本差异	60			
本月生产费用	定额成本	2 800	1 305	1 740	5 845
	脱离定额差异	30	8	12	50
	材料成本差异	-56.6			-56.6
生产费用合计	定额成本	3 460	1 440	1 920	6 820
	脱离定额差异	21	13	18	52
	材料成本差异	-56.6			-56.6
	定额变动差异	60			
脱离定额差异分配率		0.62%	0.9%	0.94%	
产成品成本	定额成本	3 000	1 350	1 800	6 150
	脱离定额差异	18.3	12.2	16.9	47.7
	材料成本差异	-56.6			-56.6
	定额变动差异	60			60
	实际成本	3 021.7	1 362.2	1 816.9	6 201.1
月末在产品成本	定额成本	400	90	120	610
	脱离定额差异	2.44	0.81	1.12	4.37

【任务实施】

任务实施 5-1	参考答案 5-1
总结分析鸿运机械厂的成本计算方法	总结分析鸿运机械厂的成本计算方法

【项目小结】

　　本项目主要介绍各种成本计算方法的概念、适用范围、特点和计算程序等。

　　品种法是产品成本计算中最主要、最基本的一种方法，熟练掌握品种法是非常重要的。品种法的成本计算程序中包括了各种要素费用的归集与分配，以及会计处理，其中，难点是辅助生产费用的归集与分配、生产费用在完工产品与月末在产品之间的分配。对辅助生产车间发生的生产费用进行核算，要注意制造费用的处理，可结合企业实际情况确定是否通过"制造费用"账户核算。将生产费用在完工产品和在产品之间进行分配，应重点掌握约当产量比例法。

分批法也称订单法，它是以产品批别（或订单）作为成本计算对象，归集生产费用，计算产品成本的一种方法。分批法的特点是：①以产品批别（或订单）作为成本计算对象；②成本计算期与产品生产周期一致；③一般不需要在完工产品和在产品之间分配生产费用。分批法分为典型分批法和简化分批法。简化分批法下需设立基本生产成本二级账，采用累计间接费用分配率来计算分配间接费用。

分步法是以产品的品种和生产步骤为成本计算对象，归集生产费用，计算产品成本的一种方法。根据企业生产工艺的特点和成本管理对各步骤成本资料的要求，分步法可分为逐步结转分步法和平行结转分步法。

逐步结转分步法是根据产品连续加工的先后顺序，按照生产步骤逐步计算并结转半成品成本，直到最后步骤计算出产成品成本的方法。其主要特点是按照生产步骤逐步计算半成品成本，且半成品成本随着半成品在各加工步骤之间的移转而逐步结转。逐步结转分步法按各生产步骤所结转的半成品成本在下一步骤产品成本明细账中反映方法的不同，可分成综合结转分步法和分项结转分步法。

平行结转分步法是指不计算各步骤的半成品成本，只将各步骤生产费用中应计入相同产成品成本的份额平行汇总，以求得产成品成本的方法。它以最终产成品品种作为成本计算对象，并按生产步骤和产成品品种设置产品成本计算单，各步骤不计算完工半成品成本，只计算并汇总其生产费用中应计入产成品成本的份额。每步骤的生产费用合计数要在最终产成品和广义在产品之间进行分配。

分类法是以产品的类别为成本计算对象归集生产费用，计算产品成本的方法。在分类法下，应先计算各类产品的总成本，再分配计算类内各种产品的成本。

定额法是以产品定额成本为基础，通过加减脱离定额差异和定额变动差异来计算产品实际成本的一种方法。定额法把产品成本的计算和控制、分析结合在一起，能加强成本管理，提高经济效益。

另外，本项目还比较分析了副产品和联产品，并介绍了副产品与联产品成本计算的方法。本项目的重点是分类法，难点是定额法中脱离定额差异的处理。

 【巩固练习】

一、单项选择题

1. 在小批单件多步骤生产的情况下，如果管理上不要求分步计算产品成本，应采用的成本计算方法是（   ）。

    A. 分批法　　　　　　B. 分步法　　　　　　C. 分类法　　　　　　D. 定额法

2. 品种法适用的生产类型是（   ）。

    A. 大量成批生产　　　B. 大量大批生产　　　C. 大量小批生产　　　D. 单件小批生产

3. 企业应当（   ）确定适合本企业的成本计算方法。

    A. 根据生产特点和管理要求　　　　　B. 根据职工人数的多少

    C. 根据生产规模的大小　　　　　　　D. 根据生产车间的多少

4. 品种法下，生产成本明细账应当按照（   ）分别开设。

    A. 生产单位　　　　　B. 产品品种　　　　　C. 生产步骤　　　　　D. 产品类别

5. 采用分批法计算产品成本时，应按（   ）。

    A. 每种产品设置产品成本明细账　　　B. 每批产品设置产品成本明细账

    C. 每个类别设置产品成本明细账　　　D. 每个步骤设置产品成本明细账

6. 采用平行结转分步法，第二生产步骤的广义在产品不包括（   ）。

    A. 第一生产步骤正在加工的在产品　　　B. 第二生产步骤正在加工的在产品

    C. 第二生产步骤完工入库的半成品　　　　D. 第三生产步骤正在加工的在产品

7. 需要进行成本还原的分步法是（　　）。

    A. 综合结转分步法　　　　　　　　　　B. 平行结转分步法

    C. 分项结转分步法　　　　　　　　　　D. 逐步结转分步法

8. 分类法是以（　　）为成本计算对象，归集费用，计算产品成本的一种方法。

    A. 产品品种　　　　　B. 产品类别　　　　　C. 生产批别　　　　D. 生产步骤

9. 产品成本计算的分类法（　　）。

    A. 是一种计算产品成本必不可少的成本计算方法

    B. 是一种可单独使用的产品成本计算方法

    C. 是一种需要与基本方法结合运用的产品成本计算的辅助方法

    D. 是一种提高企业产品成本管理水平必不可少的产品成本计算的基本方法

二、多项选择题

1. 下列属于成本计算基本方法的有（　　）。

    A. 品种法　　　　　B. 分类法　　　　　C. 分批法　　　　D. 分步法

2. 品种法的特点有（　　）。

    A. 以产品品种作为成本计算对象

    B. 定期按月计算产品成本

    C. 如果有在产品，需要在完工产品和期末在产品之间分配生产费用

    D. 不需要在完工产品与在产品之间分配生产费用

3. 品种法是成本计算最基本的方法，这是因为（　　）。

    A. 各种方法最终都要计算出各产品品种的成本

    B. 品种法成本计算程序是成本计算的一般程序

    C. 品种法定期按月计算成本

    D. 品种法不需要进行费用分配

4. 分批法的特点有（　　）。

    A. 以产品的批别或订单作为成本计算对象

    B. 成本计算期不固定

    C. 按月计算产品成本

    D. 月末一般不需要在完工产品和在产品之间分配生产费用

5. 简化分批法主要适用于（　　）的企业或车间。

    A. 同一月份投产产品的批数较多　　　　B. 同一月份投产产品的批数较少

    C. 月末未完工产品的批数较多　　　　　D. 月末未完工产品的批数较少

    E. 各月间接费用水平相差不大

6. 分步法下，作为成本计算对象的生产步骤，可以（　　）。

    A. 按生产车间设立　　　　　　　　　　B. 按一个企业设立

    C. 按实际生产步骤设立　　　　　　　　D. 按一个车间中的几个生产步骤分别设立

    E. 按几个车间合并成的一个生产步骤设立

7. 在平行结转分步法下，完工产品与在产品之间的费用分配，是指（　　）之间的费用分配。

    A. 库存商品与狭义在产品　　　　　　　B. 库存商品与广义在产品

C. 库存商品与半成品　　　　　　　D. 各步骤完工半成品与月末加工中的在产品

E. 前面各步骤的库存商品与广义在产品，最后步骤的库存商品与狭义在产品

8. 产品成本计算的辅助方法有（　　　）。

A. 品种法　　　　　B. 分批法　　　　　C. 分步法　　　　　D. 分类法

E. 定额法

9. 采用定额法计算产品成本，应具备的条件有（　　　）。

A. 定额管理制度比较健全　　　　　B. 定额管理工作基础比较好

C. 产品生产已经定型　　　　　　　D. 消耗定额比较准确且稳定

10. 定额法的特点主要有（　　　）。

A. 事先确定产品的定额成本　　　　B. 划分定额成本与脱离定额差异

C. 在各种企业均可使用　　　　　　D. 必须与其他基本方法结合使用

三、判断题

1. 在各种成本计算方法中，品种法是最基本的方法。　　　　　　　　　　　（　　　）

2. 采用简化分批法计算产品成本，全部产品某项累计间接费用分配率等于全部产品该项本月间接费用除以全部产品累计生产工时。　　　　　　　　　　　　　　　　　　　　　（　　　）

3. 多步骤生产不能采用品种法。　　　　　　　　　　　　　　　　　　　　　（　　　）

4. 分批法适用于管理上不要求分步骤计算成本的小批单件多步骤生产。　　　（　　　）

5. 品种法的成本计算期与会计报告期一致，与产品生产周期不一致。　　　　（　　　）

6. 在逐步结转分步法下，不论是综合结转分步法还是分项结转分步法，半成品成本都是随着半成品实物的转移而结转的。　　　　　　　　　　　　　　　　　　　　　　　　　　（　　　）

7. 在平行结转分步法下，各步骤的生产费用都必须在库存商品和广义在产品之间进行分配。
　　　　　　　　　　　　　　　　　　　　　　　　　　　　　　　　　　　　　　（　　　）

8. 平行结转分步法下，各步骤不计算半成品成本。　　　　　　　　　　　　　（　　　）

9. 分类法下，采用系数法在类内各种产品之间分配费用，所选择的标准产品必定是产量最高的产品。　　　　　　　　　　　　　　　　　　　　　　　　　　　　　　　　　　　（　　　）

10. 采用定额法计算产品成本时，材料脱离定额差异，是产品生产中耗用材料按计划成本计价反映的数量差异。　　　　　　　　　　　　　　　　　　　　　　　　　　　　　　　（　　　）

学习测评表

项目六
成本报表智能化分析与可视化

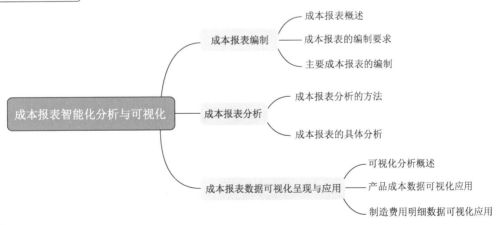

案例导入

鸿运机械厂 2023 年生产甲、乙、丙三种产品,其中甲产品和乙产品为可比产品,丙产品为不可比产品;可比产品成本全年计划降低率为 8%;甲产品销售单价为 1 500 元,乙产品销售单价为

1 350 元，丙产品销售单价为 1 650 元。

相关资料见表 6-1、表 6-2。

表 6-1　　　　　　　　　　　各种产品单位成本资料

单位：元

成本项目	历史先进水平（2020 年）		上年实际平均		本年计划		
	甲产品	乙产品	甲产品	乙产品	甲产品	乙产品	丙产品
直接材料	936	762	975	840	960	810	1 050
直接人工	162	138	186	171	168	150	258
制造费用	189	135	210	159	201	144	192
合计	1 287	1 035	1 371	1 170	1 329	1 104	1 500

表 6-2　　　　　　　　　　　制造费用资料

单位：元

费用项目	本年各月计划	上年同期实际
人工费	2 736	2 565
办公费	3 600	3 300
折旧费	12 900	12 000
修理费	4 080	3 720
运输费	5 100	4 740
租赁费	1 800	1 350
保险费	2 400	2 100
水电费	1 500	1 200
劳动保护费	1 200	900
机物料消耗	630	540
其他	459	381
合计	36 405	32 796

任务发布

根据任务资料 6-1 编制 2023 年的主要产品成本表、制造费用明细表和全部产品成本表，并使用大数据工具进行可视化呈现。

任务资料 6-1

成本报表智能化
分析与可视化

【知识拓展】

成本会计属于企业对内会计，主要为企业内部管理提供对企业决策有用的信息。企业会计报表按服务对象可划分为两类：一类是对外报送的会计报表，即企业为满足国家宏观经济管理部门、投资者、债权人及其他会计信息使用者对会计信息的需求而编制的对外提供服务的会计报表，如资产负债表、利润表、现金流量表等；另一类是为企业内部提供而不对外公开的会计报表，不要求统一格式，没有统一指标体系，如成本报表。

任务一　成本报表编制

一、成本报表概述

（一）成本报表的概念

成本报表是按照成本管理的各种需要，根据成本核算资料和其他有关经营管理费用等资料编制的，用以反映和监督企业一定时期内产品成本和费用支出水平及其构成情况的报告文件。编制和分析成本报表是企业成本会计工作的一项重要内容。

成本是综合反映企业生产技术和经营、管理工作水平的一项重要质量指标，市场经济环境下，企业将其作为一种商业秘密，因此成本报表不宜对外公开报送，只是作为向企业经营管理者提供有关成本和经营管理费用信息，进行成本分析的一种内部管理报表。

（二）成本报表的作用

正确、及时地编制成本报表，对加强成本管理和节约费用支出具有重要作用。

1. 分析考核成本计划的执行情况

企业的管理者能够利用成本报表，分析考核企业成本计划的执行情况，评价企业工作质量，促使企业降低成本、节约费用，从而提高企业的经济效益，增加国家财政收入。

2. 挖掘成本节约潜力，有效控制生产耗费

成本报表分析可以揭示影响产品成本和成本项目变动的因素和原因，从生产技术、生产组织和经营管理等各个方面挖掘节约成本的潜力，有效地控制生产耗费，从整体上提高企业的经济效益。

3. 为成本预测、决策等提供重要依据

成本报表所反映的成本资料，揭示了企业实际生产耗费状况和成本水平，不仅可以满足企业、车间和部门加强日常成本或费用控制的需要，而且能为企业进行成本的预测、决策等提供重要依据，同时还是编制产品成本和各项费用计划、制定产品价格的重要基础。

（三）成本报表的种类

企业的成本报表主要服务于企业内部经营管理部门，不对外公开。因此，成本报表的种类、格式、项目、指标的设计和编制方法、编报日期、具体报送对象，一般是由企业根据生产经营特点和企业管理的具体要求而定的。对于制造型企业来说，一般有以下几种分类。

1. 成本报表按其所反映的内容分类

（1）反映成本计划完成情况的报表。这类报表重在揭示报告期内企业为生产一定种类和一定数量产品所耗费的生产费用的水平是否达到预定目标。将报告期内的实际成本水平与计划（预算）、上年实际、历史最好成本水平或同行业同类产品先进成本水平相比较，反映产品成本发展变化的趋势和成本计划的完成情况，并为进行深入的成本分析、挖掘降低成本的潜力提供资料。

该类报表主要有全部产品生产成本表和主要产品单位成本表等。

（2）反映费用支出情况的报表。这类报表重在揭示报告期内企业生产经营费用支出的总额及其构成情况。将报告期的实际费用水平与计划（预算）、上年实际、历史最好费用水平或同行业同类产品先进费用水平相比较，反映和分析费用支出的合理程度及变化趋势，为企业正确制定费用预算，考核费用预算的实际完成情况，明确有关经济责任提供资料。该类报表主要有制造费用明细表、销售费用明细表、管理费用明细表、财务费用明细表等。

2. 成本报表按其编制的时间分类

成本报表按其编制时间可分为定期报表和不定期报表。

（1）定期报表。定期报表是为了满足企业日常成本管理的需要，及时反馈成本信息而编制的。定期报表按编制时间分为年报、半年报、季报、月报、旬报、日报等。

（2）不定期报表。不定期报表是为了满足企业内部管理的特殊要求而在需要时编制的。

二、成本报表的编制要求

为了充分发挥成本报表在经济管理中的积极作用，使企业管理人员正确运用成本报表提供的数据进行分析，并根据分析的结果做出正确的决策，企业应按照一定的要求正确编制各种成本报表，并且做到数字真实、内容完整、计算准确、编报及时。

1. 数字真实

数字真实是指报表中的各项数据必须真实可靠，不能任意估计，更不允许弄虚作假、篡改数字。因此，企业在编制报表前，应将所有的经济业务登记入账，并核对各种账簿之间的记录，做到账账相符；清查财产、物资，做到账实相符；然后再依据有关账簿的记录编制报表。报表编制完毕后，还应检查各个报表中相关指标的数字是否一致。

2. 内容完整

内容完整是指主要报表种类应齐全，应填列的报表指标和文字说明必须全面，表内项目和表外补充资料，不论是根据账簿资料填列还是分析计算填列，都应当完整无缺，不得任意取舍。注意保持各成本报表计算口径一致，计算方法如有变动，应在附注中说明。不定期报送的主要成本报表，还应有分析说明生产成本和费用升降情况、原因、措施的文字材料。

3. 计算准确

计算准确是指成本报表中的各项指标数据必须按照企业在设置成本报表时规定的计算方法计算，报表中的各种相关数据应当核对相符。例如，本期报表与上期报表之间、同一时期不同报表之间、同一报表不同项目之间具有勾稽关系的数据，应当核对相符。

4. 编报及时

成本报表有些定期编制，有些不定期编制，无论是定期编制还是不定期编制，都要求及时编制、及时反馈。所谓编报及时是指根据企业管理部门的需要迅速提供各种成本报表。只有这样，才能及时地对企业成本完成情况进行检查和分析，从中发现问题，及时采取措施加以解决，以充分发挥成本报表的应有作用。要做到这一点，企业不仅要做好日常成本核算工作，还要注意收集、整理有关的历史成本资料等。

三、主要成本报表的编制

（一）产品生产成本表的编制

1. 产品生产成本表的作用

产品生产成本表是反映企业在一定会计期间生产产品所发生的生产费用总额和全部产品总成本的报表。产品生产成本表按产品品别设置，分成本项目反映各种产品总成本和单位成本，反映企业在一定时期内生产产品而发生的全部生产费用。企业根据管理的需要可以编制按可比产品和不可比产品分类反映的全部商品产品成本表；也可以编制按成本项目反映的产品生产成本表，还可以编制按成本性态反映的产品生产成本表以及按主要产品和非主要产品反映的全部产品的生产成本报表。

编制的产品生产成本表，可以考核各种产品成本计划的执行结果，了解产品成本发生的全貌；利用产品生产成本表可以分析各成本项目的构成及其变化情况，揭示成本差异，挖掘潜力，降低产品成本；同时成本报表提供的成本信息资料，又是预测未来产品成本水平和制订合理目标成本的依据。

2. 产品生产成本表的编制方法

产品生产成本表的编制，一般应根据上年和本年生产费用明细账（或产品成本计算单）、有关产量统计资料、在产品和自制半成品等期末存货盘存资料，以及有关产品的计划和定额成本资料、经济技术资料等，经过整理、加工和分析计算，对单位成本、总成本的各栏，分别按成本性态类别，或按产品品种类别进行填列。

常用的产品生产成本表主要有两种，分别是按成本项目反映的产品生产成本表和按产品品种反映的产品生产成本表。

（1）按成本项目反映的产品生产成本表的编制。

按成本项目反映的产品生产成本表是按成本项目汇总反映企业在报告期内发生的全部生产费用以及产品生产成本合计数的报表。按成本项目反映的产品生产成本表，可以反映报告期内全部产品生产费用的支出情况和各种费用的构成情况；将本表本年实际生产费用及产品生产成本与本年计划数和上年实际数相比较，可以考核和分析年度生产费用及产品生产成本计划执行情况、上年生产费用及产品生产成本的升降情况。

按成本项目反映的产品生产成本表一般由生产费用和产品生产成本两部分构成。生产费用部分按成本项目反映报告期内发生的各种生产费用及其合计数；产品生产成本部分在生产费用合计数的基础上，加上在产品和自制半成品的期初余额，减去在产品和自制半成品的期末余额，算出产品生产成本的合计数。这些费用和成本，可按上年实际数、本年计划数、本月实际数和上年实际数分栏反映。如果是在期中编制这一报表，本年实际数栏改为本年累计实际数。

① "上年实际"根据上年 12 月产品生产成本表的本年累计实际数填列。

② "本年计划"根据成本计划有关资料填列。

③ "本年累计实际"根据本月实际，加上上月本年累计实际计算填列。

④ 按成本项目反映的本月各种生产费用，根据各种产品成本明细账所记本月生产费用合计分别汇总填列。

⑤ 在产品、自制半成品的期初余额和期末余额，根据各种成本明细账的期初、期末在产品成本和各种自制半成品成本明细账的期初、期末余额分别汇总填列。

⑥ 产品生产成本合计根据表中的生产费用合计，加上在产品、自制半成品期初余额，减去在产品、自制半成品期末余额计算填列。

产品生产成本表（按成本项目反映）如表 6-3 所示。

表 6-3　　　　　　　　　产品生产成本表（按成本项目反映）

编制单位：×××公司　　　　　　　2023 年××月　　　　　　　　单位：元

成本项目	上年实际	本年计划	本月实际	本年累计实际
生产费用				
直接材料				
直接人工				
制造费用				
生产费用合计				
加：在产品、自制半成品期初余额				
减：在产品、自制半成品期末余额				
产品生产成本				

（2）按产品品种反映的产品生产成本表的编制。

按产品品种反映的产品生产成本表是反映企业在报告期内生产的全部产品总成本和各种主要产品总成本及单位成本的报表。

利用按产品品种反映的产品生产成本表，可以揭示企业生产一定数量产品所付出的成本是否达到了预期的要求，可以考核和分析企业产品生产成本计划的执行情况以及可比产品商品成本降低计划的执行情况，对企业成本管理工作做出评价。

按产品品种反映的产品生产成本表分为基本表和补充资料两部分。基本表项目分为可比产品与不可比产品两部分。可比产品是指上一年正式生产过，有上年度较完备的成本资料的产品。由于可比产品需要同上年度的实际成本进行比较，因此，表中不仅要反映本期的计划成本和实际成本，还要反映按上年实际平均单位成本计算的总成本。不可比产品是指上一年没有正式生产过，没有上年度成本资料的产品。对于不可比产品，由于没有上年度实际单位成本的资料，所以只反映本年度的计划成本和实际成本。补充资料部分反映企业可比产品成本降低额和降低率。

产品生产成本表（按产品品种反映）如表 6-4 所示。该表编制方法如下。

① "产品名称"按企业和生产的可比产品与不可比产品的品种分别列示，每项注明各品种的名称、规格和计量单位。

② "实际产量"应根据产品成本计算单等资料所记录的本月和从年初起到本月止的各种主要产品实际产量填列。

③ "单位成本"应按上年度或以前年度报表资料、本期成本计划资料和本期实际成本资料分别填列。

$$某产品本月实际单位成本=\frac{本月实际总成本}{本月实际产量}$$

$$某产品本年累计实际平均单位成本=\frac{本年累计实际总成本}{本年累计实际产量}$$

④ "本月总成本"栏中，前两项分别按本月实际产量与上年实际平均单位成本、本月实际产量与本年计划单位成本的乘积填列，"本月实际"可根据各种产品成本汇总表填列。

⑤ "本年累计总成本"应分别按自年初到本月止的本年累计产量与上年实际平均单位成本、本年计划单位成本和本年累计实际平均单位成本的乘积填列。

⑥ 补充资料可根据计划、统计和会计等有关资料计算后填列。其中，可比产品成本降低额和可比产品成本降低率，可以按下列公式计算后填写。

可比产品成本降低额=按上年实际平均单位成本计算的可比产品成本 – 本年可比产品实际总成本

=Σ（实际产量×上年实际平均单位成本）–

Σ（实际产量×本年实际平均单位成本）

$$可比产品成本降低率= \frac{可比产品成本降低额}{按上年实际平均单位成本计算的可比产品成本}$$

产品生产成本表（按产品品种反映）如表 6-4 所示。

表 6-4　　　　　　　　　　　产品生产成本表（按产品品种反映）

编制单位：×××公司　　　　　　　　　　2023 年××月　　　　　　　　　金额单位：元

项目 产品名称	实际产量		单位成本				本月总成本			本年累计总成本		
	计量单位	本月①	本年累计②	上年实际平均③	本年计划④	本月实际⑤=⑨/①	本年累计实际平均⑥=⑫/②	按上年实际平均单位成本计算⑦=①×③	按本年计划单位成本计算⑧=①×④	本月实际⑨	按上年实际平均单位成本计算⑩=②×③	按本年计划单位成本计算⑪=②×④	本年实际⑫
可比产品合计								172 200	162 400	148 100	1 904 800	1 793 600	1 668 000
甲产品	件	60	640	2 020	1 940	1 760	1 800	121 200	116 400	105 600	1 292 800	1 241 600	1 152 000
乙产品	件	50	600	1 020	920	850	860	51 000	46 000	42 500	612 000	552 000	516 000
不可比产品合计								43 200	41 760		204 000	200 600	
丙产品	件	6	170		1 200	1 160	1 180	43 200	41 760		204 000	200 600	
产品成本合计								205 600	189 860		199 760	1 868 600	

补充材料：①可比产品成本降低额=1 904 800 – 1 668 000=236 800（元）

②可比产品成本降低率=236 800÷1 904 800×100%=12.43%

（二）主要产品单位成本表的编制

1. 主要产品单位成本表的作用

主要产品单位成本表是反映企业在报告期内生产的各种主要产品单位成本的构成情况和各项主要技术经济指标执行情况的报表。该表是对产品生产成本表的有关单位成本资料所做的进一步补充说明。根据主要产品单位成本表可以考核各种主要产品单位成本计划的执行结果；可以分析各成本项目和消耗定额的变化及其原因，分析成本构成的变化趋势；还有助于生产同种产品的不同企业之间进行成本对比。

总之，编制主要产品单位成本表是为了考核各种主要产品单位成本计划的执行情况；了解单位成本的构成；分析主要产品单位成本的变动及其内在原因，以便找出差距，挖掘潜力，降低成本。

2. 主要产品单位成本表的编制

主要产品单位成本表是反映企业一定时期内主要产品生产成本水平、变动情况及构成情况的成本报表。由于产品生产成本表中各主要产品的成本只列示总数，无法根据表格分析成本情况，因此要编制主要产品单位成本表作为产品生产成本表的补充报表。主要产品单位成本表可以反映主要产品单位成本的变动，并可用以分析产品成本变动的原因。主要产品单位成本表的格式见表6-5。

主要产品单位成本表的特点是按产品的成本项目分别反映产品单位成本及各成本项目的历史先进水平、上年实际平均、本年计划、本月实际和本年累计实际平均的成本资料。

主要产品单位成本表的编制方法如下。

① 基本部分的产品名称、规格、计算单位、产量，根据有关产品成本计算单填列。

② 各成本项目的历史先进水平，根据企业的成本历史资料填列。

③ 各成本项目的上年实际平均单位成本，根据上年度的成本资料填列。

④ 各成本项目的本年计划单位成本，根据本年计划资料填列。

⑤ 各成本项目的本月实际单位成本，根据本月实际成本资料填列。

⑥ 各成本项目的本年累计实际平均单位成本，根据本年各项目总成本除以累计产量后的商填列。

表6-5　　　　　　　　　　　　　　　　主要产品单位成本表

编制单位：×××公司　　　　　　　　2023年××月　　　　　　　　　　　　金额单位：元

产品名称①	规格②	计算单位③	产量		直接材料					直接人工					制造费用					产品单位成本				
			本月实际④	本年累计实际⑤	历史先进水平⑥	上年实际平均⑦	本年计划⑧	本月实际⑨	本年累计实际平均⑩	历史先进水平⑪	上年实际平均⑫	本年计划⑬	本月实际⑭	本年累计实际平均⑮	历史先进水平⑯	上年实际平均⑰	本年计划⑱	本月实际⑲	本年累计实际平均⑳	历史先进水平㉑	上年实际平均㉒	本年计划㉓	本月实际㉔	本年累计实际平均㉕
甲		件	60	640	120	140	132	122	124	20	26	24	20	22	24	36	32	32	34	164	202	188	174	180
乙		件	40	400	158	164	162	160	162	64	70	68	68	68	38	42	40	40	40	260	276	270	268	270
丙		件	36	300	80	86	84	82	82	136	144	140	140	142	36	40	40	42	40	252	270	264	264	264

（三）制造费用明细表的编制

1. 制造费用明细表的作用

制造费用明细表是反映企业在一定时期内为组织和管理生产所发生费用总额和各明细项目数额的报表。

根据制造费用明细表，可以了解企业报告期内制造费用的实际支出水平，考核制造费用计划的执行情况，评价制造费用的变化趋势，以便于加强对制造费用的控制与管理。

2. 制造费用明细表的编制方法

为了反映各单位各期制造费用任务的完成情况，制造费用明细表可以分车间按月进行编制。制造费用明细表的格式如表 6-6 所示。

① "本年计划"，根据本年制造费用预算填列。

② "上年同期实际"，根据上年度本表"本年累计实际数"栏相应项目填列。如果本年本表所列费用项目与上年度的费用项目在名称或内容上不一致，应对上年度的各项目数字按本年度表内项目的规定进行调整。

③ "本月实际"，根据"制造费用"总账账户所属各基本生产车间制造费用明细账的本月合计数计算填列。

④ "本年累计实际"，为自年初至本月末的制造费用累计实际数，根据制造费用明细账中各费用项目累计数填列。

表 6-6　　　　　　　　　　　　　　　制造费用明细表

编制单位：×××公司　　　　　　　　　　2023 年××月　　　　　　　　　　单位：元

项目	本年计划	上年同期实际	本月实际	本年累计实际
工资及福利费				
折旧费				
修理费				
办公费				
水电费				
物料消耗				
低值易耗品摊销				
劳动保护费				
租赁费				
运输费				
保险费				
设计制图费				
试验检验费				
季节性、修理期间的停工损失				
其他支出				
合计				

（四）期间费用明细表的编制

1. 管理费用明细表的编制

管理费用明细表是反映企业管理部门在报告期内为组织和管理企业生产所发生的各项费用及其构成情况的报表。管理费用明细表一般按照管理费用的费用项目分别反映各项费用的本年计划数、上年同期实际数、本月实际数和本年累计实际数。管理费用明细表的格式如表 6-7 所示。

表 6-7 管理费用明细表

编制单位：×××公司　　　　　　　　　　2023 年××月　　　　　　　　　　单位：元

项目	本年计划	上年同期实际	本月实际	本年累计实际
工资				
福利费				
折旧费				
办公费				
差旅费				
运输费				
保险费				
租赁费				
修理费				
咨询费				
诉讼费				
排污费				
绿化费				
物料消耗				
低值易耗品摊销				
无形资产摊销				
递延费用摊销				
坏账损失				
研究开发费				
技术转让费				
业务招待费				
工会经费				
职工教育经费				
材料、产成品盘亏和毁损				
其他				
管理费用合计				

管理费用明细表的填制方法如下。

① "本年计划"，根据本年度管理费用计划资料填列。

② "上年同期实际"，根据上年同期本表的本月实际数或本年累计实际数填列。

③ "本月实际"，根据管理费用明细账的本月合计数填列。

④ "本年累计实际"，根据管理费用明细账的本年累计数填列。

2. 财务费用明细表的编制

财务费用明细表是反映企业在报告期内发生的全部财务费用及其构成情况的报表，财务费用明细表的格式如表 6-8 所示。

表 6-8　　　　　　　　　　　　　　　　财务费用明细表

编制单位：×××公司　　　　　　　　　　　2023 年××月　　　　　　　　　　　单位：元

项目	本年计划	上年同期实际	本月实际	本年累计实际
利息支出(减利息收入)				
汇兑损失(减汇兑收益)				
金融机构手续费				
其他				
财务费用合计				

本报表填列方法同管理费用明细表。

3. 销售费用明细表的编制

销售费用明细表是反映企业销售部门在报告期内为销售产品所发生的各项费用及其构成情况的报表。销售费用明细表一般按照销售费用的费用项目分别反映各项费用的本年计划数、上年同期实际数、本月实际数和本年累计实际数。销售费用明细表的格式如表 6-9 所示。

表 6-9　　　　　　　　　　　　　　　　销售费用明细表

编制单位：×××公司　　　　　　　　　　　2023 年××月　　　　　　　　　　　单位：元

项目	本年计划	上年同期实际	本月实际	本年累计实际
职工薪酬				
差旅费				
办公费				
折旧费				
修理费				
物料消耗				
低值易耗品摊销				
运输费				
包装费				
保险费				
广告费				
展览费				
租赁费				
售后服务费				
其他				
销售费用合计				

本报表填列方法同管理费用明细表。

任务二　成本报表分析

成本分析是指以企业一定时期产品成本水平和构成情况的资料以及其他有关的计划、核算资料为依据，应用专门的方法对产品成本水平和构成的变动情况进行分析评价，以揭示影响成本升降的各种因素及成本变动原因，挖掘降低成本的潜力，促使企业成本不断降低的一项管理工作。成本分析是成本核算工作的继续，贯穿成本管理工作的全过程，是企业成本管理的重要组成部分，包括事前分析、事中分析和事后分析。

成本报表分析属于事后分析，是指主要利用成本报表所提供的资料及其他有关资料进行的分析。成本报表分析的目的在于评价成本计划的完成情况，并通过研究各项指标的数量变动和指标之间的相互关系，揭示影响成本指标变动的因素，从而对企业一定时期的成本工作获得比较全面、本质的认识，为改进生产经营管理、节约生产耗费、编制下期成本计划和做出新的经营决策提供依据。

一、成本报表分析的方法

成本报表分析的方法很多，实践中主要有以下几种常用的分析方法，包括比较分析法、比率分析法、因素分析法等。

（一）比较分析法

比较分析法也称对比分析法，是根据实际成本指标与基数指标进行对比，来揭示实际数与基数之间的数量差异，并分析差异产生原因的一种分析方法。实际工作中通常有以下几种形式。

（1）实际成本指标与计划成本指标或定额成本指标的比较分析。通过该类指标的比较分析，可以反映计划或定额的完成情况，检查计划、定额本身是否既先进又切实可行。

（2）本期实际成本指标与前期（上期、上年同期或历史先进水平）实际成本指标的比较分析。通过该类指标的比较分析，可以反映成本指标变动情况和发展趋势，揭示本期与前期成本指标间的差距，分析企业生产经营工作的改进情况。

（3）本企业实际成本指标（或某项技术经济指标）与国内外同行业企业先进成本指标的比较分析。通过该类指标的比较分析，可以反映企业成本水平在国内外同行业企业中所处的地位，揭示企业与国内外同行业企业先进成本指标间的差距。

比较分析法是成本报表分析中广泛应用的一种方法，主要作用是揭示成本差异，并为进一步分析指出方向，以便采取措施，降低成本。它是成本分析最基本的方法，各种成本分析均要采用这种方法。需要指出的是，这种方法只适用于同质指标的数量对比。因此，应用此方法时要注意对比指标的可比性。

（二）比率分析法

比率分析法是通过计算和对比经济指标的比率，进行数量分析，借以考察经济业务的相对效益的一种方法。采用这一方法时，要先把对比的数值换算成相对数，求出比率，然后再进行对比分析。具体形式如下。

（1）相关指标比率分析。所谓相关指标比率分析是计算两个性质不同但又相关的指标的比率，然后再以实际数与计划数或前期实际数进行对比分析，以便从经济活动的客观联系中，更深入地认识企业的生产经营状况。例如，企业计算出产值成本率、销售成本率和成本利润率等，就可据以分析和比较企业生产耗费的经济效益。其中：

$$产值成本率=\frac{产品成本}{产品产值}\times100\%$$

$$销售成本率=\frac{产品成本}{产品销售收入}\times100\%$$

$$成本利润率 = \frac{产品销售利润}{产品成本} \times 100\%$$

从上述计算公式可以看出：产值成本率和销售成本率高的企业经济效益差，产值成本率和销售成本率低的企业经济效益好；成本利润率则相反，比率高的企业经济效益好，比率低的企业经济效益差。分析时，还应将各种比率的本期实际数与基数（计划数或前期实际数）进行对比，揭示其变动的差异，为进一步进行差异分析指出方向。

（2）构成比率分析。构成比率分析是计算某项指标的各个组成部分占总体的比重。例如，将构成产品成本的各项费用分别与产品成本总额相比，计算产品成本的构成比率，计算公式如下。

$$直接材料费用比率 = \frac{直接材料费用}{产品成本总额} \times 100\%$$

$$直接人工费用比率 = \frac{直接人工费用}{产品成本总额} \times 100\%$$

$$制造费用比率 = \frac{制造费用}{产品成本总额} \times 100\%$$

计算和分析上述成本构成比率，可以反映产品成本的构成是否合理。将成本构成比率实际数与计划数进行比较，可以揭示实际数与计划数之间的差异；将不同时期同一成本项目构成比率相比较，可以观察产品成本构成的变动，了解企业改进生产技术和经营管理对产品成本的影响。

（3）动态比率分析。所谓动态比率分析是将不同时期同类指标的数值对比求出比率，进行比较，从动态上分析该类指标的变动趋势，从而了解企业在生产经营方面的优势和不足。

（三）因素分析法

因素分析法是将某一综合指标分解为若干相互联系的因素，并分别计算、分析每个因素对综合指标影响程度的分析方法。在成本分析中，连环替代法和差额分析法（连环替代法的简化形式）都属于因素分析法。

因素分析法按综合指标中各构成因素的相互关系，可以分为简单因素分析和复杂因素分析。简单因素分析指综合指标的各构成因素之间没有直接的关系，分析某一因素的变动对综合指标的影响时，排除其他因素不至于造成错误的分析结果。复杂因素分析指综合指标的各构成因素之间有一定的连带关系，分析某一因素的变动对综合指标变动的影响时，排除其他任何一个因素，都会造成错误的分析结果。若遇到复杂因素分析，通常可以用连环替代法或差额计算法进行分析。

连环替代法是按顺序用各项因素的实际数替换基数，借以计算几个相互联系的因素对综合经济指标变动影响程度的一种分析方法。单纯采用比较分析法和比率分析法只能揭示实际数与基数之间的差异，并不能揭示产生差异的因素和各因素的影响程度。采用连环替代法就可以解决这一问题。其计算顺序如下。

（1）根据指标的计算公式确定影响指标变动的各项因素。

（2）排列各项因素的顺序。

（3）按排定的因素顺序和各项因素的基数进行计算。

（4）按顺序将前面一项因素的基数替换为实际数，将每次替换以后的计算结果与前一次替换以后的计算结果进行对比，按顺序算出每项因素的影响程度，有几项因素就替换几次。

（5）将各项因素影响程度的代数和与指标变动的差异总额进行核对。

下面以材料费用总额变动分析为例，介绍这一分析方法的计算过程。

影响材料费用总额的因素有很多，按其特征可归纳为三个：产品产量、单位产品材料消耗量和材料单价。

$$材料费用总额=产品产量×单位产品材料消耗量×材料单价$$

【例6-1】森浩公司2023年10月材料计划完成情况见表6-10。

表6-10　　　　　　　　　　　　材料计划完成情况表

编制单位：森浩公司　　　　　　　　　　　　2023年10月

指标	单位	计划	实际	差异
产品产量	件	100	96	-4
单位产品材料消耗量	千克/件	60	64	+4
材料单价	元/千克	16	14	-2
材料费用总额	元	96 000	86 016	-9 984

将材料费用总额的实际数与计划数对比，确定材料费用总额实际脱离计划差异，作为分析对象86 016-96 000=-9 984（元）。材料费用总额实际脱离计划差异是产品产量减少、单位产品材料消耗量增加和材料单价降低三个因素综合影响的结果。

以计划数为基数：　100×60×16 = 96 000（元）

第一次替换：　96×60×16 = 92 160（元）　　　-3 840元（由于产品产量减少）

第二次替换：　96×64×16=98 304（元）　　　+6 144元（由于单位产品材料消耗量增加）

第三次替换：　96×64×14= 86 016（元）　　　-12 288元（由于材料单价降低）

合　　　计：　　　　　　　　　　　　　　　-9 984元

通过计算可以看出，单位产品材料消耗量的增加使材料费用增加6 144元，但产量的减少和材料单价的降低使材料费用减少16 128元，最终材料费用节约9 984元。

从上述计算程序中，可以总结出连环替代法具有以下性质。

（1）计算程序的连环性。上述计算过程是按一定顺序，依次以一个因素的实际数替换其基数的。除第一次替换外，每个因素的替换都是在前一个因素替换的基础上进行的，故连环替代法具有计算程序的连环性。

（2）因素替换的顺序性。上述计算过程是按照先替换产品产量，再替换单位产品材料消耗量，最后替换材料单价的顺序进行的，为何要确定这样的顺序呢？确定各因素替换顺序的一般原则是：如果既有数量因素又有质量因素，先计算数量因素变动的影响，后计算质量因素变动的影响；如果既有事物因素又有价值因素，先计算事物因素变动的影响，后计算价值因素变动的影响；如果有多个数量因素或质量因素，还应区分主要因素和次要因素，先计算主要因素变动的影响，后计算次要因素变动的影响。

（3）计算条件的假定性。运用这一方法分析某一因素变动影响，是以假定其他因素不变为条件的。因此，计算结果只能说明在某种假定条件下的结果。

二、成本报表的具体分析

（一）产品生产成本表的分析

1. 全部产品成本计划完成情况分析

进行成本分析，应从对全部产品（包括可比产品和不可比产品）成本计划完成情况的总评价（简称总评）开始。通过总评，一能对企业本期全部产品成本计划的完成情况有个总的了解；二能初步分析影响计划完成情况的因素，找出成本节约或超支的产品，为进一步分析指明方向。

全部产品成本计划完成情况分析，应当对全部产品的计划总成本和实际总成本进行对比，确定实际成本比计划成本的降低额和降低率。为了使成本指标可比，必须先将成本计划中的计划总成本换算为按实际产量、实际品种构成、计划单位成本计算的总成本，然后再与实际总成本对比，确定成本计划的完成程度。计算公式如下。

$$全部产品成本降低额=\sum（实际产量×计划单位成本）-\sum（实际产量×实际单位成本）$$

$$全部产品成本降低率=\frac{全部产品成本降低额}{\sum（实际产量×计划单位成本）}×100\%$$

2. 可比产品成本降低计划完成情况分析

可比产品成本降低计划指标和计划完成情况的资料，分别反映在企业成本计划和成本报表资料中。分析步骤如下。

（1）将对比年度实际完成情况与计划数据相比较。

（2）确定影响可比产品成本降低计划完成情况的因素和各因素的影响程度。影响可比产品成本降低计划完成情况的因素有三个：产品产量、产品品种构成和产品单位成本。下面分别介绍这三个因素与可比产品成本降低计划完成情况的关系。

① 产品产量。可比产品成本降低计划是根据各种产品计划产量制定的，而实际成本降低额和降低率是根据实际产量计算的。因此产品产量的增减，必然会影响可比产品成本降低计划的完成情况。产量变动影响的特点是：假定其他因素不变，即产品品种构成和产品单位成本不变，产量变动只影响成本降低额，而不影响成本降低率。

② 产品品种构成。产量变动往往会引起产品品种构成变动。由于各种产品成本降低幅度不同，如果成本降低幅度大的产品在全部可比产品中所占比重比计划提高，全部可比产品成本降低额和降低率的计划完成程度便会相应增大。

③ 产品单位成本。成本计划降低额是本年计划成本比上年实际成本的降低数，而成本实际降低额则是本年实际成本比上年实际成本的降低数。因此，产品单位成本实际比计划降低或升高，必然会引起成本降低额或降低率的变动。

在确定上述各项因素变化对可比产品成本降低计划完成情况的影响时，可采用连环替代法，在可比产品成本降低计划的基础上，分别以实际产量、实际品种结构和实际单位成本，逐步替代计划数，确定各种因素变化对可比产品成本降低额和降低率的影响。

（二）主要产品单位成本表的分析

1. 主要产品单位成本计划完成情况分析

对全部产品成本计划完成情况进行分析，可以总括地评价企业全部产品的成本计划执行情况。为了揭示成本升降的具体原因，寻求降低产品成本的具体途径和方法，需要对主要产品成本计划完成情况进行深入细致的分析，分析的依据是主要产品单位成本表、成本计划表等资料。

分析时一般先检查本期各种产品实际单位成本比计划单位成本、上年实际平均单位成本的升降情况；然后进一步分析各主要成本项目变动情况，查明成本升降的具体原因。分析时应抓住重点，对多种产品中的主要产品进行单位成本分析，依据主要产品单位成本表及有关核算资料，编制相应分析表。

【例6-2】森浩公司2023年10月甲产品主要产品单位成本表见表6-11，编制产品单位成本分析表，见表6-12。

表 6-11　　　　　　　　　　　主要产品单位成本表

产品名称：甲　　　　　　　　　　　　2023 年 10 月

产品规格：× ×　　　　　　　　　　　　　　　　　　　　　　　　　　金额单位：元

计量单位：件　　　　　　　　　　　　　　　　　　　　　　　　　本月计划产量：20 件

销售单价：1 200 元　　　　　　　　　　　　　　　　　　　　　　　本月实际产量：25 件

成本项目	历史先进水平（2021 年）	上年实际平均	本年计划	本月实际
原材料	2 000	2 300	2 200	2 100
工资附加费	500	480	460	470
制造费用	540	560	570	550
产品单位成本	3 040	3 340	3 230	3 120
主要技术经济指标	计量单位	耗用量	耗用量	耗用量	耗用量
A 材料	千克	205	210	200	180
B 材料	千克	120	126	120	125

表 6-12　　　　　　　　　　　产品单位成本分析表

产品名称：甲　　　　　　　　　　　2023 年 10 月　　　　　　　　　　　　单位：元

成本项目	历史先进水平	上年实际平均	本年计划	本月实际	差异		
					比历史先进水平	比上年实际平均	比本年计划
原材料	2 000	2 300	2 200	2 100	+100	-200	-100
工资附加费	500	480	460	470	-30	-10	+10
制造费用	540	560	570	550	+10	-10	-20
产品单位成本	3 040	3 340	3 230	3 120	+80	-220	-110

表6-12内计算表明，本月甲产品实际单位成本比上年实际平均单位成本、本年计划单位成本都降低了，虽然与历史先进水平相比还有一定差距，但总的情况是好的。从成本项目对比中可以看出，单位成本降低主要是由原材料、制造费用的节约造成的，说明企业在降低原材料消耗、控制制造费用支出等方面采取了措施，并取得了较好成绩。但工资附加费本月实际数比本年计划数超支了，说明在生产组织和劳动组织工作中还存在薄弱环节。

2. 主要产品单位成本的成本项目分析

【例6-3】森浩公司2023年乙产品单位成本对比计划变动情况分析见表6-13。根据【例6-2】资料说明几个主要成本项目的一般分析方法。

表 6-13　　　　　　　　　　产品单位成本对比计划变动情况分析

产品名称：乙　　　　　　　　　　　2023 年　　　　　　　　　　　　　单位：元

成本项目	本年计划单位成本	本年累计实际平均单位成本	降低额	降低率
直接材料	200	220	-20	-10.00%

续表

成本项目	本年计划单位成本	本年累计实际平均单位成本	降低额	降低率
直接人工	120	115	5	4.17%
制造费用	98	105	-7	-7.14%
成本合计	418	440	-22	-5.26%

（1）直接材料成本项目分析。

单位产品直接材料费用=单位产品材料耗用量×材料单价

影响直接材料成本项目实际成本脱离计划成本的因素主要是材料耗用量和材料单价。分析过程中应首先确定分析对象，即实际单位产品直接材料费用与计划单位产品直接材料费用之间的差异，然后进行因素分析。

单位产品材料耗用量变动的影响 =（实际单位产品材料耗用量－计划单位产品材料耗用量）×材料计划单价

材料单价变动的影响=（材料实际单价－材料计划单价）×实际单位产品材料耗用量

【例6-4】浩森公司2023年10月乙产品消耗的有关材料数量和价格资料见表6-14。

表6-14　　　　　　产品直接材料成本对比计划变动情况分析

产品名称：乙　　　　　　　2023年10月

材料名称	材料消耗量/千克		单价/（元/千克）		直接材料费用/元		
	计划	实际	计划	实际	计划	实际	差异
A材料	36	38	6	6.3	216	239.4	23.4
B材料	12	10	5.2	5.8	62.4	58	-4.4
合计	—	—	—	—	278.4	297.4	19

由表6-14可看出，乙产品的实际直接材料费用超计划19元。

材料消耗量变动的影响计算如下。

A材料：（38－36）×6＝12（元）

B材料：（10－12）×5.2＝-10.4（元）

合计：1.6元

材料单价变动的影响计算如下。

A材料：（6.3－6）×38＝11.4（元）

B材料：（5.8－5.2）×10＝6（元）

合计：17.4元

上述两个因素中，材料单价一般属于客观因素，企业自身无法控制，而单位产品材料消耗量属主观因素，企业应进一步分析，寻找降低材料费用的方法。

此外，材料的质量、生产过程中废料的利用程度和回收率、劳动者的态度与成本意识、设备性能等都会影响材料费用的增减。

（2）直接人工成本项目分析。

分析直接人工成本项目的变动应结合具体的工资制度和工资费用计入产品成本的具体方法来进行。在计件工资制度下，由于单位产品成本中规定了计件单价，因此只要计件单价不变，单位产品成本中的直接人工费用就不会发生变化。在计时工资制度下，若企业只生产一种产品，则影响单位成本直接人工费用的不外乎生产工人工资总额和产品产量两个因素；若企业生产多种产品，单位产品成本中包含的直接人工费用是按工时比例分配计入的，其值取决于单位产品工时消耗量和工资分配率两个因素的变动情况。

$$单位产品直接人工费用=单位产品工时消耗量×工资分配率$$

分析时首先确定分析对象，即实际单位产品直接人工费用与计划单位产品直接人工费用的差额，然后分析两个因素变动的影响。

单位产品工时消耗量变动的影响=（实际单位产品工时消耗量－计划单位产品工时消耗量）×计划工资分配率

工资分配率变动的影响=（实际工资分配率－计划工资分配率）×实际单位产品工时消耗量

【例6-5】森浩公司2023年10月乙产品的有关工时消耗量和工资分配率资料见表6-15。

表6-15　　　　　　　　乙产品的有关工时消耗量和工资分配率资料

产品	工时消耗量/时		工资分配率/（元/时）		直接人工成本/元		
	计划	实际	计划	实际	计划	实际	差异
乙产品	60	50	5	5.6	300	280	−20

由表6-15可知，直接人工费用实际节约20元。

工时消耗量变动的影响计算如下。

（50－60）×5=−50（元）

工资分配率变动的影响计算如下。

（5.6－5）×50=30（元）

单位产品的工时消耗量越少，生产效率越高，单位产品成本中分摊的直接人工费用也越少。另外，工资分配率的提高是单位产品成本中直接人工费用增加的因素。工资分配率的变动既受计时工资总额变动的影响，也受工时利用程度高低的影响，所以对单位产品成本中直接人工费用的分析应结合生产、工艺、劳动组织等方面的情况进行，重点是分析单位产品工时变动。

（3）制造费用成本项目分析。

影响制造费用实际脱离计划的因素主要是工时消耗量和制造费用分配率。

【例6-6】森浩公司2023年10月乙产品的有关工时消耗量和制造费用分配率资料见表6-16。

表6-16　　　　　　　　乙产品的有关工时消耗量和制造费用分配率资料

2023年10月

产品	工时消耗量/时		制造费用分配率/（元/时）		制造费用/元		
	计划	实际	计划	实际	计划	实际	差异
乙产品	40	30	1.56	2.78	62.4	83.4	21

由表6-16可以看出，乙产品的实际制造费用超过计划21元。

工时消耗量变动的影响计算如下。

（30－40）×1.56=−15.6（元）

制造费用分配率变动的影响计算如下。

（2.78－1.56）×30=36.6（元）

生产单位产品工时消耗越少，生产效率越高，成本中分摊的制造费用也越少。另外，制造费用分配率的提高则是产品单位成本中制造费用增加的因素。

任务三　成本报表数据可视化呈现与应用

可视化是将数据转化为图形和图表的过程，以更直观、易于理解的方式展示数据的相关信息和模式。可视化是数据分析和决策制定过程中关键的一步，有助于我们从大量的数据中提取有用的信息。将数据以可视化形式呈现，能够更好地帮助我们发现数据中的模式、趋势和关联性。

一、可视化分析概述

（一）创建可视化图表的工具

常用的可视化软件包括 Excel、Power BI、Python 等。在创建可视化图表时，我们需要选择合适的图表类型，调整图表的样式和布局，并添加适当的标签和注释。此外，我们还需要考虑图表的可读性和易用性，以确保使用者可以清楚地理解并使用可视化图表，以便后续的可视化分析。本任务将使用 Power BI 进行成本报表分析与可视化。

Power BI 是一种商务智能分析工具，它可链接数百个数据源、简化数据整合并提供可视化分析。用户可以创建个性化仪表板，获取对业务的全方位独特见解，生成报表视图并进行发布，以供组织在网站和移动设备上使用。Power BI 的桌面版程序 Power BI Desktop 的主页界面主要有六大区域，按照顺序分别是①功能区、②视图区、③筛选器区、④可视化区、⑤字段区、⑥页面选项区，如图 6-1 所示。

图 6-1　Power BI Desktop 主页界面

（二）数据可视化流程

Power BI 的应用步骤可分为数据获取、数据清洗、数据建模、数据可视化，如图 6-2 所示，最后发布报表设计。在实际应用中，各步骤需不断调整和重复。

图 6-2　Power BI 的应用步骤

第一步是数据获取。Excel 是财务工作中常见的数据处理软件，Power BI 有多种方式从 Excel 导入数据。方式一：进入 Power BI Desktop 主页，直接选择"从 Excel 导入数据"，如图 6-3 所示。

方式二：在"主页"选项卡单击"Excel 工作簿"，如图 6-4 所示。

图 6-3　方式一

图 6-4　方式二

第二步是数据清洗。Power Query 是 Power BI 的数据查询模块，它的作用是可以对数据表进行清洗和整合。在获取数据后，可能会存在很多"脏数据"，而 Power Query 可以高效地实现对数据的清洗整理，让数据表变得更加规范。Power Query 页面如图 6-5 所示。

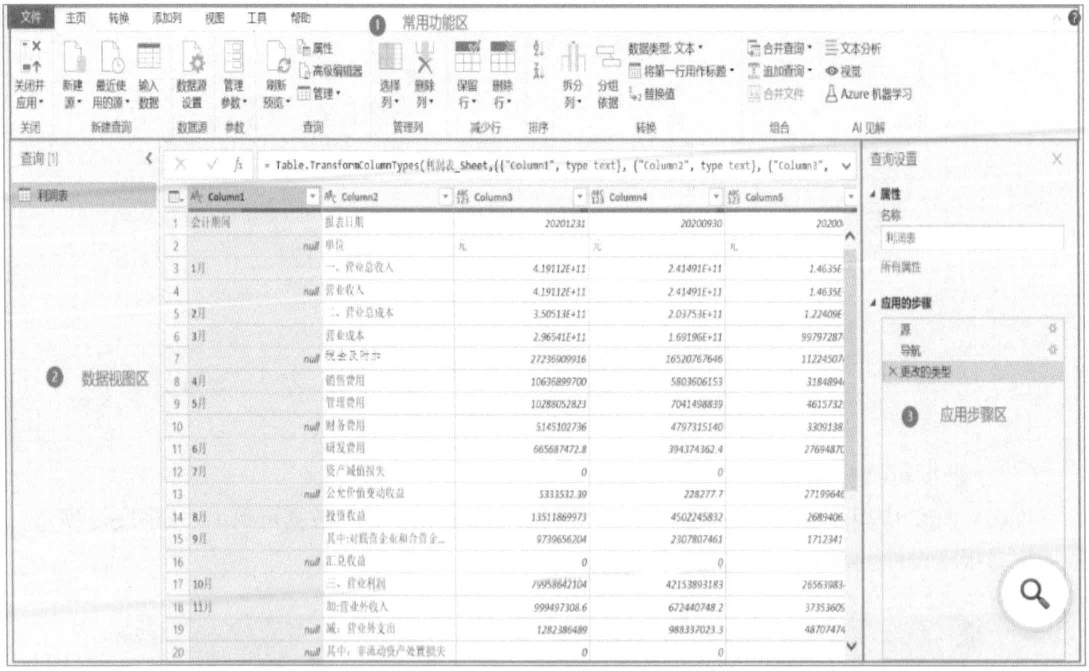

图 6-5　Power Query 页面

第三步是数据建模。Power BI 数据模型用于组织和管理数据的结构。数据模型是由数据源中的表、关系、计算列和度量值等组成的，它提供了一个统一的视图来理解和分析数据。Power BI 数据建模页面如图 6-6 所示。

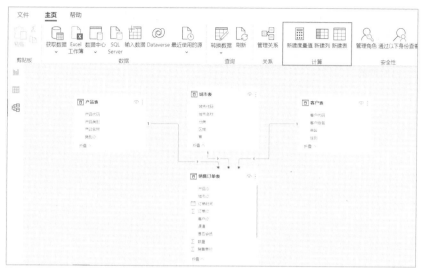

图 6-6 Power BI 数据建模页面

第四步是数据可视化。数据可视化的目的是将复杂的数据变得直观、清晰，以更好地展示和解释数据。数据可视化应遵循以下四个原则：简洁、信息充实、高效和美观。在进行数据可视化之前，需要考虑明确的主题、精练的数据、适合的图表选择以及合理的布局设计。数据可视化（柱形图）如图 6-7 所示。

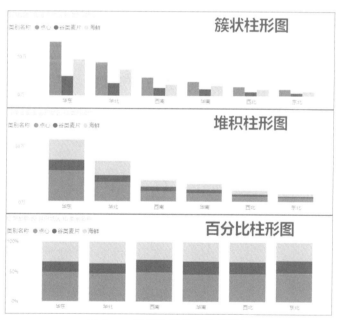

图 6-7 数据可视化（柱形图）

二、产品成本数据可视化应用

1. 导入 Excel 文件

在 Power BI Desktop "主页" 选项卡中单击 "获取数据" 下拉按钮，在打开的下拉列表中选择 "Excel" 选项，弹出 "打开" 对话框。选择 "主要产品单位成本表.xlsx" 数据文件，单击 "打开"按钮，弹出"导航器"对话框。勾选"主要产品单位成本表"。单击"加载"按钮，如图 6-8 所示。数据文件加载到 Power BI 后，报表视图右侧的"字段"窗格中将会显示该文件及其列名称。

图 6-8 加载产品单位成本分析表

2. 创建可视化图表

（1）利用饼图完成主要产品成本费用占比分析。

单击"可视化"窗格中的饼图按钮，报表画布将会出现一个未经设置的饼图。拖动饼图的边框，将其调整到合适的大小。在"数据"窗格中选择"成本项目"和"2022 年实际平均值占产品单位成本比重"，分别拖入"图例"和"值"区域，即可生成饼图，如图 6-9 所示。

图 6-9 成本费用占比饼图（默认图）

（2）优化可视化对象的格式。

在"可视化"窗格中，切换到格式选项卡，设置"标题""字体颜色"等，最终的可视化效果如图 6-10 所示。采用同样的方法，可以得到 2023 年产品成本费用占比饼图，如图 6-11 所示。

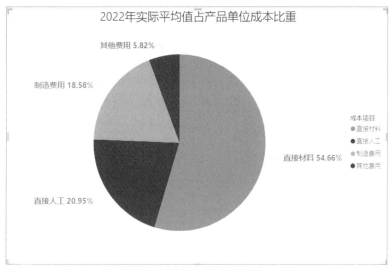

图 6-10　2022 年产品成本费用占比饼图（优化图）

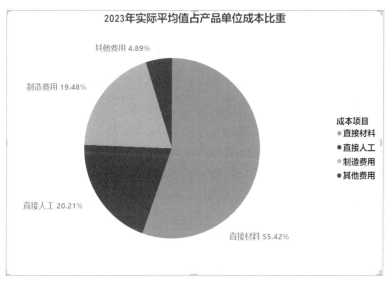

图 6-11　2023 年产品成本费用占比饼图（优化图）

（3）解读可视化结果。

可视化结果可以反映各会计期间产品生产费用的支出情况和构成情况。从 2022 年和 2023 年产品成本费用占比饼图可知，各成本项目所占比重变化不大。其中直接材料费用是产品成本中占比最大的成本费用，2023 年直接材料费用与制造费用相较于上一年度有小幅度的上涨，而直接人工费用与上一年度基本持平，其他费用则呈下降趋势。材料耗用量增加和材料单价上涨两种因素都会导致直接材料费用增加，而工时消耗量增加或制造费用分配率提高则是影响制造费用上涨的主要因素。

三、制造费用明细数据可视化应用

1. 链接 Excel 文件

在 Power BI Desktop "主页"选项卡中单击"获取数据"下拉按钮，在打开的下拉列表中选择"Excel"选项，弹出"打开"对话框，选择"制造费用明细表.xlsx"数据文件，单击"加载"按钮，如图6-12所示。数据文件加载到Power BI后，报表视图右侧的"字段"窗格中将会显示该文件及其列名称。

图6-12 加载制造费用明细表

2. 创建可视化图表

（1）利用簇状条形图完成制造费用明细数据的对比。

单击"可视化"窗格中的簇状条形图按钮，报表画布将会出现一个未经设置的簇状条形图。拖动图形的边框，将其调整到合适的大小。在"字段"窗格中选择"费用项目"，并将其拖入"Y轴"区域；选择"2023年实际值"和"2022年实际值"，并将其拖入"X轴"区域，如图6-13所示。

图6-13 制造费用明细数据对比簇状条形图（默认图）

（2）优化可视化对象的格式。

在"可视化"窗格中，切换到格式选项卡，设置"标题""字体颜色""数据标签"等，最终的可视化效果如图6-14所示。

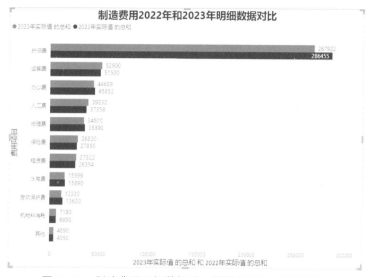

图 6-14　制造费用明细数据对比簇状条形图（优化图）

（3）解读可视化结果。

可视化结果可以反映各会计期间企业生产经营过程中实际费用的支出情况。从制造费用明细数据对比簇状条形图可知，相较于其他制造费用的变化幅度，折旧费的变化幅度最大。折旧费的大幅度下降可能意味着机器设备的使用效率在提高，成本在下降；也可能意味着企业基于新的信息或技术，对资产的使用寿命进行了重新估计，并且重新估计的使用寿命比原先长，那么每年的折旧费可能会相应减少，因为折旧额需要在更长的使用期间内分摊。今后企业应继续加强对折旧费的控制与管理。

【任务实施】

任务实施 6-1

成本报表智能化
分析与可视化

参考答案 6-1

成本报表智能化
分析与可视化

素养提升

伪造、变造成本报表应承担的法律责任

成本报表为对内报表，它的编制目的主要是让企业领导和职工了解日常成本费用计划的执行情况，以便调动大家的积极性来控制费用的发生，为提高经济效益服务；同时为企业领导者和投资者提供经营所需的成本费用信息，以便进行决策和采取有效措施，不断降低成本费用。财务人员应如实提供会计凭证、会计账簿、财务会计报告、其他会计资料以及有关资料。《中华人民共和国会计法》第四十一条规定：伪造、变造会计凭证、会计账簿，编制虚假财务会计报告，隐匿或者故意销毁依法应当保存的会计凭证、会计账簿、财务会计报告的，由县级以上人民政府财政部门责令限期改正，给予警告、通报批评，没收违法所得，违法所得二十万元以上的，对单位可以并处违法所得一倍以上十倍以下的罚款，没有违法所得或者违法所得不足二十万元的，可以并处二十万元以上二百万元以下的罚款；对其直接负责的主管人员和其他直接责任人员可以处十万元以上五十万元以下的罚款，情节严重的，可以处五十万元以上二百万元以下的罚款；属于公职人员的，还应当依法给予处分；其中的会计人员，五年内不得从事会计工作；构成犯罪的，依法追究刑事责任。

【项目小结】

本项目主要阐述了成本报表是通过表格的形式对企业发生的成本费用进行归纳和总结，为企业的内部管理提供所需的会计信息。

成本分析方法通常有比较分析法、比率分析法、因素分析法等。通过比较分析可揭示成本的差异；通过因素分析可挖掘成本升降的原因。全部商品产品成本计划完成情况分析是从企业的全局上看其生产的所有产品实际成本是否达到计划水平，可以分别按照产品种类、成本项目几个方面进行分析，为进一步的深入分析指明方向。可比产品成本降低计划完成情况分析主要是检查其计划降低指标是否完成，分析影响计划降低指标完成的原因。影响可比产品成本计划降低指标的原因主要有：产量因素、品种结构因素、单位成本因素，其中产量因素不影响降低率。

通过使用大数据工具（Power BI）对成本报表进行分析和可视化呈现，为企业制订成本计划提供依据，反映成本计划的完成情况，为企业降低成本指出方向。为了揭示企业为生产一定产品所付出成本是否符合预定的要求，通常需要编制商品产品成本报表、主要产品单位成本报表和制造费用明细表等。

【巩固练习】

一、单项选择题

1. 现行有关制度规定，成本报表（   ）。
   A. 是外部报表
   B. 是内部报表
   C. 既是内部报表，又是外部报表
   D. 是内部报表还是外部报表由企业自行决定

2. 成本报表属于内部报表，成本报表的种类、格式等由（   ）。
   A. 企业自行决定
   B. 国家统一决定
   C. 国家做原则性规定
   D. 上级主管部门决定

3. 产品生产成本表是反映企业在报告期内（   ）的报表。
   A. 部分产品总成本
   B. 主要产品总成本
   C. 主要产品的单位成本
   D. 全部产品的单位成本

4. 通过指标对比，从数量上确定差异的成本分析方法是（   ）。
   A. 比率分析法
   B. 连环替代法
   C. 比较分析法
   D. 差额计算法

5. 通过计算和对比经济指标的比率，进行数量分析的成本分析方法是（   ）。
   A. 比较分析法
   B. 差额计算法
   C. 连环替代法
   D. 比率分析法

二、多项选择题

1. 反映成本计划执行情况的成本报表有（   ）。
   A. 产品生产成本表
   B. 主要产品单位成本表
   C. 制造费用明细表
   D. 管理费用明细表

2. 成本报表内容的编制要求有（　　）。

　　A. 数字准确　　　　　B. 内容完整　　　　C. 编报及时　　　　D. 一致性

3. 制造费用明细表按费用项目反映企业一定时期内的制造费用，表中的栏目有（　　）。

　　A. 本年计划　　　　　B. 上年同期实际　　　C. 本年实际　　　　D. 上年实际

4. 工业企业编制的成本报表主要有（　　）。

　　A. 制造费用明细表　　　　　　　　　　　B. 销售费用明细表

　　C. 管理费用明细表　　　　　　　　　　　D. 财务费用明细表

三、判断题

1. 由于成本指标的特殊性，成本报表只能定期编制和报送。　　　　　　　　　　　（　　）

2. 成本报表的数字准确是指报表中的各项数据必须真实可靠。　　　　　　　　　　（　　）

3. 产品生产成本表中各主要产品的成本只列示总成本。　　　　　　　　　　　　　（　　）

4. 成本报表属于内部报表，不对外公开，因此成本报表的种类、格式、项目指标的设计、编制方法、编报日期等由企业自行决定。　　　　　　　　　　　　　　　　　　　　　（　　）

拓展项目：业财税融合成本管控职业技能等级证书技能点练习

ABC 公司是一家家电制造公司，以生产空调为核心业务。ABC 公司需要在 2024 年 12 月生产出定制空调 1 500 台，参与此订单的生产人员有 20 人，12 月工作了 26 天，每天工作 10 小时，相关资料如表 6-17 所示。

完成 12 月定制空调的成本占比分析（数值格式：0.01%），填制表 6-18，并绘制成本占比分析图。

表 6-17　2024 年 12 月定制空调成本

单位：元

项目	金额
直接材料	2 300 050.00
直接人工	152 500.00
变动制造费用	98 350.00
固定制造费用	119 775.00
合计	2 670 675.00

表 6-18　2024 年 12 月定制空调成本分析

单位：元

项目	金额	占总成本比重
直接材料	2 300 050.00	
直接人工	152 500.00	
变动制造费用	98 350.00	
固定制造费用	119 775.00	
合计	2 670 675.00	

学习测评表

参 考 文 献

[1] 刘春苗，许仁忠. 成本会计（微课版）【M】. 西安：西北工业大学出版社，2021.

[2] 周云凌，王雪岩. 成本会计——原理、实务、案例、实训【M】. 大连：东北财经大学出版社，2022.

[3] 沈豫琼，钱文. 智能化成本核算与管理【M】. 北京：高等教育出版社，2024.

[4] 侯丽平，刘彧. 成本会计【M】. 大连：东北财经大学出版社，2022.

[5] 王爱玲，秦刚，侯君邦. 智能化成本核算与管理【M】. 上海：立信会计出版社，2023.

[6] 王超. 成本会计实务【M】. 北京：教育科学出版社，2023.

[7] 许仁忠，刘春苗. 成本会计实训【M】. 西安：西北工业大学出版社，2021.

[8] 李贺，周宝莲. 成本会计学【M】. 上海：上海财经大学出版社，2022.

[9] 李福荣，孙革新. 成本会计【M】. 上海：上海财经大学出版社，2023.

[10] 毛波军，成本会计【M】. 北京：科学出版社，2019.

[11] 李爱红. 成本核算与管理【M】. 北京：高等教育出版社，2020.

[12] 江希和. 向有才. 成本会计教程【M】. 7 版. 北京，高等教育出版社，2022.

[13] 陈虎，孙彦丛，郭奕等. 财务就是IT【M】. 北京：中国财政经济出版社，2017.